国内外大都市服务业用地发展研究

石忆邵　刘玉钢　尹昌应　王贺封　韩　广　等编著

中国建筑工业出版社

图书在版编目（CIP）数据

国内外大都市服务业用地发展研究 / 石忆邵等编著. —北京：中国建筑工业出版社，2012. 1
ISBN 978-7-112-13826-5

Ⅰ. ①国… Ⅱ. ①石… Ⅲ. ①城市－服务业－土地利用－研究－世界 Ⅳ. ① F299.1

中国版本图书馆 CIP 数据核字（2011）第 248384 号

本书从国际和国内大都市两个层面分析了服务业用地的动态演变特征和规律。

全书选取东京、伦敦、纽约、洛杉矶、上海、长沙、广州等国内外大都市，对其服务业用地的规模、结构、产出绩效等进行详细分析，探讨了服务业用地变化的影响因素或驱动机制，以期为上海大都市服务业用地的规模和结构优化及其效率提升提供借鉴和建议，为进一步促进上海在“创新驱动，转型发展”中实现产业结构与用地结构的协同优化提供参考依据。

本书可供国土资源管理、城市规划与建设、经济地理等专业领域的高等院校师生、科研人员及政府管理部门人员学习参考。

*　　*　　*

责任编辑：吴宇江
责任设计：董建平
责任校对：陈晶晶　关　健

国内外大都市服务业用地发展研究

石忆邵　刘玉钢　尹昌应　王贺封　韩　广　等编著

*

中国建筑工业出版社出版、发行（北京西郊百万庄）
各地新华书店、建筑书店经销
北京京点设计公司制版
北京云浩印刷有限责任公司印刷

*

开本：787×1092 毫米　1/16　印张：16　字数：301 千字
2012 年 4 月第一版　2012 年 4 月第一次印刷
定价：39.00 元
ISBN 978-7-112-13826-5
（21593）

前　　言

在“经济服务化和服务知识化”的时代浪潮中，服务业日益成为驱动现代城市经济发展的主要产业部门，在城市经济发展中的地位与作用显著增强。服务经济已成为国际大都市的共同经济形态，尤其是现代服务业正成为城市经济增长的重要引擎，现代服务业的发达程度不仅是城市文明进步的重要标志，而且是城市的影响与控制力的具体体现。

服务业的迅速发展引起了政府部门和学术界的广泛关注。服务业发展与城市竞争力，服务业发展战略，现代服务业集聚区的规划和建设，各类服务业的发展与布局，生产性服务业，知识密集型服务业等成为近期瞩目的焦点。然而，遗憾的是，风起云涌的服务业研究却大多将服务业用地排除在外。城市化过程是产业结构与用地结构互动优化的过程。服务业用地作为城市建设用地的重要组成部分，随着经济服务化和服务知识化的深化，将愈显重要且会发生深刻变化。因此，研究服务业用地的动态演变特征和规律、驱动机制及其与产业结构的互动关系，对于推动城市产业结构转型和发展方式转变，建设资源节约型和环境友好型的紧凑型城市具有十分重要的现实意义。

全书由石忆邵拟定写作提纲并最终统稿。具体撰写分工如下：第 1 章——石忆邵，第 2 章——石忆邵、刘玉钢，第 3 章、第 4 章——石忆邵，第 5 章——尹昌应，第 6 章——韩广，第 7 章——王贺封，第 8 章——刘玉钢，第 9 章——赵雯玥、王思怡，第 10 章、第 11 章——石忆邵，第 12 章——蒲晟。

再次衷心感谢中国建筑工业出版社吴宇江等编辑们的大力支持和辛勤劳动。

岁月如窗间过马，转瞬又逾三载。当我们先后完成了《国际大都市建设用地规模和结构的比较研究》及《产业用地的国际国内比较分析》两本著作之后，再续写一本《国内外大都市服务业用地发展研究》著作的想法便时常萦怀脑际。于是不敢懈怠，只有风雨兼程，泥泞留痕朝前走。经过一年多的辛勤耕耘，又成此芜作。掩卷思之，不胜赧颜愧汗，虽有“爬罗剔抉苦劳神”之岁月，却乏“刮垢磨光始见真”之知悟。企盼同仁悉心省览，析疑匡谬。

再次抛砖，总为引玉。

石忆邵

2011 年 8 月 25 日于同济大学浅碧斋

目　录

第1章 绪　论

1.1 选题背景

土地资源是人类一切活动的载体，产业结构的调整会直接或间接地反映在土地利用结构中，而不同产业用途的土地供应政策也直接影响区域经济发展方向。土地资源的高强度投入为我国经济增长提供了有力支撑，在过去的几十年里，尤其是20世纪90年代以来，我国经济一直保持着快速稳定增长。2009年，我国国内生产总值达340506.9亿元，按不变价格计算增长速度为9.1%，其中第一产业增加值35226.0亿元，占比10.3%，增长速度为4.2%；第二产业增加值157638.8亿元，占比46.3%，增长速度为9.9%；第三产业增加值147642.1亿元，占比43.4%，增长速度为9.3%[1]。然而，随着人地矛盾的日益尖锐，现阶段的经济高速增长模式下资源的高消耗成为一个挥之不去的噩梦。人口和产业不断向城市聚集，办公、商业等各项活动在城市集中。在城市用地规模极度扩张的同时，城市内部土地利用效率低下，用地结构不合理的现象仍然存在，从而导致城市土地资源的极大浪费，制约了我国社会经济的可持续发展。

城市发展和城市用地是互动演进的，具体体现为：一方面，城市经济的发展，带动了城市用地不断向外扩展；另一方面，城市用地为城市规模的扩张提供了基础。由于土地利用水平、土地政策和规划水平等多种因素导致城市用地的过度扩张，城市内部出现了大量闲置和利用率低下的土地，影响了城市的发展。服务业用地作为城市土地利用的重要组成部分，在城市发展中的地位与作用日益凸显。因此，研究服务业用地动态变化特征和驱动机制，对于调整产业结构、提高城市土地利用效益和节约用地具有十分重要的意义。

1.2 研究目的与意义

近年来，随着我国大城市经济结构由“工业型经济”向“服务业经济”转型，服务业在城市经济发展中的地位与作用日益增强，服务经济已成为国际大都市的共同经济形态，尤其是现代服务业正成为城市经济增长的重要引擎。服务业的迅速发展引起了政府部门和学术界的广泛关注。服务业发展与城市竞争力，服务业发展战略，现代服务业集聚区的规划和建设，各类服务业的发展与布局，生产性服务业，知识密集型服务业等成为近期瞩目的焦点[2-7]。上海作为一个高度工业化、城市化的国际大都市，理所应当也完全有条件成为推进现代服务业发展的先行示范城市。

城市化过程是产业结构与用地结构互动优化的过程。服务业用地作为城市用地的重要组成部分，随着经济服务化和服务知识化的发展，研究服务业用地动态演变规律、驱动机制及其与产业结构的互动关系，对于推动城市产业结构转型和发展方式转变，建设资源节约型和环境友好型的紧凑型城市具有十分重要的现实意义。

另外，国内外学术界对服务业用地规模、结构、效益及其影响机理却关注甚少，现有相关研究既不全面系统，又乏深研细究，尤其是建构在整合性框架基础上的学理性研究较为欠缺。譬如，国际大都市服务业用地有何一般性的演变特征或规律？各类服务业用地规模和结构变化有何内在差异性特征？服务业用地变化的主要驱动因素有哪些？服务业行业结构变化与用地结构变化的互动关系如何？通过对上述问题的研究探索，有助于揭示不同发展阶段和不同空间发展模式下国际大都市服务业用地演变特征与机制，为上海等国际大都市服务业用地规模和结构的优化及效益的提升提供参考和借鉴。

1.3 服务业用地的内涵界定及其分类体系

1.3.1 关于服务业的分类研究

国际上关于服务业分类的研究成果较多，分类的标准主要有：一是根据服务活动的功能与性质划分，二是根据服务业在不同经济发展阶段的特点划分，三是根据服务的供给（生产）导向划分，四是根据服务的需求（市场）导向划分。其中，比较流行的标准分类方法主要有：辛普曼分类法、联合国标准产业分类法（1990年）、北美产业分类体系（1997年）等[8]。

（1）辛普曼的服务产业四分法。在经济学家布朗宁和辛普曼根据服务的性质和功能特征进行初步分类的基础上，西方学者综合提出了生产性服务业（主要包括金融业、保险业、不动产业、商务服务业）、分配性服务业（主要包括交通运输与仓储业、邮电通信业、商业、公用事业）、消费性服务业（主要包括餐饮业、旅馆业、娱乐与休闲业、私人服务业）和社会性服务业（主要包括行政服务业、健康、福利、国际、司法、军队和警察）的服务产业四分法[9]。

（2）联合国标准产业分类法。经过3次修正，联合国于1990年提出服务业的分类方案如下：将服务业大类划分为11类，包括商业及零售业，酒店旅游业，交通仓储、通信业，金融中介，房地产、租赁和经济活动，公共行政与国防，教育，医疗及相关社会服务，其他社会社区服务，家庭雇佣服务，国际及跨国组织；小类有19类。

(3) 北美产业分类体系。这种分类方法主要从服务的生产或供给角度，依据生产技术进行分类，将服务业划分为11个一级部门，其中，“信息业”作为一个独立行业部门而分离出来。

为了加强与国际分类标准的衔接，我国于2002年出台了新的服务业分类标准体系，将服务业划分为15个二级分类和48个三级分类。15个二级分类为：交通运输、仓储和邮政业，信息传输、计算机服务和软件业，批发和零售业，住宿和餐饮业，金融业，房地产业，租赁和商务服务业，科学研究、技术服务和地质勘察业，水利、环境和公共设施管理业，居民服务和其他服务业，教育，卫生、社会保障和社会福利业，文化、体育和娱乐业，公共管理和社会组织，国际组织。

陈秋玲等人将西方服务业四分法与我国服务业分类体系（2002年）进行整合后，提出了如下新的服务业分类体系（表1-1）。

服务业分类体系 **表1-1**

一级分类	二级分类	三级分类
生产性服务业	金融保险业	银行业、证券业和保险业
	房地产业	房地产开发经营、物业管理业和房地产中介代理业
	信息、咨询代理服务业	市场调查业、广告代理、会计业、律师业
	计算机应用服务业	信息传输与数据处理、网络与系统服务、软件开发服务
	科学研究与综合技术服务	科学研究、专业技术服务
	商务服务业	会议展览服务业、办公服务与企业管理等
分配性服务业	交通运输服务业	铁路运输、公路运输、航空运输、水运和市内交通服务
	物流服务业	物流业、仓储业
	邮政电信业	邮政业、移动电信业
	批发业	各类批发业
	零售业	各类零售业
消费性服务业	旅馆住宿业	宾馆酒店业
	餐饮业	正餐业与快餐业、饮料酒吧业
	娱乐健身业	歌舞类、体育健身类、棋牌类、网吧
	居民和个人服务业	居民服务业、个人服务业
	旅游服务业	旅游中介代理服务、旅行社等
社会性服务业	医疗卫生服务业	医疗服务业（身体）、卫生保障服务业（心理）
	社会保障与福利业	社会保障业、社会福利事业
	教育服务业	教育培训机构、教育代理与咨询机构

续表

一级分类	二级分类	三级分类
社会性服务业	体育服务业	体育管理机构、体育培训机构
	文化艺术服务业	文化艺术经纪代理、文化传播与艺术培训服务
	广播电影电视服务业	广播、电影、电视、音像制作等
	新闻出版服务业	新闻业、报纸、图书社、音像制品出版
	公共设施服务业	体育馆、影剧院、博物馆、陈列馆、纪念馆和图书馆
	公共管理与社会组织	政府管理部门、社会团体与中介组织
	国际组织	各国政府派驻机构、国际组织

资料来源：陈秋玲、李怀勇、黄建锋等：《中国服务产业研究》，14 页，北京，经济管理出版社，2010。

1.3.2 关于服务业用地的分类研究

1.3.2.1 服务业用地的内涵界定

服务业是国民经济的重要组成部分，土地作为经济发展的重要资源和空间载体，服务业的发展同样离不开服务业用地的支撑。国家与地方政府部门也对服务业用地给予很大关注，"明确服务业发展用地保障，确保服务业用地指标，合理确定服务业用地比例"等政策频频出现在相关文件中，然而对服务业用地的概念尚未给出明确的阐释。根据建设部的城市用地分类标准（GBJ 137-90），服务业用地包括居住用地、公共设施用地、对外交通用地、道路广场用地、市政公用设施用地、绿地和特殊用地共 7 大类。

我们认为，服务业用地是指用于服务业（第三产业）的土地利用情况，主要包括商业用地、住宅用地、公共管理与公共服务用地、旅游用地、交通运输用地和特殊用地等有关服务产业的土地利用。

1.3.2.2 服务业用地的特点

（1）市场性与公益性并存。城市服务业用地既包括完全公益性的服务机构用地，如政府机构、福利机构等用地，又包括完全市场性的服务设施用地，如商业、娱乐业设施用地；也包括兼具市场性与公益性的服务业用地，如私立学校、私立医院等用地。

（2）专业化与混合化并存。服务业用地混合化，一方面是指同一宗地上不同用途的用地的混合，包括服务业内各行业间用地的混合，以及服务业用地与住宅用地、工业用地等的混合；另一方面，是指同一栋建筑内不同用途的混合，如综合大楼、底层商业的住宅楼等 [10]。也有专业化的服务业用地，如"会计楼"、"律师楼"、"设计楼"等。

（3）集聚性与分散化并存。一些服务业行业往往在城镇中心区域集聚而形成服务业集聚区，而另一些服务行业则在城市范围内广泛分布，如便利店、居民服务业等。

1.3.2.3 服务业用地的分类原则

1）考虑服务业性质的差异

如对于公益性服务业的用地类型应该进行细分，以便加强规划的刚性，优先保障其用地的供应。而对于市场性服务业用地类型则不宜细分，以保障其发展的弹性。

2）关注服务业的外部性

服务业用地具有较强的外部性，对负的外部性强的服务业用地，应单独设置用地类别，如餐饮业、娱乐业、传染病医院、精神病医院等用地，以便于规划控制和管理。

3）兼顾用地分类的弹性

由于服务行业的多样性及技术进步推动新兴服务行业不断涌现，必然要求对服务业分类及服务业用地分类进行修正与调整。可考虑增加商住、商办及综合用地等混合用地类型，以便于规划的编制，保证规划的弹性。

4）重视与服务业行业分类体系的衔接

服务业用地的分类体系应当注意与服务行业的分类体系有机衔接，以便体现产业结构与用地结构的互动调整与优化进程。

1.3.2.4 服务业用地分类研究现状及评述

服务业用地分类体系的研究是近年来学术界关注的另一个热点。王珍子、王淑琴分别对旅游业用地分类[11]、物流业用地分类[12]进行了详细讨论；孙晖、邹兵等人分别就公共设施用地分类问题展开过商榷[13、14]；吕冬敏等人提出了县级城市服务业用地的分类原则及分类体系，具体包括市场性服务业用地、公共管理和公共服务用地 2 个大类、12 个中类和 36 个小类[10]。刘平辉等人根据第三产业包括流通部门和服务部门把第三产业用地分为流通部门用地和服务部门用地两个土地利用亚类，其中流通部门用地包括交通运输用地和其他流通用地 2 个土地利用级，服务部门用地包括生产生活服务部门用地、休闲娱乐用地、科教文卫福利用地、公共需要服务用地和城镇住宅用地 5 个土地利用级。土地利用级下面共包括 34 个土地利用组[15]。

我国现有服务业用地的分类体系主要体现在《土地利用现状分类》与《城市用地分类与规划建设用地标准》两个国家标准中。

1) 中国《土地利用现状分类》中的服务业用地分类评析

（1）商服用地分为批发零售用地、住宿餐饮用地、商务金融用地和其他商服用地 4 个二级类。这种分类没有把服务产业和服务事业的服务业区分开来，前者属于经营性（市场性）服务业，后者属于公共性（非营利性）服务业，将两者混合在一起是欠妥的[16]。

（2）物流业等新兴服务业尚未纳入到现有分类体系中来。而用于物资储备、中转的场所用地（仓储用地）通常被归入工业仓储用地一级类之中。

(3) 城乡住宅用地尚未整合。在中国《土地利用现状分类》中，城镇住宅和农村宅基地是分开单列的，缺乏统一的城乡分类标准。

(4) 在公共管理与公共服务用地中，尚未将经营性的服务业用地（如文体娱乐用地、新闻出版用地、风景名胜用地）等营利性的服务业用地从公共服务用地中分离出来。

(5) 特殊用地包括军事设施用地、监教场所用地、使领馆用地、宗教用地和殡葬用地 5 个二级类。但这种二级用地分类与服务行业中的二级分类是脱节的，两者缺乏良好的衔接和呼应。

2)《城市用地分类与规划建设用地标准》中的服务业用地分类评析

(1) 部分地类划分的精细程度不够。如商业金融业用地只分为 6 个小类，不能适应城市经济、社会发展的需要及规划管理的需要。20 世纪 90 年代以来出现的大型超市、大型专业店、大型折扣店、购物中心等新型服务业设施用地未能在原分类体系中得到反映。在“铁路用地”中，有必要区分铁道用地和轨道交通用地，因前者隶属于铁道部管理，而后者隶属于地方交通部门管理。

(2) 混合性用地尚未单独列出，致使其归类存在随意性。在现实中，商住、商办甚至“三合一”（门面房、仓库、住宅）的楼宇不断增多，但现有分类体系中不设“混合用地”类，致使其归类时出现随意性。实践表明：对地块内土地性质进行单一的控制，已难以满足城市规划的实际需要[17]。

(3) 服务业用地的整合程度不足。如现有独立地段的仓储用地，是否应整合为物流业用地？城市建设用地与村镇建设用地中的同类用地分列而未予整合，导致地类名称不一致，不适应城乡一体化发展和“两规合一”管理的需要。

1.3.3 服务业用地的分类体系框架

综合国内学术界和政府部门对服务业用地分类的相关研究成果，我们提出如下服务业用地分类体系框架（表 1-2）。

服务业用地分类体系 **表1-2**

大类	中类	小类	范围
生产性服务业用地	金融保险业用地	银行用地	银行办公场所用地
		证券用地	股票、债券、期货及其他有价证券的投资交易场所及办公用地
		保险用地	保险公司办公场所用地
		其他金融用地	指银行、证券、保险以外的其他金融机构办公场所用地
	房地产业用地		房地产开发、中介、物业管理等企业办公用地

续表

大类	中类	小类	范围
生产性服务业用地	商务服务业用地		提供企业管理、法律、会计、咨询与调查、广告、知识产权、职业中介、市场管理、旅行、会议及展览、保安等服务的企业办公用地
	信息和计算机应用服务业用地		信息传输与数据处理、网络与系统服务、软件开发服务等企业办公用地
	科技服务业用地		科学研究、专业技术服务等机构用地
分配性服务业用地	交通运输服务业用地	铁路运输服务用地	铁道、轨道交通线路及站场等用地
		公路运输服务用地	公路交通线路及站场等用地
		航空运输服务用地	用于民用机场的用地
		水运服务用地	港口及码头等用地
		管道运输服务用地	用于运输煤炭、石油、天然气等管道及其相应附属设施的地上部分用地
		市内交通运输服务用地	市内主干路、次干路和支路用地（不包括居住用地、工业用地等内部的道路用地）
	物流服务业用地	仓储用地	仓储企业的库房、堆场和包装加工车间及其附属设施等用地
		物流业用地	物流企业生产、经营、管理和服务等用地
	邮政通信服务业用地		邮政、电信、电话及其附属设施用地
	商业用地	百货店用地	营业面积一般在 $5000m^2$ 以上，经营若干大类商品，实行统一管理，分区销售，满足顾客对商品多样化选择需求的零售商店用地
		大型超市用地	营业面积一般在 $5000m^2$ 以上，商品种类齐全，能满足顾客一次性购齐的零售超市用地
		大型专业店用地	营业面积一般在 $5000m^2$ 以上，以经营某一大类商品为主的零售商店用地
		大型折扣店用地	营业面积一般在 $5000m^2$ 以上，由若干个店铺组合而成，以销售具有一定品牌和周转快的商品为主，并以有限的服务和低廉的经营成本，向消费者提供物有所值商品的零售折扣商场用地
		购物中心用地	营业面积一般在 5 万 m^2 以上，由多种零售店铺、服务设施集中在一个建筑物内或一个区域内，并由企业有计划地开发、管理、经营的，向消费者提供综合性服务的商业集合体用地
		大型菜市场用地	营业面积一般在 $2000m^2$ 以上，用于销售各类农副产品和食品的，以零售经营为主的固定市场用地
		一般市场用地	除大型专业店、大型菜市场外的一般独立地段农贸市场、小商品市场和综合市场等用地
		一般商业用地	用于一般性的商品批发、零售的用地，包括商场、商店、超市、加油站及其附属设施用地
		贸易用地	各种贸易公司、贸易部、贸易中心等经销用地
	混合类用地	商办混合类用地	
		商住混合类用地	
		综合用地	

续表

大类	中类	小类	范围
消费性服务业用地	旅馆住宿业用地	宾馆酒店业用地	宾馆酒店、招待所、度假村及其附属设施用地
		宿舍用地	机关团体宿舍（单位宿舍）、工厂宿舍、学生宿舍等类型的宿舍用地
	餐饮服务业用地		饭店、餐厅、酒吧等餐饮服务用地
	娱乐健身业用地		歌舞厅、健身房、棋牌室、网吧等用地
	旅游服务业用地		包括风景名胜设施、旅游中介代理服务、旅行社、游乐设施、休闲农业等用地
	居民和个人服务业用地		洗车场、洗染店、废旧物资回收站、维修网点、照相馆、理发美容店、洗浴场所等用地
	住宅用地	公寓用地	每一层内有若干单户独用的套房，包括卧房、起居室、客厅、浴室、厕所、厨房、阳台等的住宅
		花园住宅用地	带有花园草坪和车库的独院式平房或2～3层小楼，建筑密度很低，内部居住功能完备的独立式住宅、合式住宅、别墅式住宅
		新式里弄用地	联排式住宅，结构装修好，具有卫生设备或兼有小花园、矮围墙、阳台等设施
		旧式里弄用地	联排式的广式或石库门砖木结构住宅，建筑式样陈旧，设备简陋，室外空地狭窄，一般无卫生设备
		简屋用地	标准低的简陋房屋、临时房屋
社会性服务业用地	教育设施用地	高等院校用地	大学、学院、专科学校和独立地段的研究生院等用地，包括军事院校用地
	教育设施用地	中等专业学校用地	中等专业学校、技工学校、职业学校等用地
		中小学用地	高中、初中、小学用地及小学与初中合一用地，初中与高中合一用地
		幼儿园用地	幼儿园、托儿所用地
		成人与业余学校用地	独立地段的电视大学、夜大、教育学院、党校、干校、业余学校和培训中心用地
		特殊学校用地	聋、哑、盲人学校及工读学校等用地
	医疗卫生设施用地	医院用地	综合医院和各类专科医院（妇幼保健院、儿童医院、精神病院、肿瘤医院等）用地
		卫生防疫用地	卫生防疫站、专科防治所、检验中心、急救中心和血库等用地
		休疗养用地	休养所和疗养院等用地
	体育设施用地		体育训练、体育管理机构、体育培训机构用地
	社会保障业和社会福利业用地		社会保障和社会福利救助机构用地
	文化艺术服务业用地		文化艺术活动设施、文化艺术经纪代理、文化传播与艺术培训服务等用地
	广播电影电视服务业用地		广播、电影、电视、音像制作等机构和服务用地
	新闻出版服务业用地		报社、杂志社、通讯社、出版社等用地
	公共设施服务业用地		博物馆、科技馆、陈列馆、纪念馆和图书馆等公共服务设施用地

续表

大类	中类	小类	范围
社会性服务业用地	公共管理与社会组织机构用地		政府管理部门、社会团体与中介组织等机构办公用地
	国际组织机构用地		各国政府派驻机构、国际组织等办公用地
	公园和绿地		包括城镇、村庄内部的公园、动物园、植物园、街心花园和用于休憩及美化环境的绿化用地
	其他公共设施用地	军事设施用地	直接用于军事目的的设施用地
		监教场所用地	监狱、看守所、劳改场、劳教所、戒毒所等建筑用地
		宗教用地	庙宇、寺院、道观、教堂等宗教活动用地
		殡葬用地	陵园、墓地、殡葬场所用地

本章参考文献

[1] 中华人民共和国国家统计局 编 . 2010 中国统计年鉴 [M]. 北京：中国统计出版社，2010.

[2] 黄少军 . 服务业与经济增长 [M]. 北京：经济科学出版社，2000.

[3] 陈宪，程大中，殷风 主编 . 中国服务经济报告 2008[M]. 北京：经济管理出版社，2008.

[4] 肖林，王方华 . 中国都市圈服务经济与全球化竞争战略 [M]. 上海：格致出版社，上海人民出版社，2008.

[5] 蒋三庚 . 现代服务业研究 [M]. 北京：中国经济出版社，2007.

[6] 谭仲池 主编 . 现代服务业研究 [M]. 北京：中国经济出版社，2007.

[7] 上海市经济和信息化委员会，上海科学技术情报研究所 编著 . 2009 世界服务业重点行业发展动态 [M]. 上海：上海科学技术文献出版社，2009.

[8] 陈秋玲，李怀勇，黄建锋等 . 中国服务业研究 [M]. 北京：经济管理出版社，2010.

[9] 阎小培 . 信息产业与城市发展 [M]. 北京：科学出版社，1999.

[10] 吕冬敏，王兴平 . 苏南县级城市服务业用地分类体系初探 [C]//2009 中国城市规划年会论文集，800-809.

[11] 王珍子 . 区域旅游业用地分类体系初探 [J]. 国土资源科技管理，2008(4)：54-56.

[12] 王淑琴 . 枢纽城市物流系统规划关键技术研究 [D]. 南京：东南大学，2005.

[13] 孙晖，梁江 . 是计划决定，还是市场决定——谈公共设施用地的分类原则 [J]. 城市规划，2002（7）：14-18.

[14] 邹兵，吴晓莉 . 也谈市场经济条件下公共设施用地的分类原则 [J]. 城市规划，2002（11）：80-85.

[15] 刘平辉，郝晋珉 . 土地利用分类系统的新模式——依据土地利用的产业结构而进行划分的探讨 [J]. 中国土地科学，2003，17（1）：16-26.

[16] 吴亮等 . 中日土地利用分类比较 [J]. 中国土地科学，2010，24（7）：77-80.

[17] 蒲蔚然，刘骏 . 关于建立城市用地分类新标准的思考 [J]. 规划师，2008，24（6）：9-12.

第 2 章
国内外研究综述

2.1　国外研究综述

西方社会在 20 世纪 20 年代进入快速城市化阶段，1925 年美国芝加哥大学社会学教授伯吉斯（E. W. Burgess）借鉴了德国经济学家杜能的农业圈原理，提出了以中心商务区为内核的向心圈土地利用模式[1]。该模式也被称为城市土地利用的同心圈结构，是城市地理学的经典理论，是城市土地价值评估和城市规划的基础依据。从此以后，西方国家开始了对广义服务业用地的研究。国外对服务业用地的研究可以从居住用地、商业用地和服务业用地的影响机制三个方面进行归纳。

2.1.1　居住用地的相关研究

城市化的快速发展推动了居住空间的扩展和居住区规划建设的研究。不同学科学者从各自的研究领域出发，对城市的居住空间进行了大量的理论和实证研究，并在研究理论和方法上形成了许多学派（表 2-1）。

城市居住空间研究的主要学派　　　表2-1

<table>
<tr><th colspan="2">学派</th><th>理论基础</th><th>研究重点</th><th>代表学者</th></tr>
<tr><td colspan="2">生态学派</td><td>人类生态学</td><td>居住结构的空间模型</td><td>伯吉斯 (1925)
霍伊特 (1939)</td></tr>
<tr><td colspan="2" rowspan="2">新古典经济学派</td><td rowspan="2">新古典
经济学</td><td>效用最大化</td><td>阿朗索 (1964)</td></tr>
<tr><td>消费者区位优选</td><td>穆斯 (1969)</td></tr>
<tr><td colspan="2">行为学派</td><td>行为理论</td><td>住宅区位的选择和决策行为</td><td>布朗和摩尔（1970）</td></tr>
<tr><td colspan="2">马克思主义学派</td><td>历史唯物
主义</td><td>住宅区位与社会力量之间的
相互作用</td><td>考斯托（1972）
哈维（1973）</td></tr>
<tr><td>区位冲突学派</td><td rowspan="2">制度学派</td><td rowspan="2">韦伯社会学</td><td>住宅区位与权力集团的冲突</td><td>弗蒙（1954）</td></tr>
<tr><td>城市管理学派</td><td>住房供给与分配的制约因素</td><td>帕尔（1975）</td></tr>
</table>

资料来源：刘旺、张文忠：《国内外城市居住空间研究的回顾与展望》，载《人文地理》，2004，19（6）：6-11。

生态学派的理论基础来源于人类生态学，该学派借用生态学的基本概念和原理，对城市居住空间演变进行了系统研究，最大特征主要是采用阶层、生命周期和种族三个指标来描述社会群体在城市的空间分布，把城市居住空间的变化过程看成一种生态竞争过程。新古典经济学派以新古典经济学为理论基础，注重效用最大化和利润最大化。行为学派关注住宅区位的选择和决策，但过分重视个人行为，忽视团体对个体行为的影响。马克思主义学派应用马克思主义的历史唯物主义观点分析研究城市住宅问题，重点研究住宅区位与社会力量之间的相互作用。制度学派的研究重点是城市住房供给和分配的制度结构，有两个不同的起源，以研究美国城市为代表的区位冲突学派和以研究英国城市为代表的城市管理学派。区位冲突学派关注权力、冲突和空间之间的关系，城市管理学派充分研究规划师、住房管理者、中央政府、地方政府等个人和机构对城市住房市场的供给和分配的影响，以及住房分配的规划和程序对不同类型住户的影响 [2]。

从研究方法来看，20 世纪 60 年代以前，主要是以定性描述为主，分析和解释城市居住空间的形成和演变。20 世纪 60 年代以后，定量研究得到了广泛的应用。其中因子分析和主成分分析等多变量统计方法在居住空间结构和分异研究中使用最为普遍。如默迪（R. A. Murdie）采用演绎分析方法对加拿大多伦多的居住空间结构进行了实证研究，罗布森（B. T. Robson) 运用归纳法对英国城市桑德兰进行研究，森川洋和戴维斯 (Davies) 使用因子分析法分别对日本和英国城市居住空间的分化等进行了研究 [3]。

国外学者对于城市居住用地变化过程的研究主要涉及以下几个方面，一是对居住用地的景观变迁研究 [4]，基于自然环境、村落规模、文化背景和人们的景观感知差异阐述村落的演变历程 [5]；二是对于城市居住用地空间结构演变及其优化模式的研究，这些研究主要探讨了居住空间结构的演化模式及其对城市发展空间形态的影响 [6、7]；三是对城市居住用地演替外部性的研究，如一些学者研究城市聚落形态及其布局的变化对农业区位、绿带规划及城市增长边界等的影响 [8]，一些学者研究住宅用地对城市热岛变化的影响等 [9]。

2.1.2 商业用地的相关研究

国外对商业用地的研究主要体现在商业布局和商业空间结构两方面的研究。商业布局理论的提出，始于 20 世纪 30 年代中叶，1933 年德国地理学家克里斯塔勒（W. Christaller）提出的中心地理论是现代商业区位理论的基础，为商业用地及其结构研究提供了理论框架 [10]，后来经过勒施（August Losch）等学者的补充和发展，形成了以中心地理论研究为取向的新古典主义学派 [11]。克里斯塔勒和勒施的中心地学说是中心地系统理论和实践研究的基础。第二次世界大战后，地理学界经历了“数量革命”，数量革命引导下的空间分析学派开始逐渐发展起来。1965 年，美国芝加哥大学地理系教授贝里（B. Berry）应用数量地理的研究方法，对芝加哥大都会区商业形态区位分布进行了实证研究，提出了“都市区商业空间结构模型”。

该模型将商业空间分成中心型、带状及特殊功能型三种商业区[12]。知识系统决策图表法结合传统的预测和分析零售系统运作的空间模型，可以帮助规划师和零售商有效解决复杂的零售区位问题[13]。特里亚奥特（Marius Theriault）试图在家庭的流动行为及其对于城市服务设施可达性的感知和基于 hedonic 价格模型所获取的动态房屋价格之间建立联系[14]。

国外商业空间结构研究主要集中于商业中心的空间结构研究以及消费者空间结构研究。商业中心的空间结构研究多是从商品供给的角度考察商业中心在城市中的位置、商业中心的等级体系和不同商业职能的空间布局规律。进入 21 世纪，国外学者更多地将消费者行为因素引入消费者空间结构研究（即商圈分析）中来。

2.1.3 服务业用地变化的影响因素研究

由于服务业用地是城市用地的重要组成部分，因而多数研究是将服务业用地变化及其影响因素的研究包含在城市建设用地的驱动机制之中的。一般认为，影响服务业用地变化的因素包括自然因素和社会经济因素两大类，尤以社会经济因素的影响为主。班斯基（J. Banski）和韦索沃夫斯卡（M. Wesolowska）以波兰东部的卢布林省的 15 个村庄为例，从美学角度研究了新建筑对居住用地空间分布的影响，房屋建筑集中靠近主要交通动脉[15]。鲁达（Gy Ruda）认为，农村工业化趋势使人口居住集中，导致在某些聚落周围居住用地的迅速扩大，但同时大量的聚落被废弃并逐渐消失，由此造成乡村及城市边缘区聚落结构的根本改变[16]。普德维涅（Isabelle Poudevigne）和范罗伊（Sabine Van Rooij）等则认为导致乡村景观发生变化的主要动力来自于农业耕作的强化或废弃，城市化对乡村景观组成与结构的改变，地方性保护政策的作用等[17]。福姆（W. H. Form）认为城市土地利用变化主要是受市场和权力行为两种力量的驱动，二者共同影响着城市土地利用的模式与过程[18]。斯特恩（P. C. Stern）等认为自然因素和社会经济因素对城市用地变化都有影响，他把社会经济因素分为人口、技术、经济、政治因素等几类[19]。麦克洛克林（J. B. Mcloughlin）认为交通状况是城市用地变化的主要驱动因素[20]。隆科（T. R. Longcore）和里斯（P. W. Rees）认为信息技术影响服务业用地变化，他们通过对纽约曼哈顿地区的研究得出，信息技术的发展极大地改变了城市中心商务区的区位特征，许多大金融机构从中心商务区迁移到城市边缘地区[21]。冰见山幸夫（Yukio Himiyama）通过对 1900 年、1950 年和 1985 年日本的土地利用现状进行对比研究，指出居住用地的扩张与人口密度的大小成正比[22]。蒙迪亚（C. N. Mundia）和阿尼亚（M. Aniya）认为交通网络对于城市用地的扩张起着很大的决定作用，经济发展和人口增长也是主要驱动因素[23]。

2.2 国内研究综述

我国城市服务业用地领域研究的主流是关于商业区位论和城市区位论的共同理论——中心地理论的实证研究。我国地理学对于城市服务业用地的研究起步较晚，前期主要是引进国外的研究成果和相关理论，目前主要是根据国外理论对我国大中城市进行实证研究并对模型进行修正。国内学者对服务业用地的相关研究主要从居住用地、商业用地和服务业用地及其驱动机制三方面展开研究。

2.2.1 居住用地研究

从 20 世纪 80 年代以来，国内学者对于城市居住用地的研究一直保持关注。由于城市居住用地涉及多学科领域，因此各个领域的研究者从各自的学科背景出发进行了一系列的理论探索和实证分析。

(1) 居住用地时空变化研究。陈有川等应用拓扑圈层分析法和用地扩展强度指数法分析了 1996 ~ 2007 年济南主城区居住用地空间扩张，发现济南市居住用地布局变迁与城市形态演进并不同步 [24]；周滔等人利用信息熵模型分析了北京市边缘区居住用地的空间分异特征 [25]；尹占娥等人以上海内外环间城区为研究区域，运用 RS 和 GIS 空间分析工具研究了居住用地的空间分布、扩展规律和发展趋向 [26]。

(2) 居住用地驱动机制研究。曾正茂从人与土地、形势与政策、经营与管理、环境与景观等多方面探析影响城市居住用地布局的相关因素 [27]。徐勇等人采用 GIS 技术和统计分析技术测度了北京丰台区农村居住用地变化与人口之间的关系 [28]。刘红萍等人分析了城市住宅用地的空间扩张机制，认为城市土地使用制度和住房制度的改革是城市住宅用地空间扩张的直接动力，经济发展是城市住宅空间扩张的主导因素，科技水平的提高是住宅用地空间扩张的技术支持，人为干预对住宅用地空间扩张具有决定作用 [29]。

(3) 居住用地评价研究。肖淑兰等人从容积率的角度提出广州居住用地的集约利用存在的问题，并有针对性地提出可行对策 [30]。郭永昌 [31]、李谦 [32]、骆培聪 [33] 等分别采用 AHP 法（层次分析法）、ANN 法（人工神经网络）和极限条件法对不同城市居住用地集约水平进行评价。叶艳妹等人 [34] 根据生态经济学的原理构建了城市居住用地生态经济评价的指标体系，并运用复合模型，以义乌市为例进行了城市居住用地生态经济评价，评价结果对居住用地布局有重要的参考价值。

2.2.2 商业用地研究

商业用地的相关研究主要集中在商业用地的规模与空间分布，以及对商业用地的利用评价。李国荣从商业用地的比重、区位布局以及用地职能方面分析了我国城市商业用地的不足，并提出相应的优化措施[35]；孟凯论述了新中国建立以来不同时期我国城市工业用地、居住用地和商业用地的演变和发展趋势[36]；渠爱雪在其论文中运用扇形分析、圈层分析、网格分析等GIS空间分析方法，对工业、居住和商服用地空间格局进行对比分析[37]；徐宏从专业特色用地的角度，探讨了上海市黄浦区商业用地的现状特点和规划设想[38]。张敏等详尽地阐述了包头市城市商服用地评价的过程、基本步骤和基本评价方法，利用层次分析法对包头市商服用地进行综合评价，得出包头市城市商业服务业用地基本处于适度利用水平的结论[39]。熊晚珍等人以武汉市为例，定量分析其商业服务业用地需求趋势和土地需求总量，为经营性建设用地的土地需求预测及土地储备规模和储备周期的合理确定提供基础依据[40]。

在城市商业空间结构及其形成机理的研究中，涵盖了对商业用地的分析。如林耿等人在对广州市商业业态空间形成的影响因素的研究中，分析了城市用地扩展对商业业态空间的影响[41]。

2.2.3 服务业用地及其驱动机制研究

服务业用地是城市土地利用的重要组成部分，城市土地利用变化机制一直是近期研究的热点之一。主要是通过对各城市的实证分析，从宏观的角度分析其驱动因素如何作用于城市土地利用变化。

施昱年等人通过对高新技术园区中员工对园区外围休闲消费型服务业设施用地布局需求的调查，探讨该类服务业发展的可行性及其用地需求和布局的关系[42]。

摆万奇在分析深圳市土地利用变化与驱动力的基础上，将城镇用地细化为工业用地、居住用地和第三产业用地，采用系统动力学的方法，定量地描述它们的动态关系，模拟结果显示城镇用地的长期变化趋势表现出“S”形的增长规律[43]。

武进利用形态学分析方法对我国城市内部结构形态和外部形态演变进行了系统分析，发现工业用地向外扩展带动居住和仓储交通用地的扩张，但居住和公共建筑用地有明显的向心集中特征[44]。

刘长岐等人分析了北京市居住用地的空间分布变化，并指出北京市的人口郊区化与居住用地的空间扩展过程是一种互动的效应关系[45]。

赵晶等人对1947 ~ 2002年上海市建成区居住用地扩展模式、强度及空间分异特征进行了研究，发现不同时期居住用地扩展过程差异较大，其行为特征受国家宏观政策及社会经济发展等因素的影响[46]。

李晓林等人分析了城市交通用地的现状与特征，并提出了高效利用的若干对策建议[47]。

2.3 研究述评

总体来看，国内外服务业用地研究虽然取得了一些进展，但仍存在下列不足：①很少有人把服务业用地作为一个整体研究对象，探讨其发展特征与动态变化趋势；②偏重服务业经济结构或产业结构研究，忽视其用地结构研究，两者之间的互动关系研究尤为欠缺；③各类服务业用地的细化研究严重不足；④定性分析居多，定量研究明显偏少。由此可见，开展此类研究不仅非常必要，而且适应时代发展的要求。

本章参考文献

[1]（美）威廉.阿朗索著.区位和土地利用[M].梁进社等译.北京：商务印书馆，2007.

[2] 刘旺，张文忠.国内外城市居住空间研究的回顾与展望[J].人文地理，2004，19（6）：6-11.

[3] R.A. Murdie. Factorial ecology of metropolitan Toronto，1951-1961[R]. Research Paper 116，Dept. of Geography，University of Chicago，1969.

[4] Marc Antrop. Landscape change and the urbanization process in Europe[J]. Landscape and Urban Planning，2004，67（3）：9-26.

[5] B. K. Roberts. Landscape of settlement：prehistory to the present[M]. London：Rutledge，1996.

[6]（英）埃比尼泽·霍华德著.明日的田园城市[M].金经元译.北京：商务印书馆，2000.

[7]（美）伊利尔·沙里宁著.城市：它的发展、衰败与未来[M].顾启源译.北京：中国建筑工业出版社，1986.

[8] Chengri Ding，Gerrit J. Knaap · Lewis D. Hopkins. Managing urban growth with urban growth boundaries：a theoretical analysis[J]. Journal of Urban Economics，1999，46(8)：53-68.

[9] S. Guhathakurta，P. Gober. Residential Land Use，the Urban Heat Island，and Water Use in Phoenix：A Path Analysis[J] .Journal of Planning Education and Research，2010，30（1）：40-51.

[10] W. Christaller 著.德国南部中心地原理[M].常正文，王兴中等译.北京：商务印书馆，1998.

[11]A. Losch 著 . 经济空间秩序 [M]. 王守礼译 . 北京：商务印书馆，1995.

[12] J. L. Brian，B. Berry. Market Centers and Retail Location[M]. New Jersey：Prentice Hall，1988.

[13] K. Campo，A. Verhetsel. The Impact of Location Factors on the Attractiveness and Optimal Spaces Shares of Product Categories[J]. International Journal of Research in Marketing，2000（17）：255-279.

[14] T.Marius. Modelling accessibility to urban services using fuzzy logic[J]. Journal of Property Investment and Finance，2005（1）：22-54.

[15] J.Banski，M.Wesolowska. Transformations in housing construction in rural areas of Poland's Lublin region-Influence on the spatial settlement structure and landscape aesthetics[J]. Landscape and Urban Planning，2010，94（2）：116-126.

[16]Gy Ruda.Rural buildings and environment[J].Landscape and Urban Planning，1998，41：93-97.

[17]Isabelle Poudevigne，Sabine van Rooij，Pierre Morin，Didier Alard. Dynamics of rural landscape and their main driving factors：a case study in the Seine Valley，Normandy，France[J]. Landscape and Urban Planning，1997，38：93-103.

[18] W.H.Form. The place of social Structure in the Determination of Land use[J]. Social Forces，1954，32：317-323.

[19] P.C.Stern，O.R.Young，D.Druckman. Global Environmental Change：Understanding the Human Dimensions[M] . Washington D.C.：National Academy Press，1992.

[20] J.B.Mcloughlin The System Approach to Planning：A Critique[R].Working Paperl，Center of Urban Studies and Urban Planning，University of HongKong，1985.

[21] T.R.Longcore，P.W. Rees. Information Technology and Downtown Restructuring：The Case of New York City' s Financial District[J]. Urban Geography，1996，179（4）：354-372.

[22]Yukio Himiyama. Land Use/Cover Changes in Japan：from the past to the future[J]. Hydrological Processes，1999（8）：155-160.

[23] C.N. Mundia M.Aniya，Analysis of Land Use/Cover Changes and Urban Expansion of Nairobi City Using Remote Sensing and GIS[J].International Journal of Remote Sensing，2005（7）：2831-2849.

[24] 陈有川，尹逸娴，窦家利 . 近年来济南市主城区居住用地布局变迁研究 [J]. 城市规划，2010（5）：54-58.

[25] 周滔，吕萍 . 城市边缘区居住用地的演替过程与改造模式——以北京市为例 [J]. 人文地理，2008（1）：25-31.

[26] 尹占娥，陈清明 . 基于遥感和 GIS 研究上海内外环间居住用地 [J]. 上海师范大学学报（自然科学版），2002，31（4）：75-79.

[27] 曾正茂 . 影响城市居住用地布局的相关因素探析 [J]. 中外建筑，2009（6）：78-81.

[28] 徐勇，沈洪泉，甘国辉等 . 北京丰台区农村居住用地变化及与人口相关模型 [J]. 地理学报，2002，57（5）：569-576.

[29] 刘红萍，杨钢桥 . 城市住宅用地空间扩张机制与调控对策 [J]. 经济地理，2005（1）：109-112.

[30] 肖淑兰，罗涛，王欣．广州市居住用地集约利用存在的问题及对策建议 [J]. 中国集体经济，2009（36）：31-32.
[31] 郭永昌．包头市城市居住用地集约利用评价研究 [J]. 安庆师范学院学报（自然科学版），2008，14（1）：70-73.
[32] 李谦，蒋瑜，杨正清等．基于 ANN 的城市居住用地集约利用水平评价研究 [J]. 国土资源科技管理，2008（2）：57-62.
[33] 骆培聪，董芙蓉，李婷婷．基于中观尺度的福州市城市居住用地集约利用评价 [J]. 沈阳师范大学学报（自然科学版），2008，26（4）：485-490.
[34] 叶艳姝，吴次芳．城市居住用地的生态经济评价及其运用——以义乌市为例 [J]. 生态经济，1997（4）：23-28.
[35] 李国荣．浅探我国城市商业用地的优化配置 [J]. 商业经济研究，1994（1）：40-43.
[36] 孟锴．新中国成立以来我国城市土地利用状况及其演变趋势 [J]. 青岛科技大学学报（社会科学版），2007，23（3）：1-7.
[37] 渠爱雪．矿业城市土地利用与生态演化研究——以徐州市为例 [D]. 中国矿业大学，2009.
[38] 徐宏．黄浦区商业用地及商业步行街专业特色街用地的研究 [J]. 上海土地，2000（5）：9-12.
[39] 张敏，成舜，郭永昌等．包头市商业服务业用地集约利用潜力评价研究 [J]. 干旱区资源与环境，2007，21（1）：120-124.
[40] 熊晚珍，李翠华．商业服务业用地与土地储备规模研究——以武汉市为例 [J]. 安徽农业科学，2007，35（34）：11201-11202.
[41] 林耿，周锐波．大城市商业业态空间研究 [M]. 北京：商务印书馆，2008。
[42] 施昱年，叶剑平．园区周边休闲消费型服务业设施用地布局需求分析 [J]. 中国土地科学，2007，21（6）：10-16.
[43] 摆万奇．深圳市土地利用动态趋势分析 [J]. 自然资源学报，2000，15（2）：112-116.
[44] 武进．城市形态：结构、特征及增长 [M]. 南京：江苏科技出版社，1990.
[45] 刘长岐，甘国辉，李晓江．北京市人口郊区化与居住用地空间扩展研究 [J]. 经济地理，2003，23（5）：666-670.
[46] 赵晶，陈华根，许惠平 .20 世纪下半叶上海市居住用地扩展模式、强度及空间分异特征 [J]. 自然资源学报，2005，20（3）：400-406.
[47] 李晓林，李强，任仕伟．交通用地的高效利用与城市可持续发展 [J]. 北京师范大学学报（社会科学版），2007（2）：127-133.

第3章

国际大都市服务业用地变化特征及对上海的启示

上海正在向国际金融中心、航运中心、经济中心和贸易中心的目标迈进，现代服务业和先进制造业成为其发展的主要驱动力。城市功能定位决定其产业结构，产业结构又决定其用地结构。目前学术界对国际大都市的产业结构演变特征与规律的相关研究成果较多，而对其产业用地变化特征与规律的系统性研究成果尤为欠缺。本书选取伦敦、纽约、东京、新加坡等兼具国际金融中心和航运中心功能的大都市，对其产业用地的规模、结构、效率等进行详细分析，提炼后工业化时代国际大都市服务业用地的演变特征和规律，旨在为上海服务业用地的规模扩张、结构优化及其效率提升提供启示和借鉴。

3.1 国际大都市服务业用地规模的变化特征

1）CBD 总用地规模一般为 20 ～ 40km^2，其中核心 CBD 用地规模约为 Sub-CBD 的 2 倍

国际大都市中央商务区（CBD）是以现代服务业为代表的第三产业高度集聚发展的城市功能单元，通常集中了大量的金融、商贸、文化、服务机构和大量商务写字楼、酒店、公寓等配套设施，具有完善便捷的交通、通信等基础设施、良好的经济发展环境和便于商务活动的场所 [1]。在经历了规模扩张、结构演化、国际渗透和功能拓展等发展阶段之后，现代服务业已成为 CBD 产业发展的主要特色。在其规模扩张进程中，又经历了国内公司集聚、跨国公司总部集聚、人均办公面积扩张三个阶段 [2]。一般来说，国际大都市 CBD 的总用地规模约为 20 ～ 40km^2。

集聚与扩散是城市化发展的基本动力。在大都市 CBD 的发育过程中，存在着由单中心集聚向多中心集聚的趋向。因受到传统 CBD 各种条件限制或者因保护历史文化传统的需要，一些国际大都市便择址另建商务副中心（Sub-CBD），形成由一个 CBD 及若干个 Sub-CBD 共同组成的多中心系统，它们既相互竞争又相互依存。但需要指出的是，副中心（Sub-CBD）虽然是 CBD 功能扩散的产物，但在其形成过程中，依然存在着集聚的态势。也就是说，它在分散部分核心 CBD 功能的同时，又集中了周边地区高层

次的商业和商务功能。由此可见，在CBD系统内，无论是核心CBD，还是Sub-CBD，都是集聚与扩散两种动力相互作用的结果[3]。

国际大都市的核心CBD用地规模大多为1.5 ~ 3.5km^2，Sub-CBD的平均用地规模约为CBD的一半左右,大多介于1 ~ 1.6 km^{2}之间（表3-1）。

若干国际大都市CBD的用地规模（1992年） 表3-1

城市	伦敦	纽约	东京	巴黎	芝加哥	旧金山	悉尼	新加坡
CBD用地规模（km^2）	27	22	42	23	/	/	6	/
其中：核心CBD用地规模（km^2）	2.5	3.2	3.0	1.8	2.6	1.6	2.1	1.5
Sub-CBD平均用地规模（km^2）	1.05	1.65	1.6	1.6	/	/	1.0	/

2）　生产性服务业多集中于CBD地区，且用地规模平稳增长

在国际大都市中心区，随着制造业不断趋于弱化，产业更趋服务化和软性化的特征非常明显。与此同时，随着收入水平的提高，居民对生活质量的要求也不断提高，又引起了教育、医疗、保健等服务部门的扩大。因此，大都市商务办公活动的用地需求日益增长，商务办公地带日渐扩大，商住用地、公共服务设施用地和休憩娱乐用地也相应扩张。尤其是金融保险、商务服务等生产性服务业向国际大都市中心区特别是中央商务区集聚，CBD地区形成了“高人力资本含量、高技术含量和高附加值”的产业特色，是国际大都市产业空间选择和分布的一个典型特征[4]。20世纪80年代初期，在东京、伦敦和纽约3个国际大都市的CBD地区，其金融、保险、房地产和商务服务业等商务办公服务业的就业比重均已超过了批发与零售

若干国际大都市CBD的就业构成 表3-2

	东京	伦敦	纽约
农林渔和矿业（%）	0.3	0	0
制造业（%）	19.1	10.9	19.0
建筑、交通、通信业（%）	14.3	13.4	8.9
服务业（%）	66.3	75.7	72.1
其中：批发与零售（%）	29.6	8.4	17.9
金融、保险、房地产（%）	9.9	58.1	23.6
商务服务业（%）	21.9	7.2	14.2
公共服务业（%）	4.9	2.0	16.4
总就业人数（万人）	251.5	31.77	226.7

资料来源：丝基雅·沙森著.周振华等译.《全球城市：纽约、伦敦、东京》.上海：上海社会科学院出版社，2005。

注：①伦敦CBD指伦敦城，纽约CBD指曼哈顿。②东京为1980年数据，伦敦为1981年数据，纽约为1984年数据。

等商业服务业的就业比重，表明 CBD 内传统的商业功能趋于弱化，而商务办公功能则显著增强（表 3-2）。

现代服务业的增长是以生产性服务业的增长为主要特征的，而且生产性服务业大都集中于大都市地区。在伦敦，纯商务办公用地面积从 1974 年的 14.1km^2 增至 1985 年的 18.3 km^2，年均增加约 0.38 km^2，年均增幅约为 2.7%。1983 ~ 1988 年，东京事务所和银行用地面积从 112.9 万 m^2 扩大至 281.6 万 m^2，增长了近 1.5 倍。在曼哈顿 CBD 地区，金融、保险、房地产就业职位占纽约市就业职位的比重高达 90%。仅 1981 ~ 1984 年，曼哈顿就新增办公面积 204.39 万 m^2。2002 ~ 2006 年，纽约市的商务公寓用地面积由 16.42km^2 增加到 16.65 km^2，年均增幅约为 0.35%。2001 ~ 2007 年，新加坡的办公用地从 6.954 km^2 增至 6.998 km^2，年均增幅为 0.1%[5]。

商务办公楼宇主要用于吸引处于价值链和产业链高端的现代服务业和跨国公司总部。表 3-3 显示，世界级大都市的商务办公建筑总规模大多介于 2000 ~ 5000 万 m^2，其中 CBD 地区的商务办公建筑规模大多介于 1500 ~ 2500 万 m^2 [6]。

若干国际大都市商务办公建筑总规模比较　　表3-3

城市	全市	中心区	中央商务区
纽约	/	3100 万 m^2（曼哈顿）	2500 万 m^2（下曼哈顿，中城）
伦敦	2200 万 m^2	1400 万 m^2	1800 万 m^2（内城、西敏寺、码头区）
东京	5100 万 m^2（23 区）	2900 万 m^2(都心 3 区）	2200 万 m^2（丸之内、新宿、临海）
巴黎	2900 万 m^2	1500 万 m^2	1850 万 m^2（内城 1、8、9 区，拉德方斯）

资料来源：单国铭、梅广清：《国际大都市及其中心区发展的特点与借鉴》，载《上海综合经济》，2004(9): 25。

3）服务业用地在向 CBD 地区集聚之后，又呈现向郊区扩散的态势

随着后工业社会和信息社会的来临，国际大都市从物质产品生产中心转变为服务中心和信息中心，城市主要职能转向经济、金融、信息和文化的交流。服务业也从传统的劳动密集型为主转向以资本密集型为主，并正在进一步向以知识技术密集型为主的服务业转变，服务业用地规模扩展。如在新加坡的市中心区，服务业用地已占绝对优势，约占已建成区用地的 77%，其中商业和商务办公活动用地占 21%，交通运输用地占 31%，而居住用地所占的比重不足 15%。

郊区化是国际大都市空间扩张的主导力量。国际大都市的空间扩张必

然引导要素从高度向心聚集到快速离心扩散。由居住郊区化到商业活动郊区化，再到办公活动郊区化是大都市空间扩张带动要素转移与重置的原动力[4]。因此，服务业也在经过一定时期向市中心区集聚之后，又依托交通运输和信息通信技术的进步，通过商业活动郊区化和办公活动郊区化而向大都市郊区扩展。相应地，服务业用地郊区化也势所必然。表 3-4 显示了东京、纽约、伦敦、巴黎、悉尼等国际大都市的商业、服务业用地郊区化的发展状况，这 5 个大都市的 Sub-CBD 的平均用地规模为 1.38 km^2，建筑面积介于 150 ～ 1500 万 m^2，其中服务业建筑总规模比例一般占 70% 以上。以巴黎的副中心拉德方斯为例，其用地规模为 750hm²，主要是商务区和商业用地，其中：办公用房为 215 万 m^2，会展用房为 4.5 万 m^2，零售用房 10.5 万 m^2，娱乐和旅馆 3 万多平方米，公共服务设施 1 万多平方米，居住区则多分布在商务区的四周[3]。它是巴黎名副其实的商务副中心之一。

若干国际大都市郊外商务中心规模容量比较 表3-4

城市	Sub-CBD 数量（个）	平均用地面积（km^2）	建筑面积（万 m^2）	其中：服务业建筑总规模（万 m^2）
东京	7	1.6	160 ～ 350	100 ～ 280
纽约	5	1.65	700 ～ 1500	500 ～ 1200
伦敦	8	1.05	800 ～ 1400	500 ～ 1000
巴黎	10	1.6	250 ～ 1000	200 ～ 800
悉尼	3	1.0	150 ～ 250	100 ～ 200

资料来源：陈瑛：《城市 CBD 与 CBD 系统》，168 页，北京，科学出版社，2005。

4）商业用地总规模介于 10 ～ 30 km^2 之间，但其空间分布与工业用地迥然不同

如 1974 年伦敦市商业用地为 12.8 km^2，1985 年增加到 13.7 km^2，增幅约为 7%。2002 年纽约市商业用地为 22.63 km^2，至 2006 年，增至 23.8 km^2，增幅约为 5%。东京在城市地价高涨的影响下，商业用地过度扩张，1994 年高达 44.26 km^2，但在随后的亚洲金融危机（1997 ～ 1998 年）的冲击下，商业用地规模急剧萎缩，1997 年降至 27.47 km^2，之后大体趋于稳定，至 2007 年东京商业用地为 27.28 km^2。

由上可知，国际大都市商业用地的总规模大体介于 10 ～ 30 km^2 之间。但在区域分布上与工业用地存在着明显差别：工业用地以郊区分布为主，而商业用地以市区分布为主。以伦敦市为例：2005 年内伦敦（市区）商业用地占 5.2%，工业用地占 3.9%；外伦敦（郊区）商业用地仅占 2.6%，而工业用地占 4.9%。

3.2 国际大都市服务业用地结构的变化特征

1）商业用地占比低，但集约利用程度高

国际大都市的功能结构决定其产业结构，产业结构又决定其用地结构。由表 3-4 可见，作为综合性的国际大都市，如纽约、伦敦、东京、巴黎，其建设用地结构的基本特点是居住用地、交通用地、绿地所占比例较高，如伦敦、巴黎、东京、纽约上述三类用地合计分别达 84.9%、69%、76.2% 和 72.4%，充分体现了注重生活和生态的“以人为本”的用地结构特色[7]。

国际大都市的商业用地所占比例较低，但以高度集约利用为特色。伦敦商业用地占建设用地的比重为 4.7%，东京为 2.6%，纽约为 3.8%，新加坡为 4.6%（表 3-5）。但是，国际大都市的商业用地的产出效益比较高。如 2006 年纽约市商业用地单位产出为 76.62 亿美元 / km^2，东京为 106.24 亿美元 /km^2。

若干国际大都市服务业用地结构比较 **表3-5**

城市	商业用地（%）	居住用地（%）	交通用地（%）	绿地（%）	娱乐用地（%）	其他用地（%）	备注
伦敦	4.7	32.6	14.1	38.2	/	10.4	2005 年
东京	2.6	46.5	18.3	11.4	8.5	9.2	2007 年
纽约	3.8	39.5	7.5	25.4		20.0	2006 年
新加坡	4.6	53.4	13.7	/	/	21.5	2000 年

2）商务办公用地比重逐步上升，并在中央商务区形成高度集聚态势

国际大都市 CBD 的功能拓展大致经历了以商业功能为主发展到商业、商务、居住等功能的混合，实现 CBD 功能的升级，并逐渐向综合化和生态化发展三个阶段[1]。在工业化初期和中期阶段，由于产业和人口向大都市集聚，中心城区首先成为制造业集中分布区域，工业用地所占比例相对较高，如 1957 年东京都工业用地所占比例达到 31.9%。到了工业化后期及后工业化时期，大都市市区内的工业用地不断减少，并向郊区迁移，而商务办公用地比重逐步上升，商务办公建筑面积增加，并在中心城区尤其是中央商务区（CBD）形成高度集聚态势[8]。如巴黎中央商务区拥有商务办公建筑面积达 1500 万 m^2，占巴黎商务办公楼宇总量的 41%（表 3-6）。

3）经济服务化与主导产业用地结构变化

在经济服务化时期，支撑产业发展的通信、金融、运输、流通等服务业逐步壮大，以城市型服务产业为主导的非制造业迅速增长。20 世纪 70 年代中期以后，日本进入了经济服务化时期。东京以其独特的优势又成为

服务业集中分布之地，形成了以生产性服务业为主导的产业体系，如金融服务机构以及与信息、通信相关的产业主要集中在东京圈。

若干国际大都市CBD地区商务办公用地面积及建筑面积比较　　表3-6

CBD 名称	用地面积（km^2）	建筑面积（万 m^2）	主要功能特色
纽约下曼哈顿	2.1	约 1500	金融
纽约曼哈顿中城区	1.2	约 700	商务
东京新宿	1.6	160	商务、金融、研发
东京丸之内	1.5	1700	金融、商务
东京临海区	1.5	350	商务、会展
伦敦城、西敏寺区	2.0	400	金融
伦敦码头区中心	0.75	110	商务
巴黎 1、8、9 区	1.8	1500	金融
悉尼 CBD	2.2	460	金融、商务、文化
新加坡 CBD	1.5	500	商务、金融
香港 CBD	2.1	/	旅游服务、地产金融

资料来源：①单国铭、梅广清：《国际大都市及其中心区发展的特点与借鉴》，载《上海综合经济》2004，(9)：25。

②蒋三庚、王曼怡、张杰等：《中央商务区现代服务业集聚路径研究》，69 页，北京，首都经济贸易大学出版社，2009。

在经济全球化的进程中，城市功能最大的演变在于服务业取代制造业成为城市发展的主导产业。尤其是金融与高级专业服务业的发展成为国际大都市的典型特征之一。20 世纪 80 年代中期之后，日本步入了经济全球化时期。一方面，日本制造业企业进一步扩大其在海外的生产活动，国内则侧重于生产高质量、高性能的产品；另一方面，外国企业对日直接投资的公司总部一般都设在以东京为首的大都市周围，而生产所在地一般都选在三大都市圈之外 [9]。

3.3　国际大都市服务业布局与用地产出效益的变化特征

一方面，由于城市功能定位与产业结构存在差异，导致了各个国际大都市之间土地产出效益的明显差异；另一方面，在各个国际大都市内部，均已形成了核心圈层、内圈和外圈三个圈层之间良好的主导产业分工和产业梯度差异，从市中心向外，土地产出效益同样存在显著的梯级落差。

一般来说，在国际大都市的核心区，高度集聚的是金融保险业、专业服务业等现代服务业及出版印刷业、服装业等都市型工业，这使得其不仅具有很高的单位土地产出效率，而且成为高密度的就业中心。如在纽约曼哈顿下城长仅 1.54km，面积不足 $1km^2$ 的华尔街——CBD 金融区，集中了几十家大银行、保险公司、交易所以及上百家大公司总部和几十万就业人口，成为世界上就业密度最高的地区。伦敦金融城聚集了500多家外国银行、180多个外国证券交易中心，每日外汇交易量达6300亿美元，仅每年的律师业收益就达到9.75亿英镑[1]。

而国际大都市的制造业主要在内圈集聚，该区的服务业主要为批发零售业；农林渔业则在外圈形成高度集聚[10]，该区的服务业也多为农业服务业，且所占比重较低。与此相对应，地均产出和地均雇员等反映用地效率和效益的指标也呈现明显的梯级落差（表3-7）。

在不同的国际大都市，由于其发展历史、地理区位、经济基础、产业结构及人口素质等多方面的差异，其服务业的产出水平或经营效益也同样存在着明显差异。下面以商业零售业为例来进行分析。据王成荣等人的研究[11]，国际大都市商业零售业中，纽约和伦敦的人均零售贸易额略高于新加坡和东京，远高于上海和北京；伦敦平均每个企业实现的零售额最高，约为纽约的1.65倍，约为东京的2倍多，约为上海的4.5倍；东京的每平方米营业面积实现的销售额最高，约为新加坡的2倍多，约为上海的12倍多（表3-8）。

若干国际大都市圈产业布局与用地效率比较（2002年）　　表3-7

都市圈	内部圈层结构	面积 (km^2)	主导产业	地均产出（万美元 /km^2）	地均雇员（人 /km^2）
东京大都市圈	东京都	2102	服务业，批发零售业，金融业，出版印刷业	37192	4091
	内圈	11178	批发零售业，石油、化学工业，钢铁业	5633	960
	外圈	23068	农林渔业，机械制造业	1203	171
纽约大都市圈	纽约市	800	金融保险业，专业技术服务业，服装业	56064	3048
	内圈	18639	化学工业，批发零售业	4185	206
	外圈	17636	农林渔业，建筑业	341	25
巴黎大都市圈	巴黎市	105	金融业、企业服务业，商业，服装制造业	203676	14268
	内圈	657	化学工业	34015	2607
	外圈	11250	农林渔业，汽车制造业	1459	143

资料来源：高汝熹等：《2007中国都市圈评价报告》，235页，243页，上海，上海人民出版社，2008。

若干国际大都市商业零售比较　　表3-8

城市	纽约	芝加哥	伦敦	东京	新加坡	上海	北京
人均零售贸易额（万元）	174.4	165.6	174	157	171.5	45.3	42.3
平均每个企业实现的零售额（万元）	1468	1828	2425.9	1102.5	906	538.3	455.5
每平方米营业面积实现的销售额（万元）	/	/	/	11.3	5.25	0.91	1.73
备注	2002年	2002年	2004年	2004年	2005年	2005年	2004年

资料来源：王成荣、赖阳、黄爱光等：《北京流通现代化》，91页，北京，中国经济出版社，2009。

3.4 主要结论及对策建议

3.4.1 主要结论

伦敦、纽约、东京、新加坡等国际大都市目前已处于后工业化时期，其服务业用地的主要特点如下：

（1）商务办公活动的用地需求日益增长，商务办公地带日渐扩大，商住用地、公共服务设施用地和休憩娱乐用地也相应扩张；

（2）金融保险、商务服务等生产性服务业向市中心区特别是中央商务区集聚；

（3）商业用地在建设用地中所占比例较低，但集约利用程度高；

（4）不仅各城市之间的服务业用地产出效率存在一定的差异，而且在城市内部，从市中心区向外，服务业用地产出效率也呈现出明显的梯级落差。

3.4.2 启示与对策建议

与处于后工业化时期的伦敦、纽约、东京、新加坡等国际大都市相比，上海尚处于工业化发展的高级阶段，两者既不具有直接可比性，而且上海的发展又独具特色，正在走一条现代服务业与先进制造业协同发展之路。但上海也将步入后工业化时代，服务业终将成为未来发展的主导产业。因此，上述国际大都市服务业用地的演变特征仍然对上海具有启迪作用。

上海市不同区域各类服务业用地占建设用地比例变化表　　表3-9

服务业用地类型	中心城区			近郊区			远郊区		
	1998年	2003年	2008年	1998年	2003年	2008年	1998年	2003年	2008年
商服用地（%）	8.14	8.35	8.56	4.26	4.28	4.25	2.47	2.63	2.98
住宅用地（%）	33.48	37.16	35.56	32.87	32.01	29.59	49.55	44.89	40.55
社会事业用地（%）	12.15	11.36	10.93	4.91	5.30	5.58	3.91	3.81	3.89
基础设施用地（%）	29.41	27.39	28.21	23.28	22.35	22.61	18.77	17.28	17.52
其他用地（%）	2.25	2.05	2.20	2.94	3.18	3.68	2.59	5.47	5.56

上海各类建设用地结构见表3-9所列。针对上海服务业用地的现状特点，提出如下对策建议：

1）适度扩大服务业用地规模，逐步扭转生产性功能较强而服务性功能较弱的用地结构

上海目前明显存在生产用地比例偏高，生态用地和公共设施用地比例

偏低；工业用地比例偏高，服务业用地比例偏低的现象。随着上海从工业化高级阶段向后工业化时代的推进，这种生产性功能较强而服务性功能较弱的用地结构必须得到扭转。因此，上海既要严格控制工业用地规模扩张，优化工业用地结构，适当提高工业用地的容积率；又要合理扩大服务业用地规模，适度提升服务业用地比重，逐步建立符合后工业化时代要求的城市用地结构体系。

2）促进部分工业园区向现代服务业集聚区转型

目前，上海市不仅存在已批未用闲置等土地资源浪费现象，而且中心城区还因产业结构调整，存在大量工业用地性质的老厂房、老仓库等闲置土地。近年来，尽管一部分闲置的工业用地已通过创意产业园区或现代服务业集聚区建设而实现了二次开发和重新利用，但盘活存量土地的任务依然艰巨。要通过产业转型与用地转性的有机结合，促进部分工业园区向现代服务业集聚区转型，实现生产方式与土地利用方式的协同性转变。

3）着力推进生产性服务业崛起，保障其用地供给

国际大都市中心城区在制造业向郊外迁移的同时，生产性服务业正向市中心区集中[12]。如 2002 年纽约生产性服务业的增加值已占全部服务业增加值的 50% 以上，金融、保险、商务服务业和科学教育等知识密集型服务业快速发展[13]。因此，上海应根据大都市中心地区高地价、低污染、高可达性等用地特点，为生产性服务业预留必要的发展空间。如在专业技术服务业发展方面，可建立以高科技产业总部、高科技产业的创投金融中心以及由高科技衍生出来的高附加值的现代设计产业（如晶片设计、建筑设计、规划设计、工业设计、环境设计）等为龙头的产业体系，引领其他生产性服务行业的健康成长。

4）进一步提升服务业用地效益

上海服务业用地的单位产出效益与东京、纽约、伦敦等国际大都市相比，仍有较大的差距。一是要结合紧凑型城市建设，逐步提高服务业用地的单位产出效益；二是要通过服务企业的自身调整，引优汰劣，优化组合；三是要着力发展具有竞争优势的特色服务业，将产业效益提升与用地效益提升较好地结合起来。

本章参考文献

[1] 蒋三庚，王曼怡，张杰等 . 中央商务区现代服务业集聚路径研究 [M]. 北京：首都经济贸易大学出版社，2009.

[2] 隆少秋 . 国内外大城市发展规律对广州经济发展的启示 [M]. 广州：华南理工大学出版社，2006.

[3] 陈瑛 . 城市 CBD 与 CBD 系统 [M]. 北京：科学出版社，2005.
[4] 屠启宇，金芳等 . 金字塔尖的城市：国际大都市发展报告 [M]. 上海：上海人民出版社，2007.
[5] 石忆邵，范胤翡，范华等 . 产业用地的国际国内比较分析 [M]. 北京：中国建筑工业出版社，2010.
[6] 单国铭，梅广清 . 国际大都市及其中心区发展的特点与借鉴 [J]. 上海综合经济，2004（9）：21-28.
[7] 石忆邵，彭志宏，陈华杰等 . 国际大都市建设用地变化特征、影响因素及对上海的启示 [J]. 城市规划学刊，2008（6）：32-39.
[8] 张洁 . 东京城市土地利用结构分析及其对中国大城市的启示 [J]. 经济地理，2004（6）：812-815.
[9] 冯辉 . 日本地区间经济差距的演变与政府干预 [J]. 日本学刊，2006（3）：105-117.
[10] 高汝熹，吴晓隽，车春鹂. 2007 中国都市圈评价报告 [M]. 上海：格致出版社，上海人民出版社，2008.
[11] 王成荣，赖阳，黄爱光等 . 北京流通现代化 [M]. 北京：中国经济出版社，2009.
[12] 丝基雅·沙森著 . 全球城市：纽约、伦敦、东京 [M]. 周振华等译 . 上海：上海社会科学院出版社，2005.
[13] 林兰，曾刚 . 纽约产业结构高级化及其对上海的启示 [J]. 世界地理研究，2003（3）：44-50.

第4章 东京服务业用地变化分析

东京是日本的首都，是日本的政治、经济、文化中心，是日本的海陆空交通枢纽，是现代化国际都市和世界著名旅游城市之一，位于本州岛关东平原南端，东部以江户川为界与千叶县相连，西部以山地为界与山梨县相接，南部以多摩川为界与神奈川县相连，北部则与埼玉县相接。东京都是由23个特别行政区和26个市、5个町、8个村所组成的自治体，行政区域包括23个特别行政区和多摩地区的狭长陆地部分以及分布在东京湾南部海域的伊豆群岛和小笠原群岛（图4-1），总面积为2187.65km^2。从地域空间上来看，东京都可划分为区部、市部、郡部和岛部四大地域。据《东京都统计年鉴》，2009年东京都总人口达12988797人，其中区部8802067人，市部4100364人，郡部58640人，岛部27726人[1]。2009年东京都的GDP达到18771亿美元，是世界上人口最多、经济最发达的现代化国际城市之一[1]。

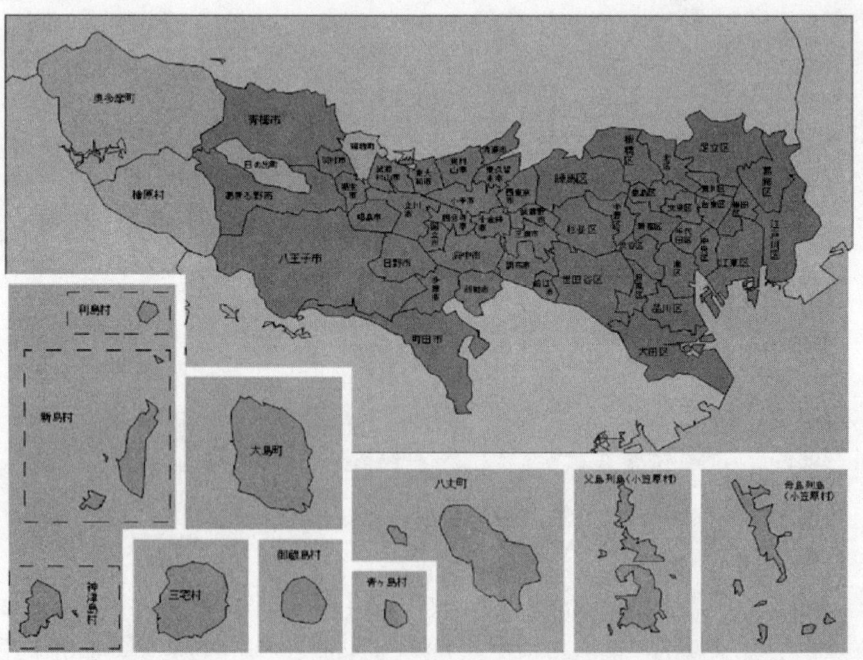

图4-1 东京行政区划图

4.1 东京服务业用地规模和结构的变化特征

1）服务业用地规模总体趋升，但类别增长差异明显

东京都的服务业用地主要包括商业用地、公共用地、住宅用地、道路用地、室外用地、公园、运动场和其他用地。本章仅以东京统计年鉴中的商业用地、住宅用地和其他用地三大类建筑用地作为服务业用地进行分析。

发达的服务业是东京都产业结构的重要特征。东京都的服务业是以商业为支柱，以五大新兴服务业为生长点，以生产性服务业为侧重点，其部门结构的顺序是批发零售业、金融业、保险业、不动产业等。目前，东京都服务业的就业人数比重和国民生产总值比重均已超过65%，服务业已经成为名副其实的主导产业。

根据1997～2009年东京都土地利用类别统计，东京都服务业用地规模稳中有升，基本上呈现三段式发展格局。第一阶段为1997～2000年，服务业用地规模平稳上升，2000年达到51039.69hm^2；第二阶段为2001～2005年，服务业用地规模在2001年微降之后，接下来又持续增加；第三阶段为2006～2009年，服务业用地规模在2006年大幅提升后，然后逐年递增，2009年达到53180.70 hm^2。

从服务业用地类别来看，东京都住宅用地规模的增长超过了其他用地规模的增长，其他用地规模的增长又高于商业用地规模的增长。其中：商业用地规模缓慢增加，1997～2009年间共增加了60.39 hm^2，年均增加约4.65 hm^2；住宅用地规模扩张较快，1997～2009年间共增加了2446.12 hm^2，年均增加约188.16 hm^2；而包括公共设施用地、公园和运动场用地、道路用地等在内的其他用地规模则在波动中增长，1997～2009年间共增加了283.84 hm^2，年均增加约21.83 hm^2。

2）商业用地和住宅用地所占比重在波动中缓慢趋于下降，而其他用地的比重则在波动中趋于微升

从服务业用地内部结构来看，东京都商业用地和住宅用地占服务业用地的比例总体上略有下降；而包括公共设施用地、公园和运动场用地、道路等用地在内的其他用地占服务业用地的比重总体上趋于上升（表4-1）。

3）中心城区住宅用地比重稳中有升，而商业用地和公共用地比重稳中微降

东京都中心城区（23个特别行政区）商业办公设施相当集中，交通网络完善，尤其是以千代田区、中央区和港区为代表的城市核心区，服务业用地密集，其用地分布和结构与城市的快速发展密切相关。目前，东京中心城区面积约为622km^2，2009年人口约为880万人，人口密度约为14152人/km^2。

1997～2010年东京都服务业用地规模与结构变化表　　表4-1

年份	商业用地		住宅用地		其他用地		三类服务业用地面积合计
	面积（hm^2）	比例（%）	面积（hm^2）	比例（%）	面积（hm^2）	比例（%）	
1997	2746.75	5.44	46701.46	92.53	1025.58	2.03	50473.79
1998	2751.97	5.43	46865.35	92.52	1038.82	2.05	50656.14
1999	2753.89	5.42	46993.12	92.52	1044.62	2.06	50791.63
2000	2695.46	5.28	46950.78	91.99	1393.45	2.73	51039.69
2001	2713.34	5.32	46986.63	92.10	1313.70	2.58	51013.67
2002	2716.74	5.30	47209.94	92.10	1331.31	2.60	51257.99
2003	2666.61	5.17	47625.01	92.40	1250.10	2.43	51541.72
2004	2699.87	5.21	47883.40	92.38	1251.51	2.41	51834.78
2005	2713.76	5.21	48095.56	92.38	1256.25	2.41	52065.57
2006	2722.19	5.17	48640.01	92.41	1270.14	2.42	52632.34
2007	2727.92	5.17	48783.83	92.41	1276.55	2.42	52788.30
2008	2765.81	5.22	48970.97	92.33	1299.43	2.45	53036.22
2009	2806.35	5.28	49067.52	92.26	1306.82	2.46	53180.70
2010	2807.14	5.27	49147.58	92.27	1309.42	2.46	53264.14

资料来源：历年《东京都统计年鉴》。

东京都中心城区服务业用地结构变化表　　表4-2

服务业用地类型	1996年	2001年	2006年
商业用地(%)	18.86	18.54	18.22
公共用地(%)	17.51	17.53	17.11
住宅用地(%)	63.52	63.82	64.67
其他用地(%)	0.11	0.11	0
合计(%)	100	100	100

资料来源：历年《东京都统计年鉴》。

1996年以来，东京都中心城区商业用地比重一直维持在18%以上，比重略有降低；公共用地的比重先升后降，比重维持在17%以上；住宅用地的比重稳中趋升，2006年达到64.67%（表4-2）。东京都的城市土地利用结构与东京都的城市功能和结构相互对应。2009年东京都中心城区人口占东京都总人口的67.77%，因此中心城区的服务业用地中住宅用地比重最大，主要分布在城市核心区周边，以新宿区、文京区较为集中。

4）中心城区内部用地各具特色，教育文化设施用地所占比重相对较高，城市核心区商业和商务楼宇密集分布

东京作为日本最大的经济中心，日本 25% 的公司集中在东京，在资产达 50 亿日元的公司中，90% 集中在城市核心区。根据 2005 年日本国情普查结果，从事以商业为代表的服务业的就业人数为 457.6 万人，占总就业人数的 77.4%。因此，城市核心三区的商业楼宇比重均超过 20%，其中：中央区高达 43.06%，千代田区为 35.48%，港区为 23.59%（表 4-3）。

2006年东京都中心城区服务业用地类型占建筑用地的比重　　表4-3

服务业用地类型		中心城区	千代田区	中央区	港区	新宿区	文京区
公共设施(%)	政府部门	1.70	30.11	3.17	8.81	3.49	0.97
	教育文化设施	10.10	12.33	4.86	12.70	12.84	23.15
	医疗设施	1.60	1.11	1.74	1.63	2.68	2.25
	公共事业	2.00	0.18	4.44	2.21	0.80	0.33
商业用地(%)	商业楼	6.00	35.48	43.06	23.59	11.57	7.60
	专业商业设施	2.30	2.49	4.86	2.64	2.31	0.49
	商住楼	6.40	3.84	8.30	4.81	6.98	6.90
	宾馆、娱乐设施	0.80	3.67	2.27	5.56	2.42	1.57
	其他	0.80	0.63	0.27	0.80	1.80	1.54
住宅用地(%)	独立住宅	33.10	1.83	4.26	8.86	22.45	29.57
	集合住宅	25.10	5.68	15.59	22.27	29.32	21.70

此外，中心城区的教育文化设施用地所占比重突出，2006 年教育文化设施用地占中心城区建筑用地的 10.10%，其中文京区高达 23.15%，体现了教育文化在东京经济中的重要地位（表 4-3）。除了政治、经济、商业、金融外，东京还是日本文化、艺术、教育和高科技集聚中心。这里有大学近 200 所，占日本全国的 49%；日本 80% 的出版社、报社均集中在东京。

4.2　东京都商业用地变化分析

作为世界上人口最多、规模最大的现代化国际大都市之一，日本首都东京素以“繁华、精致、传统、时尚”著称于世。无论是名品荟萃的传统商业聚集地，还是新兴的品牌旗舰店，无论是寸土寸金的银座，抑或是光鲜亮丽的新宿、池袋、涩谷，都已成为东京一道瑰丽而令人难以忘怀的

市井风情。在日本，东京都的商业占有较为重要的地位，2004 年商业企业数约占全国的 9.2%，零售额约占全国的 12.6%，就业人数约占全国的 10.3%[3]（表 4-4）。1994 ~ 2004 年，东京都零售商业的人均营业面积也从 $0.82m^2$/ 人增加至 0.89 m^2/ 人 [3]（表 4-5）。

2004年东京都商业在日本全国的地位　　　　表4-4

项目	日本全国	东京都	东京都占本国比例（%）
企业数（万家）	124	11.4	9.2
零售额（兆日元）	133	16	12.6
就业人数（万人）	776	80.2	10.3

资料来源：王成荣、赖阳、黄爱光等：《北京流通现代化》，75 页，北京，中国经济出版社，2009。

1994～2004年东京都零售商业的人均营业面积变化情况　　　　表4-5

年份	卖场面积（m^2）	人口（人）	人均零售面积（m^2/ 人）
1994	9619988	11791565	0.82
1997	10101466	11838466	0.85
1999	10385209	11973385	0.87
2002	10707955	12292467	0.87
2004	11154029	12477934	0.89

资料来源：王成荣、赖阳、黄爱光等：《北京流通现代化》，83 页，北京，中国经济出版社，2009。

东京都的商业用地主要包括商业楼、专用商业设施、商住楼、宾馆、娱乐设施及其他商业用地等类型。本节主要以东京都为例，分析其商业用地的规模、结构及其产出效益的变化特征和影响因素。

4.2.1　东京都商业用地规模、结构和效益的变化分析

4.2.1.1　东京都商业中心的发展简况

东京都商业发展的历史主要表现为商业中心的形成、发展和演化的历史。它既是在人口密集的以公共交通系统为主体的城市建成区内形成和发展的，又与城市的建设和扩张密切关联。根据胡宝哲先生的研究，东京商业中心的发展历程大致可分为以下四个阶段 [2]：

1）日本桥商业中心的形成与发展时期

从 1603 ~ 1867 年的江户时代，东京都的商业中心首先在地理位置优越和交通条件便捷的日本桥地区形成和发展起来，但其规模相对较小，呈单中心布局形态，且以商品批发和零售为主要功能。

2）银座近代商业中心的崛起时期

1868 年开始的日本明治维新，极大地促进了日本社会的进步和发展。

伴随工业革命的兴起，人口进一步向城市集中，城市扩张加快，尤其是资本主义自由经济的发展加速了大资本商家的形成和零售商业的变革，大型百货商场不断涌现，商业建筑高层化态势初露端倪。第一次世界大战以后，特别是关东大地震后，东京的商业重心逐步向银座地区转移。到了 20 世纪 30 年代中期，银座地区已初步取代了历史悠久的日本桥地区，成为东京最繁华的、近代化的商业中心。

3）多心型商业中心系统的形成时期

20 世纪 50 ~ 60 年代，日本步入了工业化和城市化的高速发展时期，并带来了东京 CBD 地区功能的高度集中及地价飞涨、环境恶化、交通拥挤等一系列问题。随着"首都圈整治规划"战略的实施，城市扩张逐步由单中心模式向多中心模式推进，以日本桥、银座为核心的单心型商业格局也逐渐向多心型商业空间体系演进，尽管当时银座、日本桥等商业中心仍占据主导地位，但新宿、涩谷、池袋、上野·浅草、神田、锦系町·龟户、大崎·五反田等次级商业中心渐次成长壮大起来。至 1966 年，各类次级商业中心的百货店、高级专门店等商业设施的建筑面积占比达到 49.4%，几乎与日本桥和银座等 CBD 地区平分秋色。

4）综合性商业中心的建设和发展时期

20 世纪 70 年代中期以来，日本经济进入全盛时期，东京商业中心的规模和数量也在增长中调整与优化，特别是新宿、涩谷、池袋等商业副中心在整个东京都商业活动中的地位和作用日趋重要，并逐步发展成为各具特色的综合性商业中心。到 1992 年，东京都内共有大小商业中心区 404 个，比 1964 年增加了约 77%，商业设施总数达到 29.8 万个，总营业面积为 6277262m^2[2]（表 4-6）。

1992年东京都商业中心分布情况 **表4-6**

	23 个区部	26 个市部	郡部	总计
商业中心数（个）	320	80	4	404
百分比（%）	79.2%	19.8	1.0	100

资料来源：胡宝哲：《东京的商业中心》，14 页，天津，天津大学出版社，2001。

表 4-7 显示了 1995 年东京都核心 CBD 和 6 个 Sub-CBD（临海 Sub-CBD 除外）的用地规模、就业结构及经营情况。

4.2.1.2 东京都商业用地规模、结构和效益变化的主要特点

1）泡沫经济后商业用地总规模锐减，经过近十年波动徘徊后缓慢回升

20 世纪 80 年代后期，日本以商业地产为中心的战后第三轮房地产价格暴涨，最终导致了房地产泡沫经济的破灭，进而带来了商业用地总规模的

1995年东京都核心CBD和Sub-CBD的用地、就业及经营情况　表4-7

		核心CBD	Sub-CBD					
		都心三区	新宿	涩谷	池袋	上野·浅草	大崎·五反田	锦系町·龟户
用地面积（hm^2）		294	270	250	240	89	82	179
其中：商务、办公占地面积（hm^2）		/	56	50	54	/	/	/
零售商业占地面积（hm^2）		/	83.5	99.2	62.5	/	/	/
绿地、广场、道路面积（hm^2）		/	130.5	100.8	123.5	/	/	/
从业人员结构（%）	商业、餐饮业	30.0	38.0	36.2	44.6	54.6	44.7	38.5
	商务、办公	30.4	18.7	18.8	15.7	19.8	23.3	32.2
	文化、娱乐	18.5	29.2	31.6	23.7	15.3	21.9	19.4
	金融、保险、房地产	21.2	14.1	13.4	16.0	10.3	10.1	9.9
经营状况	商业、文化、娱乐设施（家）	/	2760	2127	1577	1918	/	/
	营业面积（m^2）	/	366550	251892	278489	208100	/	/
	年营业额（亿日元）	/	14670	12993	13698	7473	/	/

资料来源：胡宝哲：《东京的商业中心》，14页，天津，天津大学出版社，2001。

锐减及其此后近十年的波动徘徊。由表4-8可见，东京都的商业用地面积从1996年的4411.63hm^2锐减至1997年的2746.75 hm^2，净减1664.88 hm^2，降幅达60.61%。此后的1997～2008年间，东京都的商业用地面积一直波动徘徊于2666.61～2765.81 hm^2之间。近两年才增加到2800 hm^2以上。

2）中心城区人均零售营业面积的区内差异较为明显

据王成荣等人的研究分析，在东京都的中心城区（包括23个特别区），

1994～2010年东京都商业用地规模和结构变化情况　　表4-8

年份	商业用地面积（hm^2）	商业用地占建筑用地比重（%）
1994	4426.09	8.17
1995	4416.53	8.13
1996	4411.63	8.10
1997	2746.75	5.04
1998	2751.97	5.03
1999	2753.89	5.02
2000	2695.46	4.90
2001	2713.34	4.93
2002	2716.74	4.91
2003	2666.61	4.81
2004	2699.87	4.85
2005	2713.76	4.85
2006	2722.19	4.84
2007	2727.92	4.83
2008	2765.81	4.89
2009	2806.35	4.95
2010	2807.14	4.94

注：统计的土地为固定资产税的土地。

资料来源：历年《东京都统计年鉴》。

按照零售商业的人均占有面积可以划分为如下三类地区（表 4-9）：①商业繁华区，这一类地区的人均商业规模高于东京全市的平均水平，包括千代田区、中央区、涩谷区、新宿区、豊岛区、台东区和港区。②商业平衡区，这一类地区的人均商业规模同东京全市的平均水平相当，包括墨田区、江东区和品川区。③商业萧条区，这一类地区的人均商业规模低于东京全市的平均水平，包括足立区、板桥区、江户川区等 13 个区，这 13 个区大部分远离城市中心 [3]。

3）商业用地的空间结构差异较大

商业用地在东京都四大区域内的分布差异显著。总体而言，2002 ～ 2010 年间，东京都区部的商业用地面积所占比例虽然有所下降，但仍然超过 70%；市部商业用地面积所占比例虽然有所上升，但也只占 1/4 强；郡部商业用地面积所占比例虽然也在上升，但仍然不足 1%，岛部

东京都23区人均零售营业面积 表4-9

分区	地区	人均营业面积（m^2/人）
繁华区	千代田区	9.12
	中央区	5.05
	涩谷区	3.03
	新宿区	1.99
	豊岛区	1.86
	台东区	1.78
	港　区	1.63
平衡区	墨田区	0.92
	江东区	0.81
	品川区	0.81
萧条区	足立区	0.73
	目黑区	0.7
	葛饰区	0.65
	北　区	0.63
	板桥区	0.63
	荒川区	0.62
	江户川区	0.62
	大田区	0.57
	练马区	0.57
	文京区	0.56
	世田谷区	0.55
	中野区	0.54
	杉并区	0.53

资料来源：王成荣、赖阳、黄爱光等：《北京流通现代化》，85～86页，北京，中国经济出版社，2009。

东京都各地区商业用地规模和结构变化 表4-10

地区	2002年		2007年		2010年	
	面积（hm^2）	比重(%)	面积（hm^2）	比重(%)	面积（hm^2）	比重(%)
区部	2026.71	74.60	1988.09	72.88	2019.96	71.96
市部	676.69	24.91	726.06	26.62	762.97	27.18
郡部	13.34	0.49	13.77	0.50	24.21	0.86
岛部	0	0	0	0	0	0
总计	2716.74	100	2727.92	100	2807.14	100

资料来源：历年《东京都统计年鉴》。

则没有商业用地(表 4-10)。由此可见,商业用地主要集中分布于中心城区,从大都市中心城区到郊外,商业用地所占比重迅速降低,空间分布差异悬殊。

4）商业用地的时序结构变化较为明显

另从东京都的商业用地面积占建筑用地总面积的比重来看，1994 ~ 2010 年间，也经历了大降之后逐步趋于稳定的变化过程，1994 ~ 2000 年由 8.17% 降至 4.90%，2001 ~ 2010 年则大体稳定在 4.81% ~ 4.95% 之间（表 4-8）。

5）商业用地的单位产出在波动中趋于上升

由表 4-11 可知，1995 ~ 2009 年间，东京都商业用地的单位产出呈现出波动中趋于上升的特点。1997 年因为商业用地规模锐减，单位产出由 50 多亿日元 /hm^2 跃升到 80 多亿日元 / hm^2；1999 ~ 2004 年间维持在 110 多亿日元 /hm^2 的水平；2005 ~ 2008 年间又上升至 120 多亿日元 / hm^2，此后再次受金融危机影响，单位产出水平又略有下降（表 4-11、图 4-2）。

东京都商业用地产出变化 **表4-11**

年份	商业产值（10 亿日元）	商业用地（hm^2）	商业用地单位产出（亿日元 /hm^2）
1995	22869.20	4416.53	51.781
1996	22795.80	4411.63	51.672
1997	22813.70	2746.75	82.017
1998	21868.80	2751.97	77.871
1999	31625.40	2753.89	112.965
2000	30880.90	2695.46	113.789
2001	30277.60	2713.34	112.025
2002	30369.40	2716.74	113.446
2003	30569.30	2666.61	116.802
2004	30995.90	2699.87	117.090
2005	32378.00	2713.76	122.293
2006	32842.00	2722.19	123.538
2007	33616.80	2727.92	125.935
2008	34897.31	2765.81	126.174
2009	31892.85	2806.35	113.645

注：商业产值包括批发、零售业和金融、保险业。

资料来源：历年《东京都统计年鉴》。

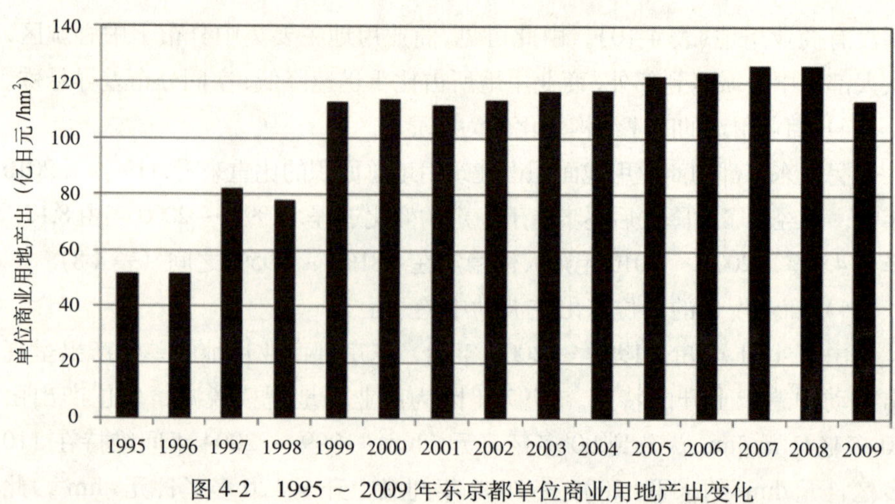

图 4-2　1995 ~ 2009 年东京都单位商业用地产出变化

商业用地单位产出效益提升的主要原因有：①多功能综合利用态势明显。在东京都内的各级商业中心，地下 1 ~ 2 层大多为酒吧、商店、车库、仓库或机房；地上 1 ~ 2 层多用于商店、餐厅、银行等用途；3 层以上则为商务事务所、旅馆、住宅等，体现出多功能综合利用的特点。②多层次立体开发特征明显，用地集约化程度高。受人多地少等因素的影响，东京的主要商业中心均着眼于地下空间开发和商业建筑的高层化发展，从而使其用地集约化程度在国际大都市中往往居于领先水平。据统计，到 1999 年底，东京都内较大规模的地下商业街开发建设已有 19 处，总建筑面积近 30 万 m^2[2]。东京 CBD 地区的金融商务区内高层建筑群集，尤其是新宿 Sub-CBD 的高度指数最高，东京最高的 12 幢建筑全部集中在新宿[4]。

4.2.2　东京都商业用地规模和结构变化的主要影响因素

1）城市人口规模的增长导致商业用地规模的扩张

人口既是商品的生产者，又是商品的消费者。城市人口规模的增长和空间集聚必然导致商业的发展。一般而言，商业中心的增长与城市人口规模的扩大呈现出明显的正向变化关系。一方面，商业发展是城市化的初始动力[5]；另一方面，商业中心的数量、规模、空间分布等，又会随着城市规模的扩展而变化。尤其是工业革命之后，工业的迅猛发展，引起了人口的高度集中和城市规模的迅速扩张，从而导致商业中心数量和规模的显著变化。由表 4-12 可知，在日本工业化和城市化快速发展时期，东京都的商业中心数量和规模同样呈现出快速增长态势。

2）城市空间扩张模式的调整促进了交通体系的重构及商业中心空间体系的优化

在 20 世纪 60 年代以前，东京银座等 CBD 地区由于其优越的地理位

东京都人口增长与商业发展变化情况　　表4-12

年份	人口（万人）	商业中心数（个）	商业设施数（万个）	商店营业面积（m^2）
1966	1086	146	19.7	/
1979	1143	376	27.2	5351107
1992	1172	404	29.8	6277262

资料来源：胡宝哲：《东京的商业中心》，168 页，天津，天津大学出版社，2001。

置和便捷的交通条件，商业活动兴旺繁盛，规模不断扩大，发展成为东京最大的商业中心。而后，在土地资源约束趋紧的背景下，东京采取了以便利、完善的基础设施为基础，形成疏密相间、适度集中、集约化发展的模式。东京都市圈的五次综合规划都体现出了以产业、居住、交通和环境等为主题的规划理念和均衡发展思想。针对人口膨胀、商务办公云集、“一极集中”矛盾尖锐、交通与环境污染日益恶化等问题，积极推进并实施“多心型”城市扩张模式，控制商务功能向中心区继续集中，引导其向副中心疏散，促进就业和居住相对平衡发展[6]。如为了分担日益向东京中心集中的商务办公功能，第三次规划（1976 年）和第四次规划（1986 年）分别提出构建以商务核心城市为中心，独立的自立型都市圈，最终形成“区域多核心功能分散”的都市圈结构[7]。这种“多极集中”的发展模式增大了对包括商服用地在内的建设用地的需求。

随着“一极集中”向“多极分散”的城市扩张战略的实施，郊外道路和交通系统不断完善，特别是西部郊外私人铁路与都心山手环线铁路和都心地铁系统在新宿、池袋和涩谷的交通换乘体系的建成，导致东京的人口重心逐步从东部旧城区向西部地区迁移，西部郊外及多摩地区铁路沿线开发建设了大规模住宅区，带来了新宿、涩谷、池袋三大交通枢纽地区商业的振兴与发展[2]。由此可见，交通通达性是影响商业中心崛起的重要因素之一，而且中心地等级越高，其影响更为明显。

根据胡宝哲的研究结果[2]，在东京都区部的 320 个商业中心中，其中 121 个属于“站前型”商业中心，即紧临 JR 铁路线、地铁或私铁线的中转枢纽或车站，约占 37.8%；属于“干道型”的有 25 个，即位于主要城市干道的沿线，约占 7.8%；两者合计约占 45.6%。属于“住宅区背景型”的有 143 个，约占 44.7%，主要依托人口和聚落布局；属于“商务办公区背景型”的有 31 个，约占 9.7%，主要依托“就业和服务中心”建立起来。

另据 2005 年 2 月东京都政府发布的《东京都零售集聚地区统计调查报告》，无论从企业数量、销售额还是从业人数来看，东京都的零售企业均主要选址于商业集聚地区，占总数的一半以上。其中：又以选址于车站周边为主，选址于住宅区的其次，再次是选址于商业街区，而沿道路布局的所占比重较低。选址于住宅地区的约为 1/5 ~ 1/4 左右，居第二位。选址于商务集聚地区的零售企业约占 1/10 强，居第三位。选址于工业地区的约占 6% 左右，居第四位。而选址于其他地区的零售企业则很少，仅占 1% 左右[8]（表 4-13）。

东京都零售业选址特点分析 表4-13

地区类型		企业数量		年销售总额		从业人数	
		数量（个）	构成比（%）	数量（百万日元）	构成比（%）	数量（人）	构成比（%）
总数		119016	100	16746035	100	810631	100
商业集聚地区		64676	54.4	10298639	61.6	454396	56.1
其中	车站周边型	37752	31.7	7031827	42.1	291722	36.0
	街区型	7201	6.1	1654601	9.9	55583	6.9
	住宅区型	17556	14.8	1277897	7.6	89554	11.0
	道路型	1448	1.2	240819	1.4	12843	1.6
	其他	719	0.6	93495	0.6	4694	0.6
商务集聚地区		14673	12.3	1983078	11.8	95195	11.7
住宅地区		31114	26.1	3283007	19.6	201098	24.8
工业地区		6973	5.9	1026946	6.1	50727	6.3
其他地区		1580	1.3	154365	0.9	9215	1.1

资料来源：蒋三庚等：《中央商务区现代服务业集聚路径研究》，92 页，北京，首都经济贸易大学出版社，2009。

3）城市规划的引导和控制作用，推动商业区的整体开发与环境优化

城市政府通过规划立法和制定各项开发政策，可以有效推动、促进或抑制某一地区的建设或再开发，从而使商业中心各单项工程的开发建设更加符合城市的总体要求和利益。

20 世纪 60 年代后期以来，东京出现的大规模商业再开发，是“特定街区”、“商店再开发共同化事业”、“综合设计制度”等城市规划、建筑立法综合作用的结果。

为了抑制土地私有制带来的土地细分化、小型化倾向，日本建设省于 1961 年和 1964 年分别制定了“特定街区制度”和“商店再开发共同化事业制度”，为商业区的大规模统一再开发奠定了法律基础[2]。它改变了过去以各自小型用地为单位制定建筑基准法的做法，而是以街区（街坊）为基本单位进行商业设施再开发，推进了整个街区的统一开发建设。

1970 年日本建设省在修改建筑基准法时设立了综合设计制度，规定用地面积超过 3000m^2 的再开发工程，如果向一般市民提供部分开放的绿地、广场等公共空间，该用地可放宽现行城市规划法设定的容积率、建筑覆盖率、建筑高度、墙面位置等规定的限制或同时奖励一定的容积率 [2]。该项制度的实施有助于在商业中心地区为行人尽可能多地提供一些开放的公共空间，使得由街道线形空间和广场面状空间有机结合的商业街区不断增多，极大地促进了街道空间的环境改善。

此外，在进行商业街环境改善或建筑再开发时，日本还制定了详细的"城市建设协定"等有关建筑物、构筑物的设计细则，作为城市规划法和建筑基准法的细部补充，以便更好地控制整个街区的景观，确保步行交通面积及道路的天空率和开放感 [2]。

4）地价的波动影响商业用地供求关系的变化

作为城市人流、物流、资本流、商品流和信息流等高度集聚的焦点，城市商业中心通常也是地价峰值区。按照城市土地"高价高用"的法则，其土地利用率也处于全市极值地位 [4]。因此，高层建筑群集于商业中心区，是符合城市土地经济利用原则的。

但土地价格的剧烈变化对城市商业发展及商业用地规模的变化具有明显的影响。第二次世界大战后日本曾出现过三次地价上涨幅度较大的情况。除了 1964 年前后以工业用地为主的地价上涨和 1973 年前后以住宅用地为主的地价上涨外，发生于 1985 ～ 1990 年前后的第三次地价上涨则是以六大城市中商业用地为主的地价上涨，它是以东京的中心商业用地价格上涨为源头的 [6]。商业地产价格暴涨造成商业房地产的过度开发、供

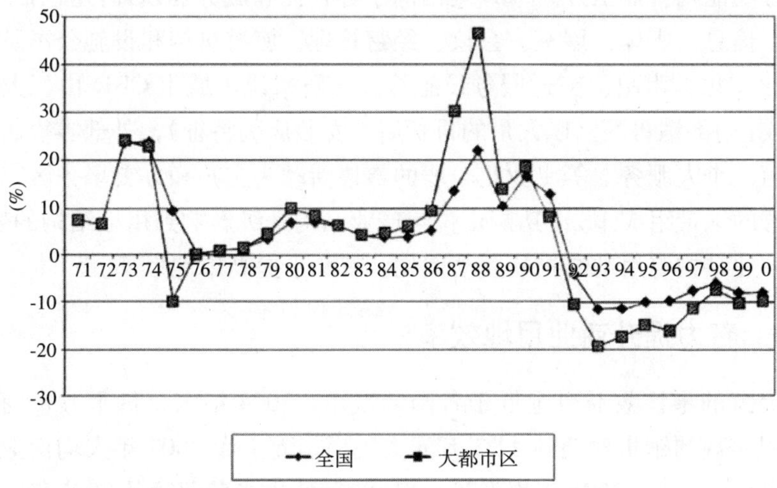

图 4-3 日本商业地产价格的涨落（1971 ～ 2000 年）

资料来源：[德] 亨德里克·迈耶·奥勒著，盛亚、李靖华、胡永铨等译：《日本零售业的创新和动态——从技术到业态再到系统》，205 页，北京：知识产权出版社，2010。

给过剩及闲置浪费现象，并成为其后泡沫经济发生的主要原因，也带来了1996～1997年前后东京商业用地规模的巨量萎缩。

在东京，零售商大多倾向于购买土地而非租用土地。20世纪80年代后期土地价格持续上升直至90年代早期（图4-3），综合销售公司均从早期购买的土地价格上涨中获得相当大的收益。因为土地所有者通常要求公司提供足够的押金或者其他预付款，租用土地也不是一个较便宜的替代选择，因此，只有一小部分公司会倾向于租用土地[9]。只有那些在土地价格上涨时期购买土地的公司才易于受到土地价格波动的影响，20世纪90年代的土地价格跌落也使得这些公司变得非常不稳定。

4.3 启示与建议

4.3.1 合理控制商业用地规模

近年来，上海商业地产加速增长。据统计，到2007年底，上海市的商业网点面积达4200万～4300万m^2，以常住人口1800万人计算，人均商业建筑面积达2.3 m^2，换算为营业面积则为1.73 m^2。而2004年东京人均商业营业面积只有1.07 m^2，上海商业用地在人均规模上已经出现了一定的饱和趋势，需要予以适度的控制，尤其要注意防止商业地产的过度开发与投机倾向。

4.3.2 注重优化商业与商务用地结构

随着城市经济的发展和社会结构的变迁，城市商业功能将有所下降，而商务功能则日益上升。CBD地区除了零售业和服务业以外，还包括金融、贸易、信息、媒体、展览、会议、经营管理、旅游机构和设施公寓及配套的商业文化、市政、交通服务设施等。一般来说，城市CBD由三大功能区组成：内部销售区（以大量的百货店、女装店为特征），外部零售店（以杂品店、个人服务业等专业化较弱的零售活动为主）和办公事务区三个相互渗透的地带组成。城市功能定位与产业结构升级影响到用地结构的变化。促进产业结构与用地结构的互动优化，有助于提高用地效率。

4.3.3 着力提升商业用地效率

上海的零售效益也远低于各国际城市。2004年东京每平方米商业营业面积实现的销售额高达11.3万元人民币，而上海2007年人均商业建筑面积超过2m^2/人(2005年为1.75 m^2/人)，每平方米营业额从2005年的0.91万元/m^2降为0.88万元/m^2。2005年，上海人均零售贸易额为45.3万元，远低于东京2004年人均零售贸易额157万元的水平；上海平均每个零售企业实现零售额 538.3 万元，远低于东京 2004 年 1102.5 万元的水平；每平方米销售额为 0.91 万元 / m^2，远低于东京 11.3 万元 / m^2 的水平。由此可见，上海商业用地的效率不高，但同时也表明其具有较大的挖潜空间。

本章参考文献

[1] 东京都总务局统计部 . 东京都统计年鉴 [EB/OL]. http：//www.toukei.metro.Tokyo.jp/.

[2] 胡宝哲 . 东京的商业中心 [M]. 天津：天津大学出版社，2001.

[3] 王成荣，赖阳，黄爱光等 . 北京流通现代化 [M]. 北京：中国经济出版社，2009.

[4] 陈瑛 . 城市 CBD 与 CBD 系统 [M]. 北京：科学出版社，2005：62.

[5] 石忆邵 . 市场发展理论问题探微——以义乌市场为例 [J]. 商业经济与管理，2006(1)：3-8.

[6] 石忆邵，彭志宏，陈永鉴等 . 国际大都市建设用地规模与结构比较研究 [M]. 北京：中国建筑工业出版社，2010.

[7] 张季风 . 日本国土开发规划 [M]. 北京：世界知识出版社，2004.

[8] 蒋三庚，王曼怡，张杰等 . 中央商务区现代服务业集聚路径研究 [M]. 北京：首都经济贸易大学出版社，2009.

[9]（德）亨德里克· 迈耶· 奥勒著 . 日本零售业的创新和动态——从技术到业态再到系统 [M]. 盛亚，李靖华，胡永铨等译 . 北京：知识产权出版社，2010.

第 5 章
伦敦服务业用地规模与结构变化分析

伦敦位于英格兰东南部，跨泰晤士河下游两岸，距河口 88km。是英国政治、经济、文化、旅游中心和交通枢纽，世界金融和贸易中心之一。

伦敦是英国的首都，英国第一大城市。GDP 总量占整个英国的 17%，人均 GDP 达 2.2 万英镑，比英国平均水平高 42%。内伦敦是全欧洲最富裕的区域，人均 GDP 超过 3.4 万英镑。伦敦也是欧洲最大的都市区之一，与美国纽约、法国巴黎和日本东京并称为当今全球四大都市。

伦敦最负盛名的，是其享誉全球的国际“金融中心”和“创意之都”的称号，拥有现代化金融服务体系，从事跨国银行借贷、国际债券发行、基金投资等业务，同时也是世界最大外汇交易市场、最大保险市场、最大黄金现货交易市场、最大衍生品交易市场、重要船货市场和非贵重金属交易中心，并拥有数量最多的外国银行分支机构或办事处。伦敦金融城从业者达 32.4 万人。截至 2008 年，共有约 550 家跨国银行和 170 家国际证券公司在伦敦设立了分支机构或办事处。2009 年，伦敦证券交易所的股票交易量达 2.2 亿股，交易额为 1.73 万亿英镑。伦敦还借助创意产业的迅猛发展成功实现了产业结构的转型。

5.1 伦敦的空间范围及服务业用地内涵的界定

5.1.1 伦敦的空间范围

由于历史的原因，“伦敦”一词在不同历史时期被赋予了不同的含义。根据伦敦历次城市规划文件中的描述，可简单归纳为如下 7 种空间尺度（表 5-1）。

一般来说，广义的伦敦是指“大伦敦”地区（Greater London），即包括 32 个伦敦地方行政区以及伦敦金融城——“伦敦城”（City of London）在内（图 5-1）。狭义的“伦敦”是指城市的中心地区，所包括的就是伦敦金融城和威斯敏斯特自治市（City of Westminster）。

本章在描述相关内容时若无特别说明，“伦敦”是指“大伦敦”，伦敦城是指“The City of London”。

“伦敦”的空间范围及2010年人口数量　　表5-1

名　称	范围界定	面积 (km²)	人口 (万人)
伦敦城 (City of London)	历史上的旧城区	27	1.17
内伦敦 (Inner London)	相当于历史上的“伦敦郡”，在伦敦城周围，共12个自治市	321	308
外伦敦 (Outer London)	内伦敦外围的20个自治市（Borough）	1263	474
大伦敦 (Greater London)	包括内伦敦、外伦敦32个伦敦地方行政区以及伦敦金融城（City of London）	1584	782
“大伦敦”规划区域 (the Greater London Planning Region)	包括大伦敦及其外围绿化环带（Green Belt），即1944年“大伦敦规划”的规划区域界限	6731	1000
伦敦区域 (the London Region)	包括以“伦敦城”为中心，半径达79km范围的建成区，以及众多的卫星城镇	13800	1394
伦敦大都市圈 (the London Megalopolis)	包括伦敦－伯明翰－利物浦－曼彻斯特城市群	45000	3650

资料来源：据英国国家统计局2009年估算。

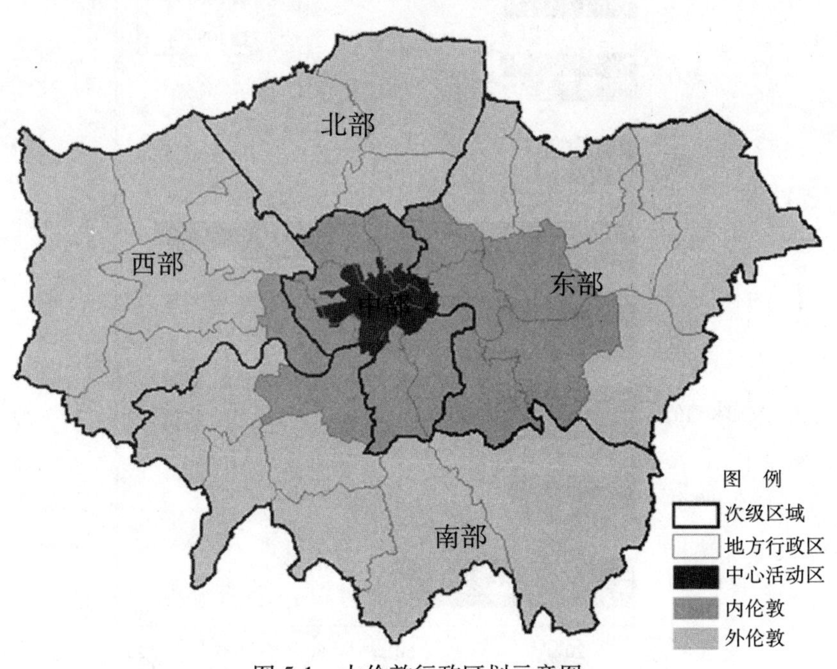

图5-1　大伦敦行政区划示意图

矢量数据来源：英国国家地形测量局。

5.1.2 伦敦服务业用地的内涵

一般认为，服务业是指生产和销售服务商品的部门及企业的集合。根据英国现行的产业结构，主要分为农业、渔业、矿业、制造业、能源供应、建筑业、酒店和餐饮业、交通和通信业、金融业、商业、公共管理、教育、健康和社会工作，以及“其他”共计 14 个类别。本章把酒店和餐饮业、交通和通信业、金融业、商业、公共管理、教育、健康和社会工作 7 个类别界定为服务业的范畴。但在服务业当中，由于数据获取等方面的限制，难以面面俱到，所以将根据伦敦近年来的产业发展和劳动力结构状况，确定几个主要的服务业用地类型加以分析。

根据大伦敦市政府 2007 年发布的《伦敦市年度商业调查实证综述》报告[1]，大伦敦市社会企业数名列前三位的服务部门依次为商业和专业服务、批发和零售服务、酒店和餐饮服务。一项关于大伦敦市各服务行业就业人口的统计数据表明：从 1999 ～ 2008 年，伦敦商业服务业就一直汇聚了最多的就业人口，2008 年商业服务的从业人员比例达到了 28.1%；除此之外，伦敦的批发和零售、金融、交通等行业的就业人口在劳动力人口结构中也具有相对优势（图 5-2）。

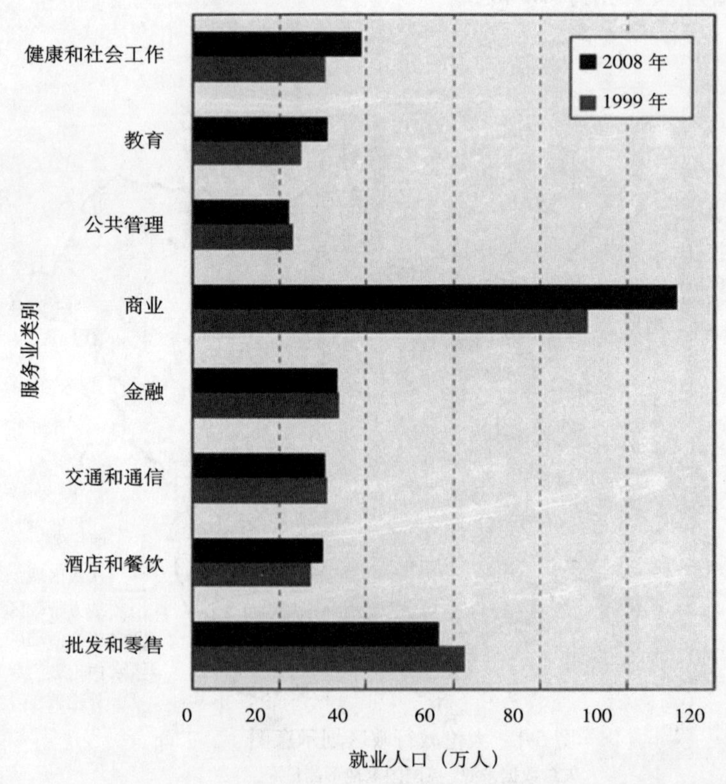

图 5-2　1999 年与 2008 年伦敦服务业就业人口比较

因此，本章重点分析的伦敦服务业用地包括：金融和商业用地、与金融和商业用地密切相关的办公用地、仓储用地、零售服务业用地，简要分析环境服务用地和交通用地等其他用地类型。

5.2 伦敦市主要服务业用地规模变化的特征及驱动因素分析

表 5-2 是 1974 ～ 2008 年期间，伦敦市主要服务业的建筑数目及相应的建筑面积数据。由于 1986 年以前所发布的年度统计数据均由英国环境部（Department of the Environment，简称 DOE）的人员人工输入计算机，考虑到这项工作的开销问题，DOE 于 1986 年中断了这项工作，从而导致从 1986 开始的统计数据不连续。直到 1998 年，英国规划和土地利用统计处（Planning and Land Use Statistics Division，简称 PLUS）与英国办公物业估价局（Valuation Office Agency，VOA）协作，重启这项工作并陆续发布了 1998 ～ 2008 年期间的统计数据及分析报告。

由于数据来源于两个时期的不同部门，数据获取和处理方法存在差异。因此，两阶段的用地类型所涵盖的范围也有差别。表 5-2 是通过资料分析，针对这种差别所进行的比较。

5.2.1 伦敦市主要服务业用地规模的变化特征

1）办公服务用地面积大幅增加

伦敦是国际商业和金融中心，还具有国际创意之都的美誉。商业、金融和创意产业汇聚了大量来自国内外从事相关行业的机构和就业人员，办公用地因此成为商业服务业用地最主要的类型。

1974 年，伦敦有办公地产 49300 处，总计建筑面积 1640 万 m^2；到了 2008 年，办公地产增加到 84200 处，建筑面积增加到 2839 万 m^2，增幅分别达到 70.79% 和 73.09%（表 5-2）。伦敦每年新增办公用地面积约 57.08 万 m^2，总体趋势表现为大幅度增加，特别是 1998 ～ 2000 年期间的增幅最为显著（图 5-3）。

2）仓储用地建筑面积先增后减，近年趋于平稳

1974 ～ 1985 年是伦敦仓储用地面积增长较快的时期。仓储地产数量由 36000 处增加到 40600 处，建筑面积从 1530 万 m^2 增加到 2020 万 m^2，年均增加 460 处、49 万 m^2，建筑面积增幅为 32.03%。由于官方统计数据方面的原因，1986 ～ 1997 年间变化细节不明，但可知仓储用地变化的总体趋势表现为减少，1998 年的用地规模减少到比 1974 年的还低。1998 ～ 2008 年，仓储用地的建筑面积基本持稳。

1974～2008年伦敦主要服务业用地统计数据　　表5-2

年份	服务点数目（处）				建筑面积（万 m^2）			
	办公	仓储	零售	商业	办公	仓储	零售	商业
1974	49300	36000	109800	195100	1640	1530	1280	4450
1977	49800	36200	107800	193800	1750	1670	1320	4740
1978	49200	36400	107000	192600	1760	1690	1320	4770
1979	49100	36600	106600	192300	1800	1730	1330	4860
1980	48300	36800	106300	191400	1860	1760	1320	4720
1981	48300	36600	106000	190900	1890	1830	1330	4830
1982	48800	37900	105000	191700	1930	1910	1340	4960
1983	49500	38600	105900	194000	1970	1940	1350	5040
1984	50200	39900	105900	196000	2020	2000	1360	5160
1985	51400	40600	106000	198000	2050	2020	1370	5220
1998	72035	27358	100848	200241	2398	1506	1537	5442
1999	71983	27023	100372	199378	2421	1498	1544	5464
2000	74976	24565	100179	199720	2789	1516	1581	5885
2001	75492	24623	99786	199901	2796	1536	1594	5925
2002	76728	24404	99573	200705	2833	1559	1596	5988
2003	77882	24358	99480	201720	2880	1577	1607	6064
2004	79934	24503	99370	203807	2915	1592	1617	6125
2005	80797	23371	98547	202715	2853	1576	1590	6018
2006	83114	23273	98410	204797	2869	1575	1598	6042
2007	83532	23292	98383	205207	2850	1586	1603	6039
2008	84200	22901	98475	205576	2839	1565	1608	6012
1974～2008	34900	−13099	−11325	10476	1199	35	328	1562
增幅 (%)	70.79	−36.39	−10.31	5.37	73.09	2.27	25.64	35.09

资料来源：Communities and Local Government analysis of Valuation Office Agency figures.

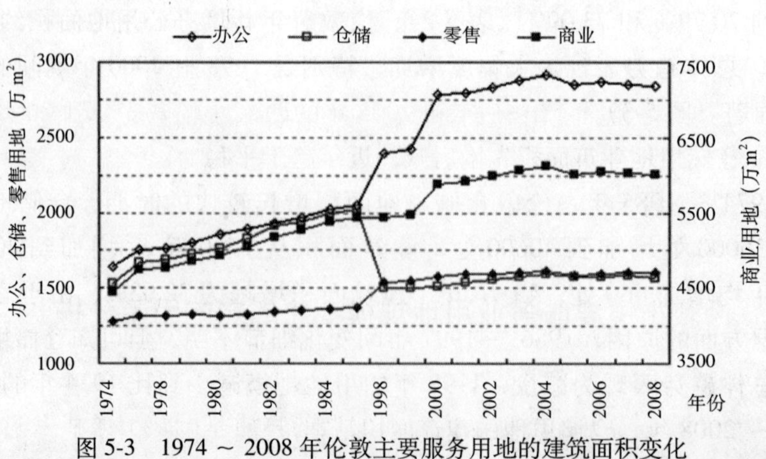

图 5-3　1974 ～ 2008 年伦敦主要服务用地的建筑面积变化

1974 ~ 2008 年间，仓储地产数量减少较多，建筑面积有所增加但增幅不大。2008 年有仓储地产共计 22901 处，比 1974 年减少了 36.39%（13099 处）；建筑面积为 1565 万 m^2，比 1974 年仅增加了 2.27%（35 万 m^2）。

3）零售服务用地面积持续稳定增加，零售业地产数量持续减少

英国零售研究中心对全球 22 个购物重镇所作的研究显示，伦敦领先东京、纽约和巴黎，是 2010 年全球零售业销售额最高的城市。

1974 ~ 2008 年间，伦敦的零售业发展保持相对平稳的上升趋势，其建筑面积从 1280 万 m^2 增加到 1608 万 m^2，增幅为 25.64%。伦敦零售服务用地建筑面积的变化趋势较为稳定，有统计数据显示其变化幅度维持在 -1.69% ~ 0.83% 之间。

从零售业地产数量上看，1974 年伦敦有零售业地产 109800 处，到 2008 年减少了 10.31%，为 98475 处（图 5-4）。

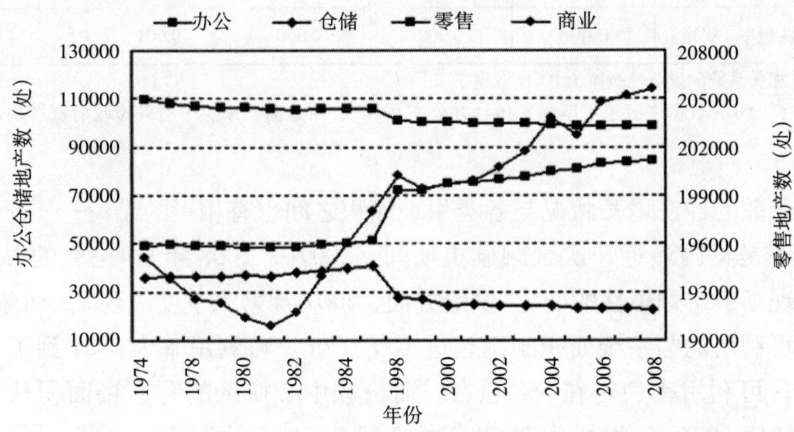

图 5-4　1974 ~ 2008 年伦敦主要服务用地的建筑面积变化

4）商业用地持续增加，商业办公是其主要的用地类型

1974 ~ 2008 年间的商业地产数目净增加 10476 处，增幅为 5.37%，经历了 3 次较为明显的起伏。1974 ~ 1981 年，商业地产从 195100 处降低到 190900 处，减幅 2.15%；到了 1998 年，商业地产又稳定增加到 200241 处；随后经历了 1999 年和 2005 年的两次小幅减少，到 2008 年商业地产增至 205576 处。

1974 ~ 2008 年，伦敦市商业建筑面积从 4450 万平方米增加到 6012 万 m^2，增幅为 35.09%，增幅持续、平稳。

5.2.2　伦敦市主要服务业用地规模变化的影响因素分析

1）经济发展水平

土地资源是人类社会赖以生存和发展的物质基础，土地利用的规模、

结构和效益都与经济发展水平密切相关。城市社会经济的发展需要依托一定数量的土地空间。一定时期的经济发展水平提高或衰退，都会引起单个行业的土地利用规模发生相应变化 [2]。

选取英格兰下属 9 个行政区 1998 年的 GDP 和主要服务业用地建筑面积作相关分析。结果表明：处于后工业化时期的英格兰，1998 年的 GDP 与仓储用地建筑面积相关性不大；GDP 的增长主要来源于商业服务业建筑面积的增长，与商业用地建筑面积的相关系数达到了 0.935（$P < 0.001$），与办公用地和商业办公用地建筑面积的相关系数更是分别达到了显著性概率 P 均远小于 0.001 的 0.954 和 0.948（表 5-3）。

GDP与主要服务业建筑面积的相关性 **表5-3**

项目	商业	办公	商业办公	零售	仓储
Pearson 相关系数	0.935**	0.954**	0.948**	0.888**	0.544
显著性概率（双尾）	0.000	0.000	0.000	0.001	0.13

注：** 相关系数的显著性概率为 0.01(双尾)。

资料来源：GDP 数据来源于英国国家统计办公室 (ONS)，用地面积来源于伦敦市政府资产税估价处 (VOA)。

伦敦的经济增长状况与各类用地面积之间也有相近的结论。一个极端的例子是英国最近一次金融危机期间（2007 ~ 2008 年），伦敦的办公地产出现了一个颠覆性的变化：供给方面，2007 年第三季度出现了一个拐点，当时可利用的写字楼面积刚刚超过 100 万 m^2，可利用率为 5%；到了 2008 年底，可利用率稳定在 8% 左右。而伦敦中心城区的写字楼面积从 2007 年的峰值 69 万 m^2 减少到 2008 年的 3.65 万 m^2[3]（图 5-5）。

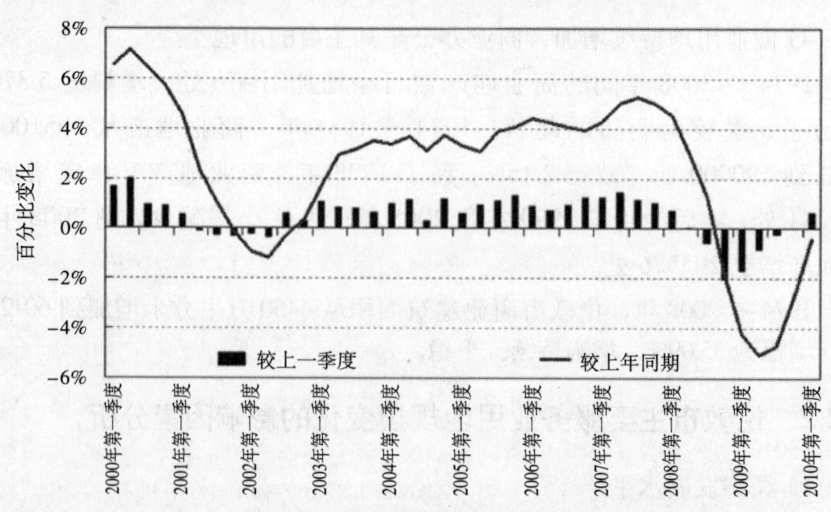

图 5-5 2000 ~ 2010 年按季度 / 按年比较的 GVA 增长率

事实上，这种变化源于伦敦的国际金融和商业服务中心地位。每年，聚集在伦敦的基金管理、银行、保险和其他金融服务活动（绝大多数分布在CBD）创造超过78亿英镑的产值；还有咨询、法律、广告、计算机、建筑、工程和媒体等多种类型的商业服务（同样，绝大多数分布在CBD）也创造了超过77亿英镑的产值。

随着英国贸易环境的不断改善，越来越多的金融服务企业正试图在伦敦中心办公区（Central London offices）占据一席之地。据英国特许调查皇家研究院（The Royal Institution of Chartered Surveyors UK）的商业市场调查结果表明：在2011年第一季度的三个月里，企业对伦敦中心办公区的需求从17%迅速上升到39%，提供专业技术服务企业数量的增加也对这种趋势产生了辅助驱动作用[4]。

另外，随着经济发展水平不断提高，居民可支配收入相应增加，加上来自世界各地的旅游者大量涌入，必然促进伦敦零售业的发展，引起零售业服务用地的规模变化。

2）人口增长

人口是推动城市发展最根本的元素，在当前的城市规划和土地利用规划中，人口数量及其增长速度是必须考虑的重要因素。一般地，人口数量决定了城市的总体用地规模，当人口增加时，满足人们日常工作、学习和生活的各项基础设施则需求增加，从而对土地资源的需求也相应增加。

通过对伦敦1974～2008年间的人口数据分别与各类主要服务业用地建筑面积的相关性分析可知：在同等显著性水平下，人口数量与服务业用地建筑面积的相关系数普遍低于GDP与服务业用地建筑面积的相关系数（仓储用地例外）。说明人口增长与服务业用地建筑面积之间的相关性相对较弱，但同样对服务业用地建筑面积具有较为显著的影响作用（表5-4）。

人口迅速增长，各类服务业用地需求就会相应增加。根据“2009年伦敦规划咨询草案”[5]（Consultation draft replacement plan for The London Plan 2009）的预测，伦敦将在就业岗位、零售、文化、休闲娱乐、旅游等方面有较大的用地需求增长；教育、医疗卫生服务用地需求也将增加（图5-6）。

据英国国家统计局的估算，伦敦市的常住人口在2010年已达到783万人，相比2001年的732万人增长了6.87%。其中：伦敦城的人口增长率最高，达到57.80%，仅有2.6km^{2}的面积却拥有约11677人。威斯敏斯特、哈姆雷特城堡和卡姆登是另外3个人口增长较快的区域，人口增长率分别为24.50%、18.30%和16.17%。

如此大规模人口的涌入，势必影响到各服务部门的用地规模和结构的显著变化。关于服务业用地结构的影响因素，将在下节中分析。

伦敦的人口数量与主要服务业建筑面积的相关性　　表5-4

项目	商业	办公	商业办公	零售	仓储
Pearson 相关系数	0.798**	0.770**	0.871**	0.804**	0.826**
显著性概率 P（双尾）	0.003	0.006	0.000	0.003	0.002

注：** 相关系数的显著性概率为 0.01(双尾)。

资料来源：人口数据来源于英国国家统计办公室(ONS)，用地面积来源于伦敦市政府资产税估价处(VOA)。

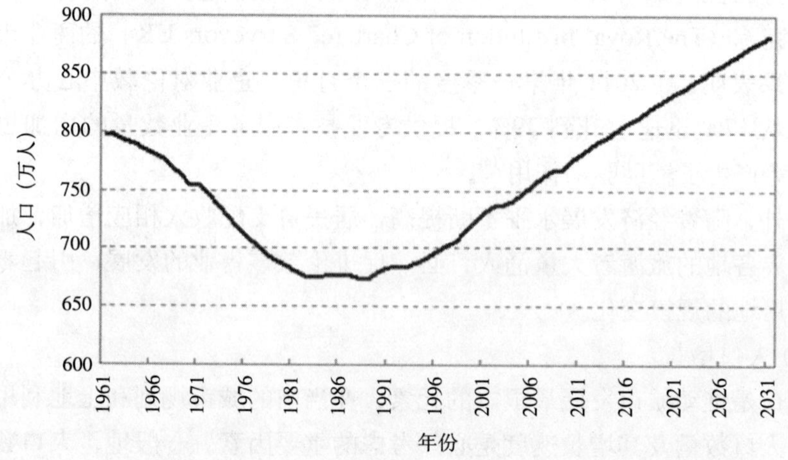

图 5-6　1961 ~ 2031 年伦敦人口总量及预测

5.3　伦敦市主要服务业用地结构的变化特征及驱动因素分析

5.3.1　伦敦市主要服务业用地结构变化特征

5.3.1.1　数量结构变化特征

工商业用地是城市经济产出的源头，其结构变化不仅能反映出城市土地资源的利用程度和开发潜力，还能反映出城市产业结构变迁和经济发展水平。

1974 ~ 2008 年间伦敦主要服务业用地的结构变化情况如图 5-7 所示。办公用地一直是商业用地中比例最高的用地类型，所占比重一直远高于其他类型；仓储用地和办公用地的变化幅度最明显：1985 年以前的变化趋势基本一致，之后则朝着相反的方向变化。

1）商业服务用地占工商业服务用地比重“逐年递增”

1974 年，伦敦商业服务用地的建筑面积在工商业用地面积总数中所占比例为 64.77%；到了 2008 年，该比例上升到了 86.60%。呈现出逐年递增的增长趋势，增长幅度在 0.31% ~ 2.78% 之间，年平均增长幅度为 1.05%。

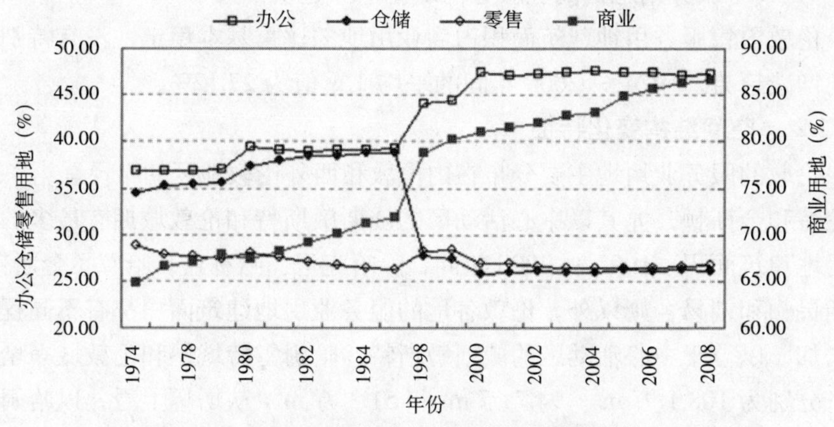

图 5-7　1974 ～ 2008 年伦敦主要服务业用地的结构比例变化

2）办公服务用地占商业服务用地比重“阶梯式递增”

除了在 1980 年和 2000 年有两次较大幅度（分别为 6.40% 和 6.94%）的增加外，伦敦办公服务用地的比重基本稳定，变化幅度保持在 -0.70% ～ 0.55% 之间。因而形成在时间序列上的阶梯式结构增长。以 1980 年和 2000 年为界，1974 ～ 1979 年间、1981 ～ 1985 年间、2000 ～ 2008 年间，办公服务业用地比例分别维持在 36.90%、39.16% 和 47.36% 左右。

3）仓储服务用地占商业服务用地比重“先增后减”后保持稳定

1974 ～ 1985 年，伦敦仓储用地建筑面积所占比重增加，且在 1980 年有一次较大的增加幅度（4.75%）；由于官方统计数据缺失的原因，无法呈现仓储用地建筑面积在 1985 ～ 1998 年间所经历的变化过程，但在图 5-8 中不难看出其总体的趋势是减少且幅度较大，1998 年仓储用地建筑面积所占比重减少到 27.68%，已经远低于 1974 年的水平（34.38%）。从 2000 年起，仓储用地建筑面积所占比重稳定在 26.03% 左右。

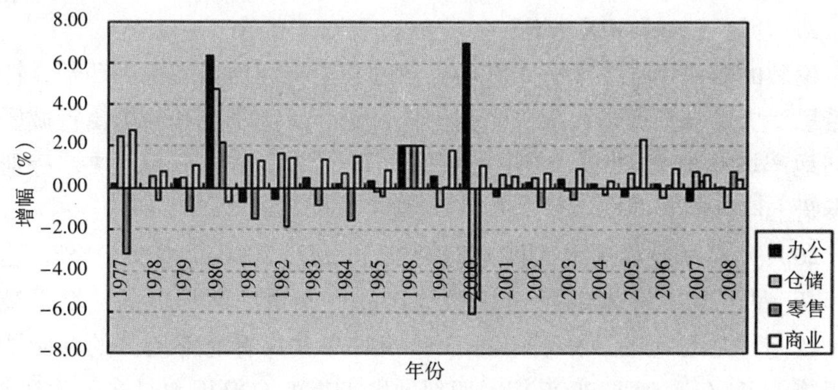

图 5-8　1974 ～ 2008 年伦敦主要服务业用地的变化幅度

注：因 1986 ～ 1997 年数据缺失，为便于图形显示将 1998 年增幅设为定值。

4）零售服务用地占商业服务用地比重“起伏不大”

伦敦零售服务用地建筑面积占商业用地的比重基本稳定，没有特别明显的增减趋势。1974 ～ 2008 年间的平均比重值为 27.12%。

5.3.1.2 空间结构变化特征

伦敦的服务业用地主要分布在内伦敦和西外伦敦地区的希灵登、伊令、布伦特和金斯顿，尤其以中心活动区的威斯敏斯特和伦敦城拥有最多的服务用地建筑面积。1998 ～ 2008 年间，除哈克尼、哈林盖、哈罗、金斯顿、伊斯灵顿和刘易舍姆以外，伦敦各地的服务业用地建筑面积都有不同程度的增加，以位于中心活动区的威斯敏斯特、哈姆雷特城堡和伦敦城净增较多，分别为 108.1 万 m^2、94.7 万 m^2 和 51.3 万 m^2；从增幅上看，以哈姆雷特城堡最大，与贝克斯利、格林尼治、希灵登、哈姆斯密斯和福汉依次分别为 37.91%、30.52%、29.23%、22.01% 和 21.20%，这与近年来伦敦服务业的多中心集群发展模式相吻合。

1）办公用地“分散式集中”

如图 5-9（*a*）所示，伦敦的办公用地主要集中在中央活动区，内伦敦和外伦敦地区的办公用地分布较少且空间分布较为均衡。1998 ～ 2008 年间，中心活动区的办公用地增加非常明显，尤其以威斯敏斯特为最，卡姆登、伦敦城、哈姆雷特城堡、伊斯灵顿、哈克尼和南华克依次位居前列，形成了一个以伦敦城为核心的多中心办公服务点群；内伦敦和外伦敦的办公用地变化不大，除外伦敦东部办公用地减少外，其余地方行政区内的办公用地的建筑数量和建筑面积都有增加。

伦敦是全球金融和贸易中心，商业办公用地是伦敦办公用地的主要构成部分，商业办公用地的变化是伦敦办公用地变化的主要动力。比较图 5-9（*a*）和图 5-9（*b*）可以看出，伦敦商业办公用地的分布和变化趋势与办公用地的变化趋势非常相似，均以“分散式集中”的趋势向着多中心集群的模式发展。而且，这种趋势在外伦敦也开始显现。

2）仓储用地“内减外增”

伦敦的仓储用地主要分布在内伦敦的泰晤士河河口和伦敦西部，特别是希思罗机场和皇家公园周围。布伦特、伊令、南华克和哈姆雷特城堡的仓储地产均在 1150 处以上；中心城区也有一些集中分布的地块，特别是在泰晤士河以南。

2001 年总的仓储用地面积为 2733 万 m^2，到 2006 年增加了 3%，达到 2815 万 m^2。2001 ～ 2006 年，多数地区的仓储用地面积增加，增幅最大的是西南、东北地区，分别增加了 8% 和 7%。只有北部地区的仓储用地面积减少了 9%。到了 2006 年，西部地区拥有的仓储用地最多，达到 827 万 m^2（表 5-5）。

2001～2006年伦敦仓储用地建筑面积变化　　表5-5

伦敦分区	2001 年（万 m^2）	2006 年（万 m^2）	2001 ～ 2006 年变化率（%）
北部	410	374	-9.63
东北部	644	690	6.67
东南部	457	476	3.99
西南部	415	449	7.57
西部	808	827	2.30
合计	2733	2815	2.91

资料来源：大伦敦市政府统计办公室。

从地产数量上看，其空间分布格局和建筑面积数量的空间分布格局相似，尽管有相当大数目的仓储地产分布在中心城区（这说明中心城区具有相当多小面积的仓储地产）。伦敦的仓储用地趋向在外伦敦所辖地方行政区集中分布。这种趋势在伦敦西部和东北部表现得尤为突出，以伊令和豪恩斯洛最为集中。这也相应地反映了伦敦中心城区的仓储用地分布很少。

从建筑面积上看，1998 ～ 2008 年间，内伦敦地区的仓储用地减少，且减少的幅度较大；以伦敦城仓储用地面积减少最多，减幅达 93.89%，威斯敏斯特和卡姆登也分别也以 66.22% 和 56.33% 的较大减幅紧跟其后。外伦敦地区的仓储用地增加，特别集中在东北、东南和西北地区。但增加的幅度较小，以贝克斯利城 11 年间的增幅（30.23%）最大（图 5-9*c*）。

3）零售用地“均衡分布”。

零售用地的空间分布相对均衡，位于中心活动区的威斯敏斯特城拥有

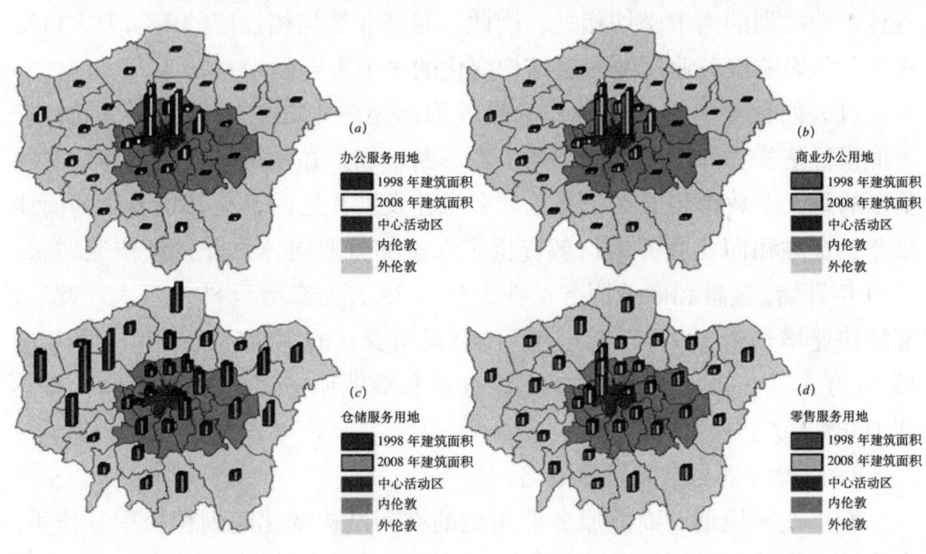

图 5-9　伦敦主要服务业用地的空间结构变化

伦敦市最多的零售建筑面积。1998 ~ 2008 年间，伦敦零售用地总体上保持增长趋势，除伦敦城零售服务建筑面积增幅 34.25% 居高以外，内、外伦敦所属的其余地方行政区内零售服务建筑面积有增有减，其地产数量则基本保持平衡，没有形成特别明显的空间趋势（图 5-9*d*）。

5.3.2 伦敦市主要服务业用地结构变化的驱动因素

1）产业结构调整

产业结构调整是影响服务业用地数量结构变化的主要因素之一。

20 世纪 70 年代末至 80 年代初，伦敦开始实施以银行业等服务业替代传统工业的产业结构调整战略。产业结构从制造业为主转向以金融、贸易、旅游等第三产业为主，商业和金融服务部门创造了大量的就业岗位和社会财富。

经过近 20 年的发展，伦敦的金融服务业、商业服务业也出现了一定程度的疲态。伦敦政府成功借助创意产业实现了产业结构优化和升级。2002 年，伦敦发布题为《创意：伦敦的核心产业》的政府报告 [6]，正式决定把创意产业作为自己的核心产业来经营，产业结构又一次优化和升级。进入 21 世纪，创意产业已经成为伦敦重要的经济支柱和核心产业。伦敦市的文化发展战略提出要维护和增强伦敦作为“世界卓越的创意和文化中心”的声誉，成为世界级文化城市。创意产业的蓬勃发展、金融和商业活动的频繁及仓储和批发零售业的发展等因素将进一步刺激伦敦商业用地需求，促使伦敦商业服务业用地的不断变化。

2）劳动力人口结构变化

人口总量决定了总体用地规模，而人口结构特别是劳动力人口结构与各种用地类型的需求密切相关。因此，与产业结构相适应的劳动力人口结构变化是影响服务业用地数量结构变化的一个重要因素。

过去的数十年里，伦敦作为世界国际金融中心的地位不断巩固，在跨境银行信贷和外汇成交额中的份额不断增加，并获得了发展迅速的对冲基金的绝大多数市场份额。与伦敦金融业发展并进的，是其世界级的商业服务。金融和商业服务为伦敦提供了大量的就业岗位，并持续快速增长。1979 年开始，金融和商业服务从业人员由 75 万人暴增至 89.1 万人。此后，继续快速增长到 1991 年（英国经济衰退前夕）的 104.6 万人和 1999 年的 135.6 万人。在接下来的 10 年里，金融和商业服务稳定增长，2009 年达到 160.8 万人。

3）伦敦规划与空间发展战略

城市发展规划对商业服务业用地的空间结构变化起到积极引导作用。在伦敦历次发布的规划方案 [5、7、8] 中，都突出了金融中心的特点，致力于建设能够集中商贸活动的特别分区。进入20世纪后，制造业的就业与居住人口逐渐外流，伦敦的国际商务机构大量增加，并向原有的住宅区方向逐渐扩展，并在威斯敏斯特城形成了与伦敦城金融中心相对应的以公司总部和专业服务业为主体的商务活动集中区。随着办公区对居住社区的不断侵蚀，引发了英国社会与政府的广泛争论。在以保证公众利益和公共环境不受高强度和高密度开发破坏的强大社会影响下，伦敦开始采用抑制市场的策略对待商务区的渗透，在伦敦制定了“限制性分区”（Strategy of Containment by Zoning），将商务活动分区限制在以伦敦城和威斯敏斯特区等单纯的CBD内，此区域内提供公司总部、专业服务和零售、娱乐等活动场所，而对面广量大的居住社区（Communities）进行严格保护。因此，伦敦中心区有限制的CBD战略带来了伦敦在吸引全球一体化的私人资本投资方面的劣势。20世纪70～80年代，伦敦形成了以泰晤士河码头为代表的新兴城市中心区，并逐渐发展成为伦敦第二个中央商务区。出现了以伦敦金融城为中心、内城区、郊外新兴商务区的现代服务业集群多点发展模式。

伦敦零售服务业的发展也受到伦敦城市发展规划的显著影响。从1947年以来，英国政府、大伦敦市政府的零售业导向性发展规划经历多次修订[9]。20世纪80年代早期到90年代中期的零售业规划政策倾向于通过市场导向（Market-led）的作用最终形成一种城外购物中心（Out-of-Town）模式；针对这种发展模式的弊端，1996年发布的新规划政策指导文件（PPG6）则以规划为导向（Plan-led），提出内城购物中心（Town-Centre）的发展模式，限制发展城外购物中心，引导零售业均衡发展。2005年修订的规划政策延续了PPG6的发展理念。零售业规划政策对零售业用地空间结构产生了深刻影响：20世纪80年代早期以前，大多数的商品零售服务分布在市镇中心；20世纪80～90年代的人们则见证了城外零售仓库和购物中心的增长及零售业向城外转移的过程；1996年新的政策指导性文件发布以后，城内购物中心又开始逐渐发展起来，进而形成了近年来的空间分布格局。

4）交通设施建设与易达性

除了规划政策的导向性影响，伦敦交通方式的发展变化是零售业用地空间结构变化的关键驱动力。由于伦敦具有全英国最高的人口分布密度，因而交通拥堵成为发展零售业的瓶颈[10]。为此，20世纪80年代政府鼓励市民购车，使汽车保有量不断增加，成为推动城外购物中心发展的关键驱动力；发达的交通网络和方便的私人交通工具，使得零售服务商不必再坐落在公共交通非常便利的市镇中心，而可以分身发展交通要道两旁的业务。到了2002年，没有汽车的家庭占总户数的42%，这个百分比在过去的十年里非但没有降低反而增加了（1991～1993年为37%），这是伦敦大力发展公共交通所取得的卓越成效。在伦敦，去往商店的平均距离是全英国最低的。例如：到达食品商店的平均旅行距离为1.9英里（全英国平均为3.0英里），到达非食品商店的平均旅行距离为3.5英里（全英国平均为5.6英里）。无论以何种方式出行，伦敦市民都能享受到非常便利的零售服务。

2007年全球最大免费旅游指南网站Trip Advisor开展了一次问卷调查，通过对800多名世界各地游客调查结果进行统计，伦敦力压纽约蝉联全球交通最佳城市。如此复杂、高效和安全的综合公共交通系统，归因于伦敦所具有的完善的交通基础设施、良好的交通信息引导和便捷的换乘付费方式。

同样，除了政府规划和政策限制及经济与人口增长之外，交通易达性也是形成仓储服务业空间分布格局的原因。这是因为，要将产品从生产者传输给消费者，需要与仓储用地相关的物流服务。经济发展、人口增长，消费者需求越大，通过供应链流动的产品总价值就越大，必须有便利且低成本的交通运输条件的支撑。

根据2006年发布的伦敦货运规划草案预测，伦敦的货运服务需求将从2006年的12%增加到2026年的15%。负责相关产品投递服务和管理的物流部门，正为伦敦的经济发展发挥着与日俱增的重要作用。仓储和交通运输服务是物流业运行的两个关键因素，未来仓储服务的空间配置与伦敦的经济增长和可持续发展具有重要关联。严格控制内伦敦、外伦敦及其周边地区的仓储业的平衡发展是一个切实可行的策略。

伦敦有6个主要的仓储服务市场分布，分别是中心服务圈、泰晤士河沿岸、利亚谷地、皇家公园、希思罗国际机场和旺德勒谷地（Wandle Valley）[11]。

（1）中心服务圈其实是伦敦城中心及其周围的系列服务点群，主要面向伦敦城和伦敦西区（West End）的就业市场提供仓储服务。因而，就业人口数量对该地带仓储用地的变化具有重要影响。

（2）泰晤士河沿岸仓储区主要面向泰晤士河沿岸的轻工业和制造业服务，是因泰晤士河沿岸便利的航运交通聚集了大量需要仓储和货运服务的轻工业和制造业企业。

（3）利亚谷地市场区的范围从哈姆雷特城堡和哈克尼沿着A10走廊一路朝北，受伦敦2012年奥运会和残奥会提出的地方重建计划驱动，仓储服务业迅速发展。该重建计划惠及的还有泰晤士河沿岸市场区的西部。

（4）皇家公园市场区主要面向零售和商业贸易相关服务，那里有许多的食品生产商和销售人员，服务业需求量很大，但由于土地价格和房屋租金的影响，仓储服务的发展空间却非常有限。

（5）希思罗机场市场区主要面向机场相关的存储事务，有着巨大的服务需求，但同样由于土地价格高昂的原因，加之国家对机场土地空间开发的政策限制，仓储服务业进一步发展的空间很小，因而那里的仓储需求正在向皇家公园市场区转移。

（6）旺德勒谷地市场区，覆盖范围从盖特威克穿过克罗伊登进入旺兹沃思一带，北部与中心服务圈重叠；克罗伊登市场区面向伦敦南部提供服务，最近几十年里，这个区域的产业结构发生了显著的变化——主导产业从制造业过渡到物流业，主要受大伦敦市政府的空间发展战略影响。

5）土地价格和市场竞争

政府的规划政策对产业发展和布局具有引导作用，但也会带来一定的负面影响。土地价格和市场竞争对服务业的发展也具有重要作用。

1996年颁布的零售业规划政策，通过零售商总量控制、最小建筑面积限制和准入限制等制度，抑制了零售业的发展。这种准入限制在一定程度上保护了现有零售商的利益，减少了市场竞争，但由于缺少新零售商参与，导致了零售业生产力下滑。此外，伦敦零售规划还通过土地价格调控（主要以增加租金的方式）和直接投资成本对零售商施加影响，从而导致了零售业的经济产出和土地资源潜在效益的损失。针对这一系列的问题，2005年英国政府出台了新一轮的零售业规划，改进了对零售商准入限制的要求，强调市场竞争的作用，并通过开发一批零售服务中心，积极引导零售业向城镇中心及边缘地带发展，最终形成当前的行业空间布局。

5.4 伦敦市其他服务业用地的变化特征及驱动因素分析

不仅伦敦的商业、办公、仓储和零售服务业用地发生了显著变化，与此同时，伦敦的环境、交通、健康和教育、休闲与娱乐以及公共卫生等行业的服务用地也发生了深刻变化。其中，又以环境服务用地变化最为显著。

5.4.1 环境服务用地

伦敦是世界上绿化率最高的城市之一，拥有8个皇家公园和众多的花园式广场、理事会公园和其他绿地。俯瞰伦敦，超过一半的土地被浓郁的绿色覆盖，高绿化率是伦敦的优势特点之一。绿化类型主要有：重点自然保护站（Sites of Importance for Nature Conservation，简称SINC），具有特殊科学价值的研究站（Sites of Special Scientific Interest，简称SSSI），私有或公共花园用地和城市绿化基础设施等[12]。

分布在伦敦各地的1500个重点自然保护站覆盖土地面积近30000hm^2，其中包括36个具有特殊科学价值的研究站，总和相当于1/5个伦敦的面积。2001～2010年期间，重点自然保护站的总面积增加了3%，共计1008hm^2（表5-6）；具有特殊科学价值的研究站所占比例也从2000年的73%增加到

2001～2010年重点自然保护站用地面积变化　　表5-6

重要性级别	面积变化（万 m^2）
伦敦市级	842
地方自治市一级	-220
地方自治市二级	345
地方乡镇级	41
所有级别	1008

数据来源：Greenspace Information for Greater London.

2010 年的 92%。

2000 年以来，伦敦的公园或获得绿色标识的绿色空间的数量从 12 个增加到 223 个，总面积达 5907hm^2，是英国绿化强度最大的地区。

伦敦约 1/4 的土地是私有和公共花园用地，有大约 380 万个花园，占地面积将近 37900hm^2。一项由大伦敦市政府牵头完成的研究成果表明：伦敦的花园用地结构正发生着显著变化，每年有相当于 2.5 个海德公园的植被覆盖面积在消失，园区的硬路面（Hard surfacing）则相应增加。也有 2006 ～ 2008 年间的统计数据显示，伦敦公园用地总面积的 57%（22000 hm^2）被草地、树林和其他植被所覆盖。1998 ～ 2008 年间，有植被覆盖的公园用地面积减少了 12%（3000 hm^2），公园用地的硬路面增加了 26%（2600 hm^2），公园内的建筑面积增加了 55%（1000 hm^2），公园草地面积增加了 16%（2200 hm^2）。究其原因，主要是私有花园的业主对单个花园的细微改变，这种改变的影响作用比诸如公园用地上的住房建筑这样大尺度上的改变要显著，这将在局部地区引起公园用地数量的明显减少。

伦敦的绿色基础设施主要包括绿化树、花木、草坪屋顶和绿化墙。大伦敦空间发展规划鼓励发展城市绿化。绿化对城市环境有非常重要的改善作用，包括提高生物多样性、改善居民健康状况、增强居民幸福感、节能

2004～2008年伦敦市内草坪屋顶面积和数量　　表5-7

年份	总面积（m^2）	数量（个）
2004	18804	15
2005	42360	37
2006	52029	88
2007	61777	94
2008	54792	136

资料来源：Livingroofs.org 网站和大伦敦市政府。

减排和改善空气质量，以及有助于地表水资源管理。伦敦有两种重要的城市绿化用地：草坪屋顶（Green roof）和行道树。伦敦草坪屋顶的数量和面积自 2004 年开始有明显增加，到 2008 年年底大约有 5.5 万 m^2 的屋顶花园面积，相当于 70 个足球场（表 5-7）。2008 ~ 2010 年间，由于交通建设的需要，沿着道路网络有 1787 棵行道树被移除，但新种植了 2287 棵树来弥补，净增长了 28%（500 棵树）。

5.4.2 交通用地

通勤人口和旅游者增长以及经济发展是伦敦市交通用地变化的主要驱动力。

据估计[13]，伦敦市的常住人口在 2009 年年中已达到 775 万，相比 2008 年的 767 万增长了 1.1%。由于人口自然增长，2001 ~ 2009 年间，伦敦常住人口增长了 5.7%（超过 41.6 万人）。居住在外伦敦但在内伦敦就业的通勤人口，从 2004 年的 70 万人增加到 2008 年的 79 万人，2009 年小幅减少到 77 万人，但在 2010 年又迅速增加到 81 万人。居住在内伦敦往返于伦敦城到伦敦城东及伦敦城东南的非通勤人口，也从 2008 年的 32 万人增加到 2010 年的 35 万人。

5.5 伦敦服务业用地的绩效分析

鉴于城市功能的多样性，城市土地利用绩效水平很难采用某个单一的指标来准确和全面地反映。根据数据资料的可得性，本章主要从人口密度、地均利税率、地均 GVA 产出和地均从业人数来分析伦敦服务业用地的经济和社会绩效；关于伦敦服务业用地利用的生态环境效益，本章不作介绍。

由表 5-8 可知，1998 ~ 2007 年间，除商业办公用地外，伦敦各主要服务业地均利税率都呈现出上升趋势。2007 ~ 2008 年，各类主要服务业用地的地均利税均呈减少趋势，主要是受 2008 年欧洲经济危机的影响。

表 5-9 是伦敦主要服务业每平方公里的经济增长总额（Gross Value Added, GVA）——地均 GVA。商业办公用地一直是 GVA 产出效率最高的类型，零售用地的产出效率稳定增长，仓储用地经历了 2000 ~ 2004 年的缓慢增长期。2003 年以前，仓储用地的地均 GVA 高于零售用地，但从 2003 年开始，零售用地的地均 GVA 赶超仓储用地，地均 GVA 仅次于商业办公用地。

社会绩效方面，选取地均从业人数来分析。地均从业人数是反映城市土地上劳动力投入程度的重要指标，用单位土地面积上的从业人数来表示。单位土地面积职工人数越多，说明城市劳动力投入强度越大，城市土地利用越集约。

伦敦与英格兰主要服务业用地的平均利税率　　表5-8

年份	办公（英镑/m^2）		商业办公（英镑/m^2）		零售（英镑/m^2）		仓储（英镑/m^2）	
	伦敦	英格兰	伦敦	英格兰	伦敦	英格兰	伦敦	英格兰
1998	100	75	104	80	117	80	41	27
1999	101	76	105	81	117	80	41	27
2000	175	106	187	116	147	97	48	32
2001	174	106	186	116	147	97	48	32
2002	175	107	187	116	147	98	48	32
2003	178	108	190	118	148	98	49	32
2004	176	107	188	117	147	98	49	32
2005	203	125	213	134	190	131	61	40
2006	204	126	214	134	190	132	61	40
2007	198	122	207	130	189	130	61	40
2008	195	121	203	128	189	130	61	40

数据来源：英国国家统计局。

伦敦主要服务业地均GVA　　表5-9

年份	商业办公（亿英镑/km^2）	仓储（亿英镑/km^2）	零售（亿英镑/km^2）
1998	15.05	11.00	9.82
1999	15.85	11.63	10.55
2000	14.88	12.11	10.69
2001	15.10	11.81	11.15
2002	14.94	11.58	11.31
2003	15.18	11.73	11.78
2004	15.44	11.84	12.30
2005	15.90	12.18	12.85
2006	16.36	12.51	13.41
2007	17.39	13.09	14.05
2008	18.06	13.76	14.58

数据来源：英国国家统计局。

表5-10的数据表明，1999～2008年间，伦敦从事金融和商业服务的从业人员远多于从事批发零售服务的从业人员，前者基本上是后者的2倍左右，地均从业人数也是如此。有资料表明，2000年东京产业用地的平均从业人数为1.72万人/km^2，上海1999年、2004年和2007年分别为0.57

万人 / km^2，0.43 万人 / km^2 和 0.38 万人 / km^2。说明伦敦的金融和商业服务业的劳动力投入较大，批发和零售服务业的劳动力投入也是比较大的，反映出伦敦的服务业用地集约化程度是比较高的。

伦敦主要服务业从业人数和地均从业人数　　表5-10

年份	从业人数（人）		地均从业人数（万人 /km^2）	
	金融和商务	批发和零售	金融和商务	批发和零售
1999	1250900	630700	5.88	2.07
2000	1360300	623000	5.74	2.01
2001	1323100	618200	5.57	1.98
2002	1257100	605800	5.20	1.92
2003	1242900	590900	5.04	1.86
2004	1260500	591100	5.02	1.84
2005	1324700	585600	5.31	1.85
2006	1337700	566500	5.32	1.79
2007	1409500	565700	5.66	1.77
2008	1448100	570900	5.81	1.80

5.6 伦敦的特色服务业

5.6.1 金融业

伦敦城中心地区是世界上金融机构最为密集的地方，金融业是伦敦最传统、最负盛名的服务产业。在伦敦中心城区的英格兰银行周围，分布着100多家本国银行和520多家外国银行，还有为数众多的投资、保险、证券等金融机构。银行及其他金融机构对伦敦的商业办公用地变化具有非常重要的影响；商业办公用地的走势，甚至已经成为伦敦城金融行业发展状况和金融机构活力的风向标。

1985 ~ 1987 年间，伦敦市政府批准了 5 倍于之前的办公面积，但那时候大部分的办公用地主要由港口服务等相关机构租购。一直到 1990 年，银行、保险等金融服务业岗位占总就业的比重不断增加，并超过港口工作成为提供工作岗位最多的部门。1990 年，始于美国席卷全球的经济萧条来临，伦敦的金融和商业服务业工作岗位在短短三年间减少了 9 万个，伦敦及其周边的办公区面积空置了17%，许多美国银行从伦敦撤离。到1992年4月，伦敦中心区办公楼的空置率已经达到18%，道克兰的空置率更达到50%，金丝雀码头超过40%。直到1998年，伦敦中心城区办公用地市场才恢复到昔日繁荣的景象[14]。

2006年上半年，伦敦市政府基于成本与效益的考虑，采纳了里昂报告（Lyons Reports）关于减少政府公共服务活动的建议。将一部分用作政府公共服务的办公场所释放出来，供银行及其他金融机构使用。因此，伦敦中心城区办公场所的吸纳量达到43.66万m^2，与2005年（12.08万m^2）同比增长40%。其中，银行和金融机构所占办公场所就占了39%，而2005年、2004年分别为26%和22%。政府和公共服务办公用地则逐年减少，2004年、2005年和2006年分别为16%、8%和4%。在伦敦西区，这种变化更为显著：政府和公共服务用地的面积从2004年的32%减少到2006年的9%。

2008年，全球金融危机爆发。伦敦中心城区的银行及其他金融机构为控制支出，缩减用工规模并控制办公场所用地面积，导致伦敦中心区域的办公用地规模在2007年10月到2008年3月的短短6个月中萎缩了30%以上。在2007年，这些区域大约32%的商务写字楼租赁给了银行和金融机构，而在2008年第一季度，这一比例已经下降到仅11%左右。

2009年，英国经济随世界经济逐渐复苏，但伦敦中心城区的写字楼市场仍然动荡不堪，直到2010年才得到逐步改善。到了2011年第二季度，伦敦中心城区办公用地建筑面积达到35.21万m^2，与一季度相比增长了25%，比长期以来的平均水平高出近19%。伦敦城的吸纳量最高，达到16.91万m^2，比第一季度增长了47%，其次为威斯敏斯特城和金丝雀码头区，吸纳量分别约为16.54万m^2和1.77万m^2。

经济复苏刺激了办公用地的需求，与伦敦中心城区有限的供给形成一对巨大的矛盾。2011年8月，伦敦中心城区租户需求量增长了5%，达到104.98万m^2，来自金融及专业服务行业的需求仍占主导地位，占总需求量的57%。传媒行业的需求量与一季度相比有所下降。伦敦中心城区的写字楼供应量继续呈下降趋势。第二季度末，写字楼面积的供应总量为161.09万m^2，59%的供应量来自市区，达到95.41万m^2，西区和港口区的供应量分别为49.89万m^2和15.79万m^2。

由于供应量的减少，本季度伦敦中心城区空置率自2001年年底以来首次跌至8.0%以下（7.9%）。同时，伦敦中心城区新增及重新装修的写字楼供应量也持续减少，现为45.52万m^2，是最近五年来最低水平。与一季度相比，减少了4.65万m^2。威斯敏斯特城写字楼面积的供应量也处于最近十年来的最低水平，为13.01万m^2。目前，伦敦中心城区在建的写字楼面积达到54.81万m^2，与去年同期水平相比，增长了50%以上。

5.6.2 创意产业

"伦敦作为世界三大金融中心之一已是众所周知，但并非所有人都知道伦敦还是全球最重要的创意产业发展地之一。"——伦敦市长肯·利文斯通（Ken Livingstone）。伦敦作为世界创意产业发展地具体表现在：

(1) 伦敦被公认为是全球三大广告都城之一，2/3 的国际广告公司将它们的欧洲总部设在伦敦；

(2) 伦敦是世界第三大影片制作中心，仅次于纽约和洛杉矶；

(3) 伦敦拥有世界级的教育机构和设计机构，其中近 3/4 的机构有全球客户。

创意服务产业是伦敦目前仅次于金融服务业的第二大产业，被作为主要支柱产业来发展，对提高伦敦城市竞争力起着重要的作用[15]。在 1995 ~ 2000 年 5 年间，创意产业产出年均增速达到 8.5%，超过其他各行业。从就业量来看，2000 年伦敦的创意产业从业人员为 52.5 万人，居于伦敦各产业就业量的第三位，而且，创意产业就业量还以每年 5% 的速度递增。2001 年伦敦创意产业的总产值达到 210 亿英镑，约占英国创意产业总产出的 1/4，仅次于商业服务业的 320 亿英镑，成为伦敦的第二大支柱产业。2005 年，伦敦创意产业所创造的财富仅次于金融服务产业，从业人员达到 55 万人，占伦敦市总就业劳动力的 12%；创意产业人均产值为 2500 英镑左右，几乎是全国创意产业人均产值 1300 英镑的一倍。

从事创意服务的机构热衷于寻找具有以下特点的办公场所：明亮宽敞的开阔空间，与咖啡馆和餐厅毗邻、开敞自由布置的地板、方便快捷的交通网络。因此，伦敦的创意企业在空间上主要分布在以下几个区域：

1）克勒肯维尔（Clerkenwell）出版业与传统文化聚集区

位于伦敦东北部的克勒肯维尔原本是伦敦一座废弃的工业仓库，但随着一批年轻的数字创意事业者和企业家进驻，克勒肯维尔的大街冷巷发生了巨大变化。如今，克勒肯维尔已经是无可争议的伦敦创意产业核心区，区内有着优雅的绿地和广场以及充满历史感的建筑群。其中分布着 60 多个设计品牌的展厅，电影制作公司，新媒体工作室，设计商店，时髦酒吧与餐厅，与之配套的艺术中心、多媒体音乐剧院、展览馆等也充满了艺术气息。

2）SOHO 传媒产业聚集区

SOHO 区坐落在伦敦中心，位于伦敦两个著名的商业街——牛津街和摄政街之间，是目前世界上最成熟、最典型的创意产业集聚区之一。迄今为止，已有数以百计的影视制作公司进驻，与众多广告制作、音乐、摄影、设计公司以及休闲娱乐场所一起，构成了一个产业结构密集，以媒体企业为主的文化创意产业聚集区。

3）伦敦西区（West End）表演艺术产业聚集区

伦敦西区是与纽约百老汇齐名的世界两大戏剧中心之一，“西区剧院”（West End Theatre）特指由伦敦剧院协会管理、拥有或使用的 49 家会员剧院。西区剧院占伦敦全部剧院的近一半左右（伦敦共有剧院约 100 家）。除金融城的巴比肯中心、泰晤士河南岸的国家剧院和老维克剧院、摄政公园的露天剧院以及索思沃克（Southwark）的莎士比亚环球剧院等少数剧院外，这 49 家剧院大多数都集中在沙福兹伯里（Shaftsbury）和海马基特（Heymarket）两个街区方圆不足 1 平方英里的范围内。西区是伦敦一个重要的创意产业聚集区，并基本保持了 20 世纪 30 年代的格局。

4）肖尔迪奇区（Shoreditch）——互联网技术与创业者聚集区

伦敦金融城东北部，靠近丑陋的老街路口的肖尔迪奇区，现已被称为伦敦的“迷你硅谷”。2008 年以来，这里聚集了大批从事互联网服务的机构。聚集在迷你硅谷的公司一般都是小中型高度专业化的企业，低廉的房租是从事互联网服务的创业者选择在此聚集发展的重要因素。

5.7 伦敦服务业用地变化对上海的启示

5.7.1 注重空间发展战略对服务业用地变化的推动作用

城市的空间布局和发展模式不仅影响着城市的形态变化，而且影响着城市的功能建设，进而影响整个城市经济社会的全面可持续发展。大伦敦市政府分别于 2004 年 2 月、2008 年 7 月和 2009 年 10 月发布了《大伦敦空间发展战略》、《规划更美好的伦敦》和《大伦敦空间发展战略修订草案》，分析后发现大伦敦系列规划具有以下特点：①坚持竖向发展：发展紧凑型城市；②重视公共交通：提高城市可达性；③强调社会公平：切实提高主城区低价住宅数量供应给低收入人群；④具有前瞻性与科学性：市长换届不换规划。

伦敦通过平衡办公楼、商业、文化娱乐等各项活动与住宅之间的发展，建立安全的居住社区，增加低价住宅的数量，增加公共交通的能力，已使伦敦中心区成为伦敦通达性最好，对金融、商业、政府、文化活动最有吸引力的地区。正是这种长期贯彻的、具有科学性和前瞻性的发展战略，引导伦敦的商业、办公、仓储和零售服务业用地形成了目前的空间格局。

近年来，上海市的商业土地供应量逐年递增，新增商业用房供应区域呈现远近郊边缘化趋势，居住用地也进一步向城市外围扩展[16]。实际上，从众多国际大都市的发展历程来看，横向扩张都不是解决城市人口膨胀和交通拥堵的良策，也不利于服务业向城市中心集聚。因此，政府在制定城市空间发展战略时，应坚持可持续发展理念，通过竖向扩张发展紧凑型城市，从而真正实现城市土地资源的节约、集约和高效利用[17-19]。具体来讲，可借鉴伦敦经验对房地产市场实施政策干预，在中心城区建立一批大型居民社区，通过住房价格调节引导那些有利于服务业集群发展又无力支付中心城区高昂房价的人群进驻，把生产和生活功能结合起来，让更多的人就近上班，以此促进金融、商业、批发零售等行业的发展以及相关劳动力市场的繁荣，还能减少通勤人口，从而缓解城市交通拥堵的问题。

5.7.2 注重构建具有上海特色的现代服务业集群发展模式

集群化是国际大都市现代服务业发展的大趋势。当前发达城市服务业集群化发展模式主要有纽约曼哈顿模式、伦敦金融城模式、巴黎双中心发展模式和东京新宿模式[20、21]。伦敦金融城模式与其他模式有很大差异，是城市中心、内城区、郊外新兴商务区的多点集群发展模式，它不仅突出了现代中心城市对管理决策、金融控制和要素的要求，更强调产业集群功能的可持续发展，即强调综合功能和生态功能。

上海市的现代服务业集群已初具规模[22]。从空间上看，规模较大的几个现代服务业集群是呈南北走向紧靠黄浦江两岸分布：最北的有外高桥保税区商贸物流集群和赤峰路建筑设计一条街，中间地带是发展较为成熟的陆家嘴金融服务业集群和南京西路专业服务商务区，南部是形成最早的虹桥商务区、徐家汇文化综合商务区，以及张江创意产业和信息服务业集聚区；从产业分布来看，主要集中在金融业、物流业、商贸业和信息产业。

应该注意到，伦敦金融城模式的发展，与其深厚的历史底蕴和良好的外部条件、政府的规划引导以及庞大的金融创新力量是密不可分的。因此，上海市在发展现代服务业过程中，

（1）要根据历史的、现实的优势条件，确定具有上海特色的、发展方向明确的服务业主导产业；

（2）借鉴发达国家的经验，制定明确的服务业集群政策，发挥政府在服务业集群发展中的积极引导作用；

（3）大力培养和引进创新型人才并从战略高度建立健全人才发展激励机制，以巨大的创新力量推动服务业主导产业向前发展；

（4）集中力量发展一个基础较好、潜力较大的集群点，然后再通过建立城市副中心的方式引导服务业向外延伸，将服务业集群推向多点式甚至网络式的布局结构。

5.7.3 结合自身产业结构和发展水平，稳步推进创意产业发展

伦敦的创意产业之所以能够取得迅速发展，与英国总体的经济发展实力有关，也与伦敦的区位和历史条件有关。此外，政府的战略决策、良好

的城市文化环境、成熟的资本市场、完善的知识产权保护法规、全球性的高端人才汇聚、专业细化的市场需求都对伦敦创意产业的发展具有重要推动作用[23]。

上海是国内最早推进创意产业发展的城市，并已成为中国创意产业发展最迅速、总体实力最强、产业形态相对成熟的城市之一。上海具有发展创意产业的优势条件，体现在其较好的产业发展基础、东西方文化交融和国际化程度高，以及丰富的人力和教育资源等方面。根据上海市“十二五”产业发展规划，创意产业将成为上海市“十二五”中新的支柱产业。

政府是推动创意产业发展的重要力量，应遵循经济和产业发展规律，在适当的时机制定有针对性的产业发展和扶持政策，引导创意产业协调、健康发展。当前，上海市的创意产业尚处于起步阶段，需结合自身产业结构发展状况，从创意产业发展规划、创意人才培养和引进、城市创意文化氛围创建、放宽市场投资准入条件和完善知识产权保护法规等方面继续深化。并注意借鉴国外经验，稳步推进上海市创意产业向前发展，以期逐渐在国际创意市场占有一席之地。

5.7.4 优先发展公共交通，提高交通用地效率

和世界上大多数发达城市一样，伦敦交通也经历了“私人汽车膨胀—道路拥堵—重视发展公共交通”的发展历程。实践表明，优先发展城市公共交通特别是轨道交通是治理城市交通拥堵的良策。

近年来，上海市的公共交通取得了较快发展。据2008年的统计数据[24]，上海市的汽车保有量122.9万辆；全市出行总量达4593万人次/日，其中公共交通占23.2%，个体机动方式占20.1%，慢行交通占56.7%。公共交通方面，2008年客运量达1268万人次/日，同比增加11万人次/日。其中，地面公交占57%，同比减少3%；轨道交通占18%，同比增长24%；出租车占23%，同比减少2%。轨道交通所占比例在增长，但与伦敦等发达城市相比，还有很大的差距。例如，2005年伦敦的轨道交通占了城市公共交通出行量的57%，纽约为70%，东京为93%。

因此，在上海市建设国际金融中心进程中，可通过建立“公文优先”的交通格局，以发展轨道交通为主线，继续加强交通基础设施建设，建立良好的交通信息引导机制和换乘付费方式，倡导市民理性出行，提高城市交通用地及相关资源的利用效率。

5.7.5 建设生态城市，优化城市宜居环境

早在1984年，大伦敦议会就制定了相应的城市自然保护政策，强调城市野生生物保护和自然对提高居民生活质量的意义。大伦敦市政府历次

颁布伦敦规划，都无一例外地强调城市绿色空间对于市民生活环境的巨大服务功能，并综合考虑居民生活的实际需要，重视绿地空间的连接性和公众可达性。以步行绿色道路、自行车绿色道路和生态绿色通道构成的“绿链”，连通城市内部不同位置多种级别的绿地，形成一个巨大的绿色城市网络。当然，这种规划政策的出台，必须有政府和公众的共同参与，尤其需要规划部门对“建设生态城市”和“以人为本”构建城市宜居环境的深入理解。

上海市森林、绿地系统建设虽然取得了长足发展，但与伦敦等国际大城市仍有一定差距。主要表现在森林覆盖率低，人均绿地面积不高，绿地布局结构不完善，各类公园、公共绿地及住宅小区绿地分布不均匀，绿地生物多样性较低，绿化生态效应也有待提高。因此，上海在建设生态城市时可以借鉴伦敦的建设经验。如充分利用中心城区空隙增加绿化，扩大近郊新城区和远郊未建区森林和绿地面积，建设各类主题公园和特色公园，继续强化中心城外环绿带的生态保护功能，并沿着中心城外环绿带延伸，构建一个放射型的绿色走廊，与包括基本农田集中区的各种绿地连接，形成一个城市融合自然的多层次生态空间网络。

本章参考文献

[1] Paul Wetherill.UK Business: Activity, Size and Location [EB/OL]. http://www.ons.gov.uk/ons/rel/bus-register/uk-business/2010/index.html, Sep. 2010.

[2] Transport for London. Travel in London Report 3 [EB/OL]. http://www.tfl.gov.uk/assets/downloads/corporate/travel-in-london-report-3.pdf, 2010.

[3] Greater London Authority. Land for Transport Functions: The London Plan Supplementary Planning Guidance [EB/OL]. http://legacy.london.gov.uk/mayor/strategies/sds/docs/spg-transport-land-final.pdf [EB/OL], Mar.2007.

[4] Greater London Authority. Retail in London: The impact of planning on competition and productivity [EB/OL].
http://legacy.london.gov.uk/mayor/economic_unit/docs/retail_wpj_retail_planning.pdf Jun.2006

[5] Greater London Authority. Environment Agency, Natural England, and the Forestry Commission. London's Environment Revealed: State of the Environment Report for London [EB/OL].http://legacy.london.gov.uk/gla/publications/environment/soereport/soe_summary.pdf, Jun. 2011.

[6] Greater London Authority. Social Enterprises in London A review of London Annual Business Survey (LABS) evidence [EB/OL]. http://legacy.london.gov.uk/mayor/economic_unit/docs/social-enterprises-in-london.pdf,Oct.2007.

[7] Greater London Authority. London Plan Annual Monitoring Report 7 [EB/OL]. http://

www.london.gov.uk/priorities/planning/research-reports/annual-monitoring-reports, Feb. 2011.

[8] Greater London Authority. Planning for a better London [EB/OL]. http://legacy.london.gov.uk/mayor/publications/2008/docs/plan-better-london.pdf, Jul.2008.

[9] Greater London Authority. The London Plan: Spatial Development Strategy for Greater London, Consultation draft replacement plan [EB/OL]. http://www.london.gov.uk/shaping-london/london-plan/docs/london-plan.pdf, Oct.2009

[10] Greater London Authority. London's Economic Outlook: The GLA's medium-term planning projections [EB/OL]. http://www.london.gov.uk/publication/london-economic-outlook-spring-2011, Spr.2011

[11] Greater London Authority. London's Central Business District: Its global importance [EB/OL]. http://legacy.london.gov.uk/mayor/economic_unit/events/docs/cbd/2008/londons-cbd-jan08.pdf , Jan. 2008

[12] Ken Livingstone. Greater London Authority. Creativity: London's Core Business [EB/OL]. http://www.london.gov.uk/mayor/economic_unit/docs/create_inds_rep02.pdf, May.2002

[13] Ken Livingstone. London's Creative Sector: 2004 Update [EB/OL]. http://www.london.gov.uk/mayor/economic_unit/docs/creative_sector2004.pdf, Apr.2004

[14] Alan Freeman. London's Creative Sector: 2007 Update [EB/OL]. http://www.rccil.org.uk/564/summaries/londons-creative-sector-2007-update.html, Jul.2007

[15] 石忆邵，范胤翡，范 华，等．产业用地的国际国内比较分析 [M]. 北京：中国建筑工业出版社，2010.

[16] 何格，王珍，欧名豪，陈文宽．城市增长的土地利用总体规划协同调控绩效评价．中国土地科学，2010，24(9):64-69.

[17] 杨亚琴，王丹，国际大都市现代服务业集群发展的比较研究．世界经济研究，2005，1：61-66．

[18] 褚劲风，崔元琪，马吴斌．后工业化时期伦敦创意产业的发展．世界地理研究，2007，16(3)：23-44．

[19] 上海市城市综合交通规划研究所．上海市综合交通年度报告（2008）．

[20] 郭岚，农卫东，张祥建．现代生产性服务业的集群化发展模式与形成机理．经济理论与经济管理，2010（10）：60-65．

[21] 赵玉芬，郭洪晶，于英川．发达国家服务业集群发展的比较及对上海的启示．经济论坛，2009(8)：78-79．

[22] 李晓文，方精云，朴世龙．上海城市土地利用形成、变化及其空间作用机制．长江流域资源与环境，2006，15（1）：34-40．

[23] 刘曙华，沈玉芳．上海城市扩展模式及其动力机制．经济地理，2006，26（3）：487-491．

[24] 季德明，刘慧．土地资源硬约束下的用地策略．中国土地，2011（3）：12-14．

[25] 姚凯．上海城市空间集约节约发展战略的路径探索．城市规划学刊，2011（1）：38-44．

第6章
纽约市服务业用地变化分析

纽约市（New York City）是指包括曼哈顿、布朗克斯、布鲁克林、皇后区和斯塔滕岛五个行政区的范围，面积 1214.4km^2，其中水面 428.8 km^2（图 6-1）。

纽约市是美国最大城市及最大的商港，也是世界经济中心之一，被人们誉为世界之都，位于纽约州东南部。根据美国 2010 年最新的人口普查结果，纽约市区人口为 918 万余人，是美国第一大城市。一个多世纪以来，纽约市一直是世界上最重要的商业和金融中心。纽约市是国际级的经济、金融、交通、艺术及传媒中心，由于联合国总部设于该市，因此被誉为“世界之都”。

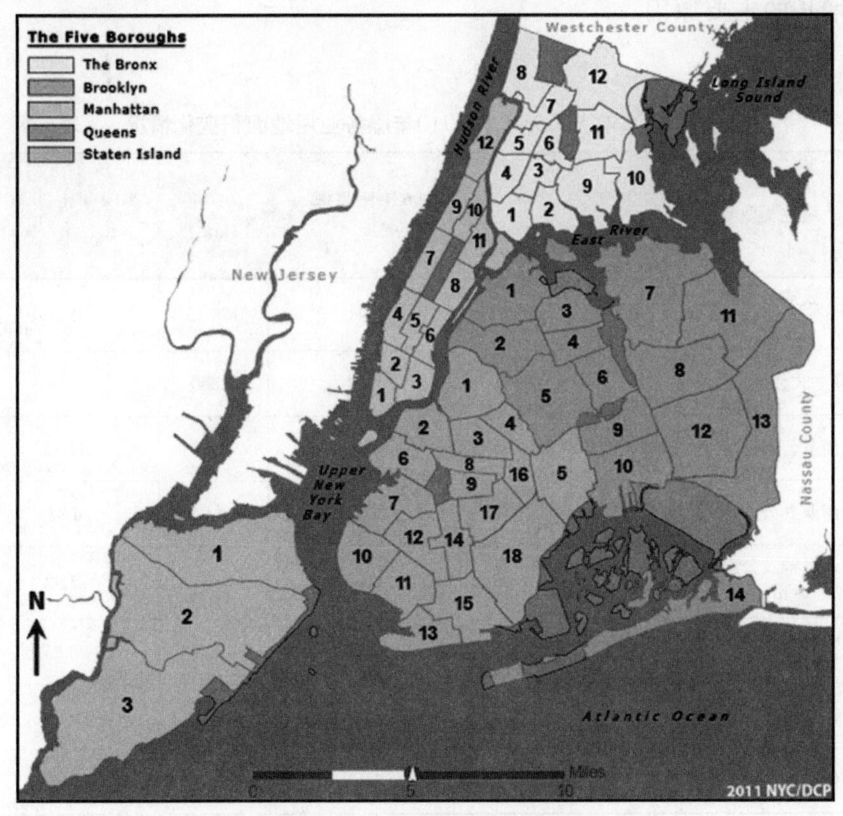

图 6-1　纽约市行政区划图

纽约是世界的经济中心，也是世界三大金融中心之一（另外两个为伦敦和东京）。截至2008年年底，纽约控制着全球40%的财政资金，是世界上最大的金融中心。纽约证券交易所拥有全球最大上市公司总市值，有超过2800家公司在此上市。2010年，纽约的财产所有总值为813万亿美元。在世界500强企业中，有56家企业位于纽约。曼哈顿中城是世界上最大的CBD及摩天大楼集中地，曼哈顿下城是全美第三大CBD（第二为芝加哥CBD）。2010年纽约的GDP为15268亿美元，居世界城市第二位。人均GDP13.88万美元，居世界城市第一位。

6.1 纽约市服务业用地规模变化特点及其原因分析

1）居住用地规模总体呈现出平稳缓慢的增长态势，但内部增长仍有差异

纽约市的住宅用地包括独立式或并立式住宅用地、联立式住宅用地和商务公寓用地三类。2002年纽约市三类住宅用地总面积为257.88km^2，2006年增加至261.01 km^2，2010年达到264.44 km^2，总体呈现出平稳缓慢的增长态势（表6-1）。人口增长仍是纽约市住宅用地增长的主要原因。

纽约市2002年、2006年和2010年服务业用地面积变化情况　　表6-1

用地类型	2002年（km^2）	2006年（km^2）	2006年比2002年增长率（%）	2010年（km^2）	2010年比2006年增长率（%）
独立式或并立式住宅用地	169.08	169.78	0.41	170.13	0.21
联立式住宅用地	72.38	74.58	3.04	75.80	1.64
商务公寓用地	16.42	16.65	1.40	18.51	11.17
商业办公用地	22.63	23.8	5.17	24.95	4.83
交通运输及公用事业用地	46.97	46.65	-0.68	44.17	-5.32
公共设施用地	46.05	45.47	-1.26	42.82	-5.83
休憩娱乐用地	157.08	157.13	0.03	167.93	6.87
停车设施用地	8.03	8.63	7.47	8.33	-3.48

资料来源：纽约市城市规划局（DCP）。

但三类住宅用地的内部增长仍有一定的差异性。

独立式或并立式住宅用地主要是指低密度住宅。2002年其用地面积为169.08km^2，2006年略增至169.78 km^2，2010年达到170.13 km^2，基本呈现稳定态势，增量甚小。主要分布在斯塔滕岛、皇后区东部、布鲁克林区南部、布朗克斯东部和西北部。

联立式住宅用地主要指中高密度住宅大厦（包括三个或三个以上住宅用地），城市居民有2/3以上都居住在这类住宅中。2002年其用地面积为72.38 km^2，2006年略增至74.58 km^2，2010年达到75.80 km^2，总体呈现缓慢增长态势。联立式住宅用地以布鲁克林、皇后区最多，其次为布朗克斯和曼哈顿，而斯塔滕岛分布较少（表6-2）。

纽约市2010年土地利用情况表 **表6-2**

城市	独立式或并立式住宅用地（km^2）	联立式住宅用地（km^2）	商务公寓用地（km^2）	商业办公用地（km^2）	工业用地（km^2）	交通运输及公用事业用地（km^2）	公共设施用地（km^2）	休憩娱乐用地（km^2）	停车设施用地（km^2）	闲置土地（km^2）	其他用地（km^2）	总计（km^2）
布朗克斯	15.03	13.32	2.42	3.71	3.22	2.18	9.59	26.72	1.71	3.09	3.56	84.55
布鲁克林	35.19	25.47	5.86	5.09	7.17	4.65	9.23	53.39	2.56	4.88	1.20	154.69
曼哈顿	0.62	10.27	5.84	4.62	0.88	2.84	5.13	11.21	0.66	1.14	0.83	44.05
皇后区	77.52	23.03	3.73	7.15	7.38	25.28	9.70	44.42	2.59	9.81	4.73	215.34
斯塔滕岛	41.78	3.72	0.68	4.37	3.61	9.21	9.18	32.20	0.82	17.13	0.79	123.48
纽约市	170.13	75.80	18.51	24.95	22.27	44.17	42.82	167.93	8.33	36.05	11.12	622.10
所占比例	27.4%	12.2%	3.0%	4.0%	3.6%	7.1%	6.9%	27.0%	1.3%	5.8%	1.8%	100.0%

资料来源：纽约市政府“管理与预算办公室”（OMB）。因无法获得全部的土地利用信息，所以与现状可能有所偏差。

商务公寓用地是最常见的公寓楼混合体，底部为商店或居委会等，同时也包括办公与居住的混合体。2002年其用地面积为16.42 km^2，2006年为16.65 km^2，2010年达到18.51 km^2，近年来增长速度有所加快。商务公寓用地主要分布于布鲁克林和曼哈顿两个区。

2）商业办公用地规模在波动中呈现出缓慢的恢复性增长趋势。

1995年纽约市商业办公用地面积为30.30 km^2，2002年其用地面积减少至22.63 km^2，2006年略增至23.80 km^2，2010年达到24.95 km^2，在波动中呈现出缓慢的恢复性增长趋势，但仍未达到1995年的规模。

纽约市商业办公分布主要呈现出两个特点：一是集中与偏离强度大，通过图6-2可以看出分布很集中，商业办公用地在曼哈顿、布鲁克林区、长岛市、牙买加湾等处的繁华商业区，且密度较高，城市的360万就业机

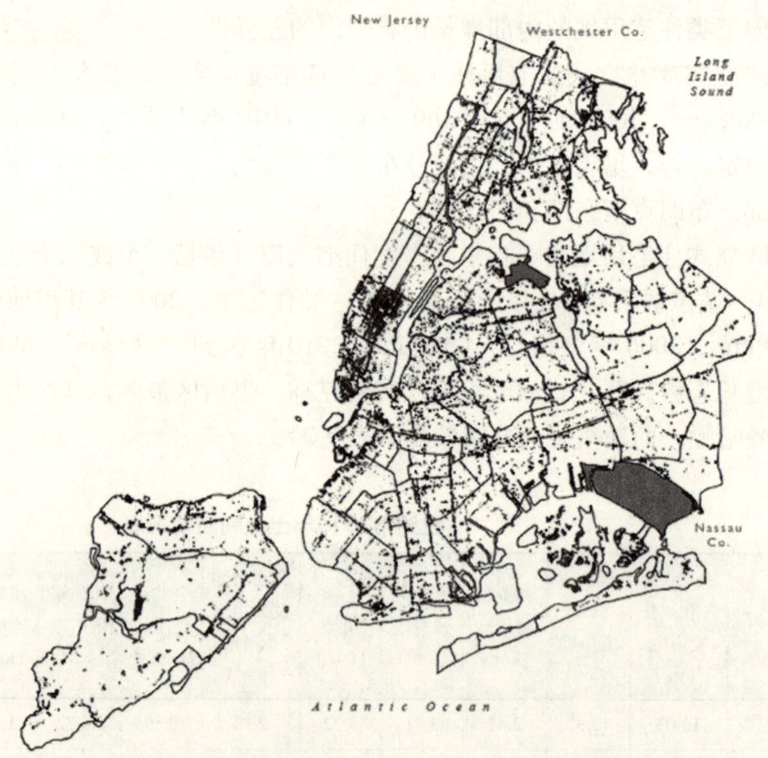

图 6-2　2010 年纽约市商业办公用地分布图

会大部分就分布在这些商业区域；二是依赖城市交通网络，呈现出沿线分布模式。

由图 6-2 可以看出，纽约市的曼哈顿岛中部位于中央公园和金融区之间具有一个超大型的商业集中区，该商业区是纽约面积最大最集中的商业区，服务于全市；其他主要的商业用地分布大都呈条带状，与城市的内部交通网络框架基本吻合，大体呈南北走向和网格状分布。纽约的主要交通工具是轨道交通和汽车，因此重要交通站点和一些主要路段成为商业发展的重要平台。

商业办公用地的规模变化与经济发展的波动性变化密切相关，特别是 2001 年的"9·11"恐怖袭击和金融危机、经济危机等影响较为明显。

3）交通运输及公用事业用地面积在稳定中略有减少

2002 年纽约市的交通运输及公用事业用地面积为 46.97 km^2，2006 年微减至 46.65 km^2，2010 年又降至 44.17 km^2，呈现出持续略减倾向，也表明纽约市交通运输及公用事业用地的集约利用程度有所上升。

4）公共设施用地面积同样持续减少

2002 年纽约市的公共设施和机构用地面积为 46.05 km^2，2006 年微减至 45.47 km^2，2010 年又降至 42.82 km^2，呈现出持续减少趋势。显示出纽约市的公共设施和机构用地在近年来的“精明增长”中，其集约利用程度同样趋于上升。

5）休憩娱乐用地近年来增长较快

纽约市的休憩娱乐用地主要包括公共公园、游乐场和自然保留娱乐区、海滩、体育场和高尔夫球场。2002 年纽约市的休憩娱乐用地面积为 157.08 km^2，2006 年为 157.13 km^2，这一期间基本保持稳定；2010 年则增加至 167.93 km^2，2006 ~ 2010 年期间净增 10.8 km^2，呈现出较快增加趋势。反映了随着城市居民收入水平和生活质量的提高，步入休闲时代的纽约市民对休憩娱乐用地的较大需求增长。休憩娱乐用地在空间分布上散落于城市空间内，大多数分布在中低密度住宅附近（图 6-3）。

图 6-3　纽约市 2010 年公共设施和休憩娱乐用地分布图

6.2　纽约市服务业用地结构变化特点及其原因分析

1）居住用地所占比重最大，且呈现持续微升态势

2010 年纽约市的三类住宅用地合计占土地总面积的 42.60%，所占比重高居各类用地首位，其中：独立式或并立式住宅用地占纽约市土地利用

面积的比例最高，达27.4%；联立式住宅用地占全市土地总面积的12.2%；商务公寓用地仅占全市土地总面积的3%（表6-2）。而2002年该比例为41.45%，2006年为42.15%，呈现持续微升趋势。

2）休憩娱乐用地比例突出，且呈现持续提升态势

2010年纽约市的休憩娱乐用地占全市土地总面积的比重为27.0%，仅次于住宅用地，高居第二位；而在2006年该比重为25.37%，2002年该比重为25.25%。另外，人均休憩娱乐用地2010年比2006年增长了4.61%（表6-3、图6-4），体现了纽约市良好的自然环境，优美舒适的生活和工作环境，同时增强了纽约市对人口和产业的吸引力。

纽约市人均用地面积变化表 **表6-3**

年份	住宅（m^2/人）	商业（m^2/人）	工业（m^2/人）	交通（m^2/人）	休憩娱乐用地（m^2/人）
2002	31.89	2.80	3.05	5.81	19.43
2006	31.77	2.90	2.82	5.68	19.13
2010	31.51	2.97	2.65	5.26	20.01

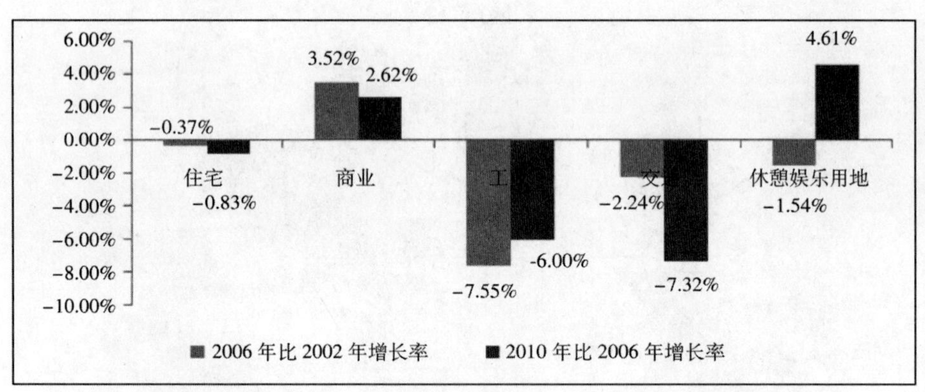

图6-4 纽约市2006年和2010年人均用地类型变化示意图

资料来源：纽约市政府（NYC），2002年人口利用的是2003年数据。

3）商业办公用地分布较集中，且近几年增长速度较快

纽约市在经历了2001年的“9•11”袭击之后，商务和商业活动恢复比较明显，从图6-4可以看出，人均商业用地在2002～2006年和2006～2010年两个时间段分别经历了3.52%和2.62%的增长，远远超过其他用地类型的增长速度。

4）交通运输及公用事业用地比重持续走低

纽约市 2002 年交通运输及公用事业用地占土地总面积的比重为 7.55%，2006 年微降至 7.53%，2010 年再降为 7.1%。

5）公共设施用地比重也持续走低

纽约市 2002 年公共设施用地占土地总面积的比重为 7.4%，2006 年微降至 7.34%，2010 年再降为 6.9%。

产业转型与升级促进了纽约市内部土地利用结构的调整。在 19 世纪的早期发展阶段，纽约就成为一个经济功能齐全的大城市。它不仅是制造业中心，而且是商贸金融中心。到 20 世纪初，纽约服务业一直保持着稳定的发展态势，而在制造业发生衰退时，服务业则开始了真正意义上的崛起。1959 ~ 1969 年，就业于纽约“FIRE”（金融、保险和房地产业）的人口增长 22.8%，占纽约就业总人口的比例由 1959 年的 10.8% 上升到 1969 年的 12.3%。1969 ~ 1989 年，生产服务业就业人数从 95 万人增至 114 万人，占就业人口的比例从 25% 增至 31.6%；社会服务业就业人数从 76 万人增至 93 万人，占就业人口的比例从 20% 增至 26.3%。生产服务业在创造就业机会和促进经济增长方面起到关键的带动作用。20 世纪 90 年代，纽约产业结构变动表现为金融、保险、房地产业所占比例大幅上升。在第三产业发展的推动下，纽约市第二产业逐渐迁出，城市内部土地利用结构进一步优化，工业用地持续减少，商业办公用地大规模发展。为了使城市更加适宜居住，住宅用地和绿地开始占据城市用地的大部分，从图 6-5 可以看出第三产业发展对城市土地利用内部结构的巨大推动作用。

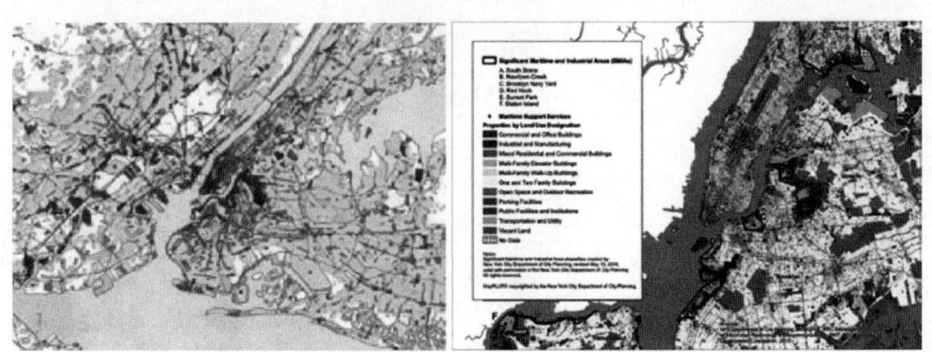

图 6-5　纽约市 1954 年与 2010 年土地利用结构比较

产业的发展推动了经济结构的改变，经济结构的改变导致土地利用类型的变更。从纽约市发展轨迹可以看出，每一次城市土地利用的大规模变更，都是产业直接或间接推动的，因此可以说，产业发展是土地利用变化的根本驱动力。

国际大都市是世界经济高度集中的控制点，金融机构和专业服务公司的主要集聚地，高新技术产业的生产和研发基地，以及产品和创新的主要市场。现代服务业又同时自发地向城市集聚，国际大都市通常被作为大多数跨国公司总部所在地的首选地，具有资本丰富、人才集聚、市场完善的优势，加上完善和发达的现代服务业体系，这使得国际大都市逐渐成为现代服务业的主要集聚地，服务业所占的比重逐年增大，成为专业化服务的供给基地[1]。

纽约市是美国第一大都市和第一大商港，它不仅是美国的金融中心，也是全球四大世界级城市之一（Globalization and World Cities Study Group and Network，简称 GaWC）。从表 6-4 可以看出，纽约市第一产业和第二产业就业人口占比很小，而服务业则维持在 65% 以上（政府管理与贸易不算在内），广义的服务业就业人口占 90.8%。纽约市核心产业主要为 FIRE（金融、保险和房地产业）、专业服务、高科技技术、媒体娱乐业和生物技术，其中专业服务和金融业是重中之重。因为证券交易所所在地的缘故，纽约专业服务业发达，超过 20 万家公司依靠财会人员、广告人员、公共关系专家、咨询专家、电信和其他方面的人员为每日交易提供服务。

1999～2009年纽约市就业结构变化表 **表6-4**

产业分类	1999 年		2009 年		2009 年与 1999 年比较	
	就业人口（万人）	所占比例（%）	就业人口（万人）	所占比例（%）	就业人口变动（万人）	比例变动（%）
农业、林业、渔业、狩猎和矿业	1.11	0.31	0.38	0.10	−0.73	−0.21
建筑	11.25	3.10	19.92	5.19	8.67	2.10
制造业	18.68	5.15	15.71	4.09	−2.97	−1.05
批发贸易	15.55	4.28	9.19	2.39	−6.36	−1.88
零售贸易	27.01	7.44	36.01	9.38	9.00	1.96
交通、仓储和公共事业	13.06	3.60	22.98	5.99	9.92	2.40
信息	17.28	4.76	14.94	3.89	−2.34	−0.86
金融、保险、不动产和租赁业	48.10	13.25	39.07	10.18	−9.03	−3.05
专业、科学、技术服务、管理、行政管理	55.29	15.23	47.50	12.38	−7.79	−2.83
教育服务、卫生保健和社会救助	60.44	16.65	101.51	26.45	41.07	9.85
艺术、娱乐、饮食服务	24.37	6.71	37.92	9.88	13.55	3.19
其他服务业（除政府管理外）	14.15	3.90	22.22	5.79	8.07	1.90
政府管理	56.70	15.62	16.47	4.29	−40.23	−11.32
合计	362.99	100.00	383.82	100.00	20.07	0.00

总体来看，纽约市服务业发达，第三产业就业人口占了将近90%，并形成了以金融和专业服务业为主体的产业形态，构成了纽约的核心产业，这也是纽约市的核心竞争力。

6.3 纽约市的特色服务业

6.3.1 金融业

金融是世界城市不可或缺的重要组成部分，金融产业是纽约的支柱产业，是纽约市的核心竞争力之一，其重要性可以通过区位熵加以衡量。区位熵又称专门化率，可以用来衡量某一区域的要素空间分布情况，反映某产业部门的专业化程度，以及某一区域在高层次区域范围中的地位和作用[2]。

从表6-5可以看出，纽约的金融业区位熵接近2，具有一定的垄断性。金融危机爆发前，全球资本额排名前10位的金融机构中，有6家的总部设在纽约，他们的并购业务、股权业务和债务融资业务收入都处于全球领先地位，除了本土的业务收入，在对欧洲、中东和非洲的业务中，

纽约市1994～2010年金融业区位熵　　表6-5

年份	金融业	金融保险	证券	银行
1994	2.38	1.04	4.13	0.72
1995	2.41	1.03	4.07	0.71
1996	2.36	1.03	3.99	0.70
1997	2.33	1.03	3.99	0.67
1998	2.29	1.03	3.96	0.64
1999	2.24	1.02	3.91	0.62
2000	2.24	1.02	3.73	0.62
2001	2.15	1.02	3.66	0.61
2002	2.05	1.00	3.77	0.61
2003	1.98	0.99	3.96	0.60
2004	1.99	0.99	4.00	0.59
2005	2.00	1.00	3.98	0.59
2006	2.02	1.00	3.96	0.59
2007	2.04	1.00	3.97	0.59
2008	2.02	1.00	3.76	0.59
2009	1.93	0.98	3.75	0.61
2010	1.91	0.97	3.75	0.61

J·P 摩根、摩根斯坦利和花旗集团的赢利也遥遥领先。2005 年美国金融业的总收入达 1090 亿美元（占全球金融业总收入的 45%），同期欧洲的金融业收入为 980 亿美元（占全球总收入的 40%）。纽约的证券业区位熵接近 4，具有很高的垄断性。纽约债务市场上最为活跃的两大业务是：杠杆贷款（leveraged lending）和证券化（securitization）[3]。纽约市场上的杠杆贷款总额占全球市场份额的 60%，收入差不多占到全球收入的 70%[4]。“证券化”发行业务总量占全球的 83%，收入占 87%。从数据上看，纽约的金融业在全球占有举足轻重的地位，对其成功的因素进行剖析，可以归纳为以下三个方面：

6.3.1.1 外部因素

1）良好的区位条件

纽约是美国最大的工商业城市和最大海港，内有广阔的腹地，外有天然的良港，是美国最大的交通枢纽，工业、财政金融和文化艺术中心。纽约作为美国最大的港口城市之一，不仅是美国东西走向交通干线的主要汇集地和出口基地，也是美国通向欧洲、南美洲和亚洲的主要港口。同时，纽约金融业以纽约都市圈为“信息腹地”，大大降低了信息获得、加工的成本以及信息的不对称性，产生信息的集聚效应（信息流），使得纽约发展成为国际性的金融中心 [5]。

2）庞大的美国实体经济

金融发展是实体经济增长的自然结果。一方面，实体经济的发展为金融业的强大提供了丰富的资源，而受经济发展程度决定的收入水平则直接影响居民对金融的需求。另一方面，实体经济的规模、增长速度以及潜力往往会对跨国企业总部选址决定产生重大影响 [6]。外国银行在进行其分支机构选址的时候，往往又会依循跨国公司的总部选址决定，从而会影响国际资本的流向。20 世纪下半叶至今，美国经济实力长期位居全球第一，1940 ~ 2006 年期间，美国 GDP 翻了 10 倍左右，强大的经济实力保障了纽约国际金融中心的地位。

3）稳定的货币政策和政治环境

国际金融中心必然需要大量的国际资本流动。从微观的角度而言，货币环境影响微观经济主体的信心，以及微观经济主体对社会和经济前景的预期，从而影响其经济决策。资本的安全性、流动性和趋利性特征要求货币具有可兑换性和非贬值预期，因此，国际金融中心所在国货币必然要求是国际货币，并且汇率相对稳定。1944 ~ 1971 年建立的布雷顿森林体系，为美国提供了稳定的货币环境，并且使美元代替英镑成为新的国际货币，为美国金融业的发展提供了有利的货币条件。

6.3.1.2 历史因素

早期的纽约作为庞大的贸易体系中枢，贸易的迅速发展带动了当时与之密切关联的金融业的发展。独立战争期间，华尔街成为美国为战争融资的重要场所。1792 年，21 位经纪商在华尔街签署了《梧桐树协议》(Buttonwood Agreement)，开设了股票交易所，并创造了证券交易佣金制度。但当时美国的金融中心是费城，除了费城，芝加哥等也是纽约的竞争对手，后来的南北战争成就了纽约，因为华尔街为北方政府提供资金支持，并最终取得了战争胜利，纽约也因此超越费城，不仅成为美国最重要的金融中心，而且一跃成为世界第二大证券市场。

第一次世界大战期间，美国作为中立国，其经济不仅未受战争的影响，而且得到了迅速的发展。与此同时，美国联邦储备体系的建立和金本位制的恢复，美元成为国际贸易和清算的重要手段，这使得纽约迅速发展为国际金融中心。第二次世界大战之后，在经济和政治利益的驱动下，纽约的贸易和金融活动日益繁荣，美国扩张资本输出。美元也通过布雷顿森林体系彻底击败英镑，纽约超越了伦敦从而成为世界第一大金融中心。

6.3.1.3 内在因素

金融活动可以分为如下四个层级：处于城市等级体系顶端的金融活动，包括国际证券资产服务、衍生品交易、国际商品交易、国际股票债券业务和国际保险业务；第二层级的城市集中了以下的金融活动：国内有价证券服务、外汇交易、国内公司融资业务、国内股票债券业务和国内保险业务；第三级的城市金融活动包括：地区有价证券服务、外汇交易中介服务、国债业务、地区公司融资业务和地区保险业务；最末端的金融活动又包括：外汇交易代理、保险批量业务、地区股票债券业务的二级代理、股票债券结算和其他辅助活动。如何高效运转好这个庞大的系统是一个复杂的问题，简单来说，就是要增加金融产品的流动性和信息交流的效率。

金融产品具有流动性特征，增加金融产品流动性主要是：降低金融产品的交易成本，从而增加效率；而从信息流金融中心理论角度分析，金融业可以看做是“高增值”的信息服务行业，其发展和形成是建立在信息交流上的。以上述两点为基础，我们可以发现纽约金融业的内在优势主要有：

1）金融创新能力强

纽约金融机构以其超强的创新能力闻名于世。国际金融市场上，绝大部分的资产工具和金融衍生品都是美国创造出来的，包括汇率交易基金产品、债权衍生品、股权衍生品、信用衍生品，以及最新推出的二氧化碳额度的买卖等。除产品创新外，各种交易方式的创新同样源自美国。金融产品的创新，降低了交易成本，进而提高交易的效率。

2）生产性服务业高度集聚

纽约市具有数量众多的金融机构、金融专业人才和完善的金融市场结构（包括资本市场、货币市场、保险市场、票据市场、期货市场等）、高效的金融服务等。生产者服务业在地域上的集中，有关市场的、技术的以及其他与竞争有关的各种知识与信息也会在区域内大量集聚，使得信息更容易获得；在区域内，每一企业都将资源集中于自身最擅长的某一产品或服务上，扩大了运营规模，服务的提供者可以共享基础设施，企业区域临近，容易建立相互依赖的关系，降低交易成本；同行业的企业集聚在一起，到一定规模后，内部专业化程度会增强，为专业化人才提供了更多的选择机会，进而引致人才向该区域流动，企业扩大生产规模时，就在当地招募优秀人才，节约了搜寻成本。

上述因素促成了纽约金融业的成功，而纽约金融业的成功奠定了纽约国际大都市的地位。同时正是以金融业为核心的生产性服务业的大力发展，改变了纽约后工业化时代的土地布局结构。

6.3.2 创意产业

纽约市在2009年最新发布的创意产业报告中，首次定义了“创意核心产业部门”，即创意内容在产业产出的文化和经济价值中居于中心地位的部门，包括创意过程中各阶段（产品理念的产生、产品产出及产品的最初展示）涉及的企业与个人。基于这一定义，并结合美国国家统计局的NAICS产业代码，确定了纽约“创意核心产业部门”的九大产业：广告、电影和电视、广播、出版、建筑、设计、音乐、视觉艺术、表演艺术[7]。

纽约是美国的创意产业中心。全美约8.3%的创意产业部门员工集中在纽约。截至2002年，纽约市创意产业部门就业总人数约为30.9万人，约占纽约下属五个行政区总就业人口的8.1%以上[8]。纽约苏荷区是最早的艺术家集聚区，“苏荷”（SOHO）也因此成为早期创意产业的代名词。它创造了“艺术家+旧厂房”的模式，为创意产业的萌芽提供了特殊的环境和条件。纽约的出版业占了全美的70%，还有世界顶级的博物馆和百老汇。目前，纽约从城市未来发展的角度，提出了“高度的融合力、卓越的创造力、强大的竞争力、非凡的应变力”的城市精神。

纽约创意产业的发展，同城市的产业基础直接相关。首先，现代消费的一个主要方面是文化消费，因而经济中心城市都毫无例外地集聚着大量的文化生产部门，是文化产业的集聚地；其次，经济中心城市的第三产业中的现代服务业如知识产权保护、金融、保险、通信、技术服务、教育等十分发达；第三，经济中心城市国际化特征主要表现在新移民是城市人口的重要组成部分。新移民来自世界各地，大都受过良好教育，同时具有多元文化的背景，这使多种文化在密切交流中产生新的文化创意有了条件；

第四，新技术特别是数字技术首先在经济中心城市普及应用[9]。这些因素既是城市复兴计划的起点，也是创意产业发展的基础，因而也构成了创意产业发展的地理特征。纽约创意产业集聚区主要有SOHO文化创意产业集聚区、“百老汇”文化创意产业集聚区[10]。

1）纽约市SOHO文化创意产业集聚区

SOHO是英语单词SOUTH OF HOUSTON的缩写，指的是处于纽约下城休斯敦（HOUSTON）街南，具体包括纽约下西城，南起卡纳尔街（CANAL STREET），北止休斯敦街，西起西部快速路，东到莫特街（MOTT STREET），从沙利文（SULLIVAN）到拉斐特（LAFAYETTE STREET），北邻格林尼治村，南邻翠贝卡，以百老汇大道为中心，以古老的铸铁建筑和鹅卵石铺就的街道为特色，包括大大小小共计84条街区。纽约市城市规划局规划的59个区中，SOHO并不是一个独立的社区，而是与西村、格林尼治村以及小意大利合在一起成为曼哈顿岛的第二区，全区人口9.3万余人，占整个纽约人口的1%，有住房5.6万单元，住户5.2万户，一半以上为单身住户，住户中近一半为25～44岁之间的年轻人。该区的白人、亚裔人口数，受教育程度和人均收入均高于纽约整体水平。

SOHO的独特之处在于，它不是纽约第五大道那样高楼耸立、名店云集，以高品质、高价位闻名于世的商业区；不是以音乐剧著称的百老汇和时报广场区；不是左右世界金融命脉的金融区；也不是大把赞助在握、高高在上的博物馆区。它是商业和艺术充分融合的区域，是富有个性的、有着深刻文化内涵的商业区，是时尚的代名词。SOHO从破败的工业区成为艺术园区的文化基础，是由其与城市中心疏而不离的关系所决定的。艺术和艺术家的流动像流水一样，有其自然的规律。对于大部分贫穷、孤单、自由的艺术家而言，他们驻足的地方需要宽松的文化氛围、自由流动而又方便相互交流的环境，廉价而又宽敞的空间。SOHO从艺术园区转为商业区的经济基础，在于其艺术品牌的商业价值。20世纪70年代初，纽约作为集世界金融、商业、旅游、娱乐为一体的“世界之都”所具有的吸引力，使得SOHO本身已经发展成为艺术的圣坛，是所有艺术家向往的地方，是所有崇尚艺术的时尚人物所追逐的地方，在艺术领域它已经具有了全球知名度。这种由艺术凝成的品牌所具有的巨大商业潜力，像磁铁一样吸引着全球的商业资本。SOHO成为独特的时尚园区的条件，还在于它被高度发达的商业文明占领的同时，坚守和发展了独特的艺术特性。对于SOHO区艺术和商业的成功结合，政府法规、民间团体、社区民众和商家都起着缺一不可的作用。

2）纽约市“百老汇”文化创意产业集聚区

纽约的“百老汇”属于表演艺术产业中比较传统的一种。百余年来，百老汇虽因各种原因几经盛衰，但还是逐渐形成了自己的运作模式。主要有以下几个特点：首先，作为表演艺术中心，百老汇的剧院和演出在集聚的过程中，形成不同的层次：由百老汇剧院（Broadway）、外百老汇剧院（Off-Broadway）、环外百老汇剧院（Off-off-Broadway）和其他类型的剧院组成。百老汇剧院是核心，外百老汇、环外百老汇作为中心百老汇剧院的外围，为培育新戏的创作和艺术表演人才，提高美国戏剧的水平等方面起了很大作用，同时又满足了不同人群的多元需求；其次，百老汇的模式是美国艺术演出产业和市场运作的缩影。除了演出场所的经营商外，运营中还有两个重要的组成部分，即演出内容制作商和演出经纪商。这样的联合运作使得百老汇的演出精彩纷呈；再次，新剧创作和延伸开发是百老汇在新影视、新媒体快速发展的新时期的创举，也是保持戏剧演出的根本措施。

由于近几年的金融危机，以及突发事件影响，纽约金融业受到一定的打击，伴随着纽伦港概念的提出，使得纽约市在其发展思路上有所转变，即逐步减少金融业的发展力度，加快其他生产性服务业尤其是创意产业的发展。同时由于创意人才的聚集，其对创意环境的要求势必会进一步影响纽约市土地利用结构的变化。

6.4 启示与建议

6.4.1 注重服务业经济在城市内部的集聚与优化

城市土地利用结构变更的根本动力是产业的发展。在工业化时代，是以制造业为主的第二产业主导，制造业由于占地量庞大，迅速拉大城市的基本框架，并带动交通用地大力发展。在后工业化时代，以第三产业为主导，此时城市的面积基本维持不变，交通用地相对下降，城市框架已基本形成，城市主要通过第三产业的发展对内部结构进行改良，而第三产业的发展又是以主导产业的集聚而带动的。目前上海已经在加快形成以服务业经济为主的产业结构，因此应该注重对城市内部集约化的改造，改变以前通过扩大城市规模求发展的思路，通过主导产业在城市内部的集聚，带动区域的内部发展；通过商业在城市内部的细分化，带动区域内部的优化，从而达到以用地结构优化为基础改良产业结构的目标[11]。

6.4.2 注重城市人居环境质量的提升

纽约市是服务业经济比较发达的城市。在服务业中，又以金融业和创意产业为主导产业，这两个产业都是高附加值的知识密集型服务业，对人才的依赖程度很大，而适宜的人居环境是吸引高端人才的一个重要因素。

纽约市2010年的休憩娱乐用地占总面积的27.0%，高端住宅即独立式或连排式住宅用地占总面积的27.4%，人均休憩娱乐用地2010年比2006年增长了4.61%，为同期各项用地中增长最快的用地类型。上海要实现国际金融中心和创意产业之都的梦想，就必须认真借鉴纽约的成功经验，适度增加休憩娱乐用地的比重，改善和提升人居环境质量，以便增强对高端人才的吸引力，促进知识密集型服务业的发展。虽然近几年上海在绿化和公共用地上投入较多，但与国际大都市相比差距还很大。

6.4.3 注重城市服务业用地的深层次综合开发利用

纽约在其城市建设中，注重混合使用，不仅形成了办公住宅商业的综合体，还形成了交通用地综合开发（TOD模式），以及以南大街海港为代表的文化综合体，实现了功能的延伸，充分高效利用空间，从而实现对土地合理有效的使用，同时缓解了城市的交通压力，增强了城市的宜居性和通达性。这种深层次开发利用模式，应该为建设用地日趋紧张的上海所借鉴。

本章参考文献

[1] 丝奇雅．沙森．全球城市[M]．上海：上海社会科学院出版社，2001．

[2] 陆军等．世界城市研究[M]．北京：中国社会科学出版社，2011．

[3] 李宝峰．美国建设国际金融中心的经验借鉴及其启示[J]．商业时代，2011（6）：82-83．

[4] 张蓉．金融创新与国际金融中心城市发展研究[J]．河南大学学报（社会科学版），2011，51（2）：43-49．

[5] 陈祖华．金融中心形成的区位、集聚与制度探析[J]．学术交流，2010（5）：76-79．

[6] 胡星．金融聚集与区域金融中心的形成[J]．金融理论与实践，2009（10）：62-65．

[7] 宋冬英．创意产业研究综述[J]．重庆工商大学学报（西部论坛），2006，16（5）：57-60，67．

[8] 厉无畏．迈向创意城市[J]．理论前沿，2009（4）：5-7．

[9] 汤培源，顾朝林．创意城市综述[J]．城市规划学刊，2007（3）：14-19．

[10] 王晖．北京市与纽约市文化创意产业集聚区比较研究[J]．北京社会科学，2010(6)：32-37．

[11] 石忆邵．创意城市、创新型城市与创新型区域[J]．同济大学学报（社会科学版），2008，19（2）：20-25．

第7章
洛杉矶服务业用地规模与结构变化分析

洛杉矶（Los Angeles）原为印第安人的牧区村落，1781年成为西班牙殖民地，1818年美国人首次到此，1821年归属墨西哥，1846年美、墨战争后割让给美国，成为美国领土，也称为“天使之城”，洛杉矶是由西班牙语音译而来。现在的洛杉矶，已成为美国石油化工、海洋、航天工业和电子业的最大基地，科学家和工程技术人员的数量位居全美第一，享有“科技之城”的称号，而且近年来，金融业和商业也迅速发展，已成为美国仅次于纽约的金融中心。洛杉矶在地理上有三个不同概念，依据不同空间范围可界定为：洛杉矶市、洛杉矶县和洛杉矶大都市区（图7-1，表7-1）。

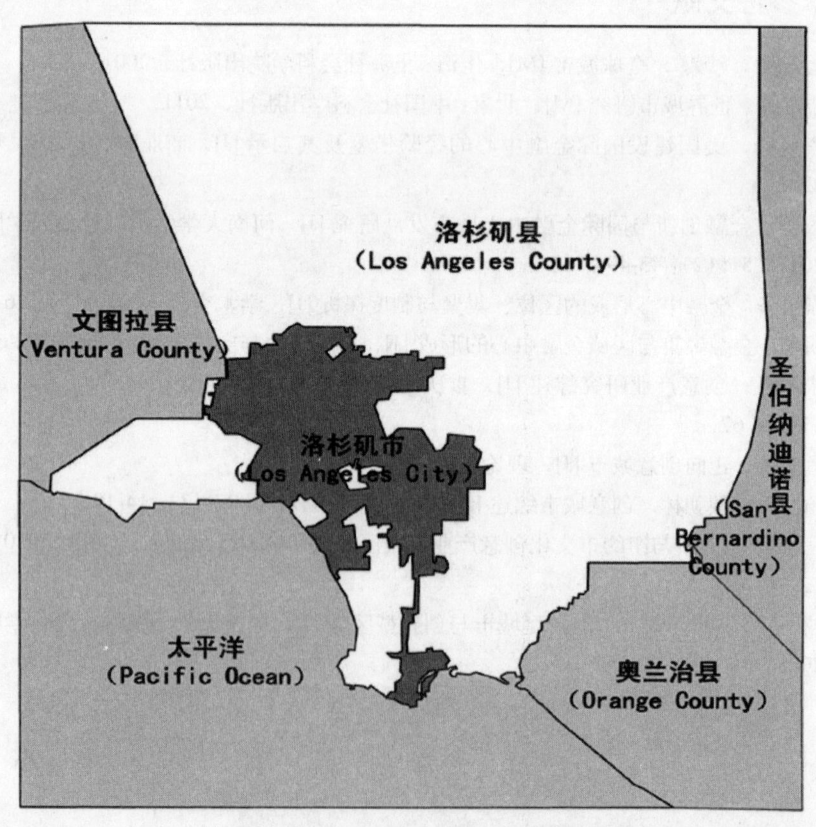

图7-1　洛杉矶大都市区县市分布图

洛杉矶市（Los Angeles City，以下简称洛杉矶）坐落在美国加利福尼亚州南部，北枕圣加布里尔山脉，东南靠圣安娜山脉，西濒太平洋。按照人口排名，洛杉矶是加利福尼亚州的第一大城市，也是仅次于纽约市的美国第二大城市。全市总面积 1290.6km^2，其中陆地面积 1214.9 km^2，占总面积的 94.13%；水域面积 75.7 km^2，占总面积的 5.87%。洛杉矶是全世界的文化、科学、技术、国际贸易和高等教育中心之一，拥有世界知名的各种专业与文化领域的机构，也是美国重要的航空、娱乐、金融、制造和交通中心。该市在大众娱乐——诸如电影、电视、音乐方面享有盛誉，其中闻名世界的好莱坞就位于该市[1]。

洛杉矶的空间范围界定 **表7-1**

名　称	人口（万人）	面积（km^2）	备　注
洛杉矶市 （Los Angeles City）	383.1	1290.6	
洛杉矶县 （Los Angeles County）	9848.0	10567	由 88 个大小城镇组成
洛杉矶大都市区 （Los Angeles Metropolitan area）	17786.4	12561.4	由包括洛杉矶县在内的五个县组成

注：人口为 2009 年数据。

洛杉矶县（Los Angeles County）是美国最大的县，面积约 10567 km^2，根据美国人口调查局 2009 年数据，人口约为 9848.0 万人。县内有 88 个市，县内城市自治程度各不相同，有 37 个市和县协议由县提供全部市政服务，另有 65% 的地区没有成立市镇等自治体，这些区域的市政服务由县提供。

洛杉矶大都市区（Los Angeles Metropolitan area）包括洛杉矶县（Los Angeles County）、奥兰治县（Orange County）、文图拉县（Ventura County）、里弗赛德县（Riverside County）以及圣伯纳迪诺县（San Bernardino County）5 个县，下属 157 个市，是仅次于纽约的全美第二大都市区，也是美国近年来人口增长最快的区域，根据美国人口调查局 2009 年数据，人口约为 17786.4 万人，面积约为 12561.4 km^2，而且其都市区影响范围仍在不断扩大。

本章主要针对洛杉矶市的服务业及其用地进行分析。洛杉矶市面积为 1290.6 km^2，分为北瓦利（North Valley）、南瓦利（South Valley）、西洛杉矶（West Los Angeles）、东洛杉矶（East Los Angeles）、南洛杉矶（South Los Angeles）、洛杉矶中心（Central Los Angeles）及哈伯斯（Harbor）地区（图

7-2)，约占洛杉矶县的 12.2%，人口占 3.9% 左右；而在整个洛杉矶大都市区，面积约占 10.3% 左右，人口占到了 2.2%。

洛杉矶市的城市特征为多中心、低密度，拥有水平方向的城市空间结构，城市发展在地域上高度分散。相对于美国第一大都市纽约市来说，其人口密度、就业密度、地均产值、人均产值都比纽约市低，但面积却比纽约市大，反映出洛杉矶是在空间上是低密度的大都市。

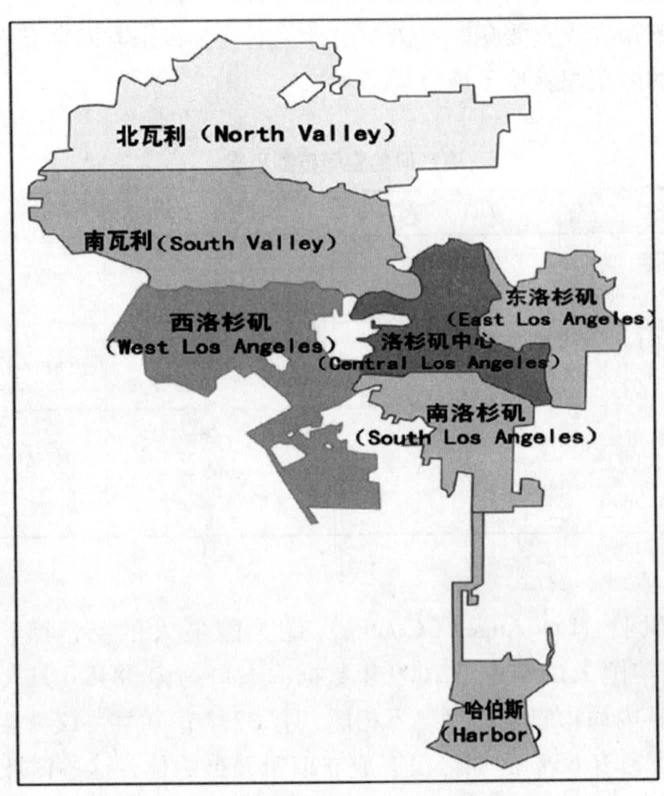

图 7-2 洛杉矶市行政区划图

资料来源：http：//cityplanning.lacity.org/

洛杉矶市与纽约市各项指标比较 表7-2

	洛杉矶市	纽约市	纽约市 / 洛杉矶市
人口（万人）	383.1	827	2.16
面积（km^2）	1290.6	829	0.64
人口密度（人 /km^2）	2969	9979	3.36
就业密度（人 /km^2）	1395	2887	2.07
地均产值（万美元 / km^2）	13599	53100	3.90
人均产值（美元 / 人）	45813	53209	1.16

资料来源：U.S. Census Bureau.

7.1 洛杉矶市服务业用地规模和结构变化分析

7.1.1 洛杉矶市服务业发展概况

20 世纪初，洛杉矶完成工业化，步入以服务业为主的现代化进程。金融业、物流业、旅游业、娱乐业等逐步成为城市的支柱产业。第二次世界大战后，美国的产业结构出现了深刻的变化，服务业获得长足发展，成为推动经济发展的主导产业。这一趋势在洛杉矶的发展中得到了集中体现。

20 世纪 60 年代，洛杉矶市中心区就开始了以服务业为导向的产业结构调整，洛杉矶服务业呈现出良好的发展态势，其增长率远远超过其他产业部门。

到 20 世纪 70 年代，洛杉矶就逐渐成为国际金融和服务中心。1972 ~ 1984 年间，洛杉矶服务业就业增长了 63.5%，高级办公楼增加了 3 000 万平方英尺以上，增长率达 50%。洛杉矶中心商业区内高级办公区在空间上占到了 1/3 以上，这里有 13 个大公司总部（包括联邦石油、第一洲际银行、太平洋保险、克罗克银行和科德维尔银行等）。与此同时，服务业对城市经济的贡献率也在不断增加，1970 ~ 1990 年间，洛杉矶服务业产生的收入增加了 2.1 倍。这种增长遍及商业、旅游、娱乐、法律、建筑和会计等服务业以及私人服务部门。1990 年洛杉矶服务业就业比例已达 69%。

到 2004 年全球 500 强有 22 家总部位于该地区，分布在各个行业，其中批发、零售业仅次于纽约和芝加哥，而且在服务业的兴起中，培育出世界第一影城——好莱坞[2、3]。

目前，洛杉矶已成为仅次于纽约的全美第二大金融中心，36 家美国银行、108 家外国银行及许多著名的国际大财团在此设有机构。洛杉矶还有来自 76 个国家和地区的领事机构，33 个国家和地区的贸易代表办公室，35 个外国商会组织。

7.1.2 洛杉矶市服务业用地规模及其变化特征

1）办公用地（用房）面积持续增加

1990 年，洛杉矶市有办公用地面积 14.94km^2，低于工业用地和零售业用地；而在 2000 ~ 2009 年期间，新建办公房屋面积持续增加，总量达到 206.5 万 m^2，年均增量达到 20.6 万 m^2。其中，在 2000 ~ 2003 年呈减缓增加趋势，之后又加快增加，在 2007 年达到年新增面积最大值 28.9 万 m^2；2004 ~ 2009 年，新建办公房屋面积近 126 万 m^2，而净增加量达到 133.9

万 m^2，净增加量比新建量大，表明存在其他建筑面积转换为办公用房，而且净增加量也呈现先减小后增大的变化趋势，相对于工业用地和零售业用地，其增加量最大（表 7-3 ~表 7-5，图 7-3、图 7-4）。

1990年洛杉矶市部分产业建筑用地情况　　表7-3

类 型	办公用地（km^2）	占比（%）	工业用地（km^2）	占比（%）	零售用地（km^2）	占比（%）
1990 年	14.94	25.1	27.87	46.8	16.75	28.1

资料来源：City of Los Angeles Citywide General Plan Framework Final Environmental Impact Report.

洛杉矶市2000～2009年每年新建房屋面积情况　　表7-4

类型	2000 年	2001 年	2002 年	2003 年	2004 年
办公用地（万 m^2）	28.7	21.3	20.1	10.4	11.8
工业用地（万 m^2）	23.9	25.4	9.9	16.3	5.8
零售用地（万 m^2）	28.7	17.2	12.5	11.0	14.5
类型	2005 年	2006 年	2007 年	2008 年	2009 年
办公用地（万 m^2）	20.3	18.3	28.9	22.9	23.7
工业用地（万 m^2）	8.6	5.6	8.2	6.8	1.5
零售用地（万 m^2）	19.6	13.9	16.9	26.2	10.7

注：①办公用地：商业、公共管理和医疗办公房屋面积以及相关面积。②工业用地：工厂、仓储和公共事业房屋面积。③零售用地：娱乐、加油站、旅馆、餐厅、超市和电影院房屋面积。

资料来源：http://cityplanning.lacity.org

洛杉矶市2004～2009年每年房屋面积净增量　　表7-5

类型	2004 年	2005 年	2006 年	2007 年	2008 年	2009 年
办公用地（万 m^2）	21.0	16.2	9.2	39.9	27.4	20.1
工业用地（万 m^2）	5.7	7.2	-3.3	4.7	-1.9	-5.1
零售用地（万 m^2）	25.8	28.7	13.9	17.2	25.6	9.9

资料来源：http://cityplanning.lacity.org

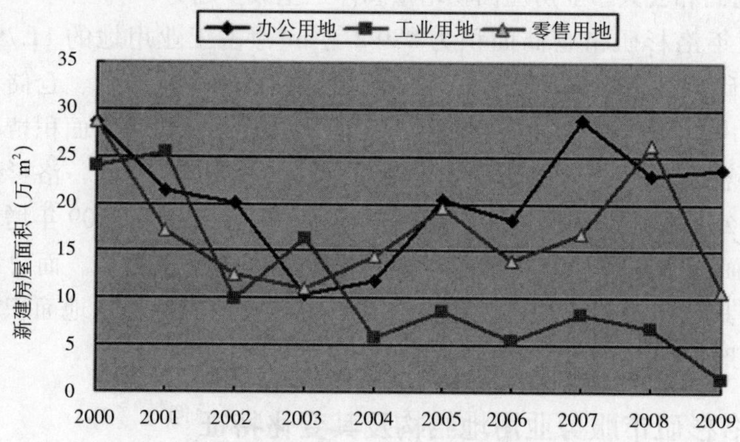

图 7-3　2000 ~ 2009 年新建房屋面积变化

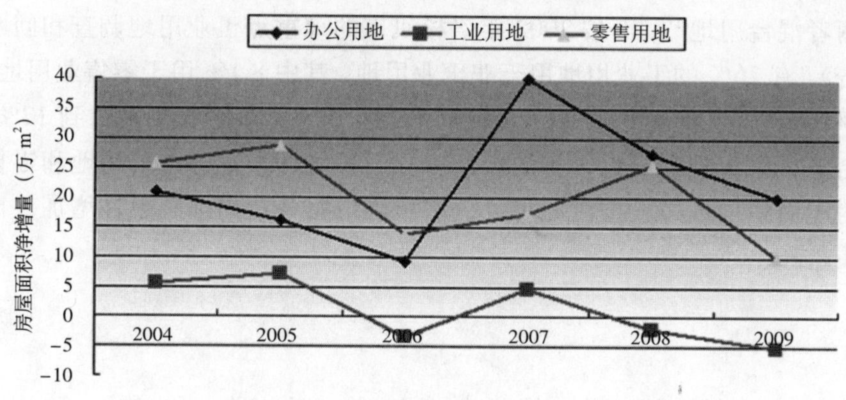

图 7-4　2004 ~ 2009 年每年房屋面积净增量

2）零售业用地（用房）新建面积呈波浪式增长趋势

1990 年，洛杉矶市商业用地面积为 31.7km^2，占城市面积的 4.5%，而零售业用地面积达到 16.75 km^2[4]；2000 ~ 2009 年期间，按洛杉矶市规划局统计，零售业用地（用房）主要包括娱乐、加油站、旅馆、餐厅、超市和电影院房屋面积，其每年新建房屋面积均大于 10 万 m^2，2003 年和 2006 年分别是这一时期波浪的低点，整体呈波浪式增加趋势，总体增加态势略低于办公用地；在 2004 ~ 2009 年间，新建房屋面积总量为 171.3 万 m^2，而实际净增加量为 121.1 万 m^2，说明在新建增加同时有近 50.2 万 m^2 的零售业用地转换为其他用地。

3）仓储和公共事业房屋面积增量总体上呈减少趋势

2002 年洛杉矶市仓储面积为 889.2 万 m^2，占工业用地的 11.7%[5]。根据洛杉矶市城市规划局统计，工业新建房屋面积包括工厂、仓储和公共事业，由于缺乏具体的分类数据，这里采用整体新建房屋面积情况来说明仓储和公共事业房屋面积变化情况。2000 ~ 2009 年间，洛杉矶市的仓储和公共事业新建房屋面积增量逐年减少（图 7-3），2009 年增量面积最小；而在 2004 ~ 2009 年间，其净增量有 3 年呈负增长，而总净增量远小于其新建房屋面积，表明在这 6 年中有大量的原有用地面积转化为其他用地类型。

7.1.3 洛杉矶市服务业用地结构及其变化特征 [6]

1）服务业用地比重趋升

如图 7-5 所示，近 15 年来，洛杉矶市的商业用地和工业用地分别增加了 0.5% 和 1.3%，其中商业用地主要表现为办公用地和零售业用地以及两者混合用地 [7]；而按 2002 年洛杉矶市的《重点工业用地调查和问题报告》，有 26% 的工业用地用于非工业用地，其中 8.1% 用于零售业用地，3.2% 用于其他商业用地，而在 74% 中工业用地中，仓储用地占到 12%。结合洛杉矶市规划局近十年的新建房屋面积统计数据，办公用地和零售业房屋面积增加较大。由此可见，洛杉矶市服务业用地总量在增加，比重在趋升。

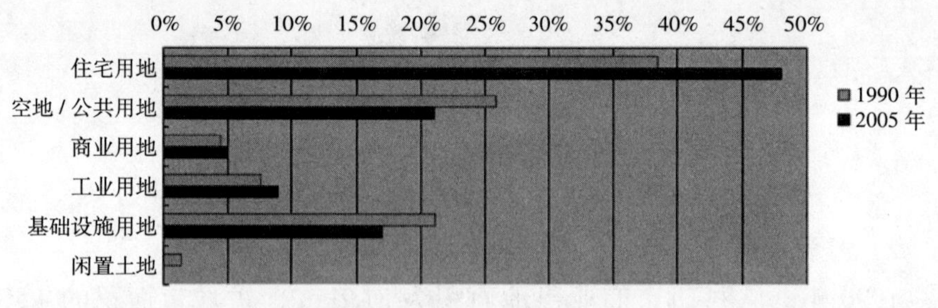

图 7-5　洛杉矶市土地利用结构分配

2）住宅用地所占比重最大，且增长最快

如图 7-5 所示，1990 ~ 2005 年间，洛杉矶市的住宅用地所占比重一直居于首位，2005 年约占全市建设用地的 48%；且净增量也最大，15 年间上升了近 10 个百分点。

3）办公和零售业新增房屋面积主要集中在市中心区域

如表7-6、表7-7所示，洛杉矶中心零售业净增房屋面积达到68.9万m^2，占到近6年增加总量的56.9%；而在哈伯斯区，每年增量很小，甚至出现负增长；办公净增房屋面积主要集中在西洛杉矶和洛杉矶中心，净增量占比达到近58%，其中西洛杉矶增量最大，而南洛杉矶增量最小。总体来看，办公和零售业用地增加在空间上主要分布于洛杉矶市中心区域，同时偏离中心区域的北瓦利、南瓦利也有一定比例的增加。

2004～2009年洛杉矶市零售业用房净增面积区域分布　　表7-6

区域	2004年（万m^2）	2005年（万m^2）	2006年（万m^2）	2007年（万m^2）	2008年（万m^2）	2009年（万m^2）	合计（万m^2）	占比（%）
洛杉矶中心	4.0	12.1	13.2	10.5	18.5	10.5	68.8	56.9
东洛杉矶	0.8	2.2	0.2	0.8	0.4	0.1	4.5	3.7
南洛杉矶	3.6	2.3	0.1	0.7	1.6	-2.3	6.0	5.0
北瓦利	3.5	2.3	1.1	2.2	1.3	2.2	12.6	10.4
南瓦利	3.4	7.9	0.8	1.1	0.8	-0.1	13.9	11.4
西洛杉矶	10.7	2.2	-1.7	1.4	3.0	-0.5	15.1	12.4
哈伯斯	-0.1	-0.3	0.1	0.5	0.0	0.0	0.2	0.3
合计	25.9	28.7	13.8	17.2	25.6	9.9	121.1	100

资料来源：http://cityplanning.lacity.org

2004～2009年洛杉矶市办公用房净增面积区域分布　　表7-7

区域	2004年（万m^2）	2005年（万m^2）	2006年（万m^2）	2007年（万m^2）	2008年（万m^2）	2009年（万m^2）	合计（万m^2）	占比（%）
洛杉矶中心	0.5	-8.8	2.5	24.1	9.9	5.7	33.9	25.3
东洛杉矶	0.7	1.1	1.1	2.2	2.7	0.1	7.9	6.0
南洛杉矶	0.2	0.9	-0.1	1.2	-0.3	-0.2	1.7	1.3
北瓦利	5.3	7.3	5.0	2.4	2.0	1.6	23.6	17.7
南瓦利	3.4	2.4	1.5	4.4	2.1	0.1	13.9	10.4
西洛杉矶	10.2	5.7	-0.3	5.4	10.1	12.5	43.6	32.7
哈伯斯	0.7	7.7	-0.5	0.1	0.7	0.3	9.0	6.6
合计	21.0	16.3	9.2	39.8	27.2	20.1	133.6	100

资料来源：http://cityplanning.lacity.org

7.2　洛杉矶市服务业发展与用地价值差异

7.2.1　洛杉矶市服务业总量变化情况

据 1997 ~ 2007 年洛杉矶经济统计数据（表 7-8、表 7-9），服务业中批发贸易产值变化不大，除此之外的其他服务业产值都呈现增大趋势，而且都比前期增长较大。教育服务和医疗及社会救助在 1997 ~ 2002 年期

1997～2007年洛杉矶市制造业和服务业产值变化情况　　表7-8

	1997 年（万美元）	2002 年（万美元）	增长（%）	2007 年（万美元）	增长（%）
制造业	2737816	2849078	4.1	4180556	46.7
服务业	6722749	9799230	45.8	13370564	36.4

注：批发贸易未参与计算。

资料来源：U.S. Census Bureau.

1997～2007年洛杉矶市服务业产值与结构变化情况　　表7-9

	1997 年(万美元)	占比（%）	2002 年	增长（%）	占比（%）	2007 年	增长（%）	占比（%）
批发贸易	4960933	—	4901913	-1.2	—	N		—
零售贸易	2293276	34.1	3019665	31.7	30.8	3667280	21.5	27.4
房地产及房屋租赁	738218	11.0	998450	35.3	10.2	1374231	37.6	10.3
专业和科技服务	1453989	21.6	1877183	29.1	19.2	2745705	46.3	20.5
行政管理	455540	6.8	552560	21.3	5.6	769608	39.3	5.8
教育服务	31127	0.5	55950	79.7	0.6	83813	49.8	0.6
艺术、娱乐及休闲	453075	6.7	607281	34.0	6.2	917395	51.1	6.9
住宿及饮食服务	452669	6.7	559206	23.5	5.7	827179	47.9	6.2
其他服务	239738	3.6	453279	89.1	4.6	692768	52.8	5.2
总计	11683682	100	14701143		100	13370564		100

注：N 为数据缺失；“—”批发贸易未参与计算。

资料来源：U.S. Census Bureau.

间增幅均大于50%，医疗及社会救助服务产值更是达到了176.9%的增幅，为同期增幅最大；2002～2007年期间增幅放缓但仍保持强劲增长势头；在这十年内，专业和科学技术服务、行政管理、艺术、娱乐及休闲、住宿及饮食服务业在近五年比前期增幅加大；在这期间服务业产值呈较快增长，在1997～2002年间增长达到45.8%，远远大于制造业的增长；而在2002～2007年间，服务业和制造业都增长较快，分别增长44.1%和36.4%。服务业总产值（不包括批发贸易）由1997年的6722749万美元增加到2007年的13370564万美元，总产值翻了近一倍；服务业在整个产业中占重要份额，为洛杉矶市经济发展作出重要的贡献。

7.2.2 洛杉矶市服务业结构变化状况

经过近半个世纪的产业转型，洛杉矶市形成了门类齐全的服务业体系，其中批发贸易、零售贸易、专业和科技服务、医疗及社会救助、房地产及房屋租赁在整个服务业中占有重要的比例。此外，艺术、娱乐及休闲与住宿及饮食服务也具有一定的竞争优势。从1997～2007年服务业统计数据看，除零售贸易在服务业中的产值比重有所减小和医疗及社会救助服务比重增大之外，其他服务业产值比重变化不大，变化幅度均保持在1%范围内。

7.2.3 服务业用地与制造业用地的价值差异

如表7-10所示[8]，洛杉矶市服务业土地价值评估都比工业土地价值高，其中电影及电视产品土地价值为最高，达到136.5万美元/英亩，其次是商业、零售业、仓储业，而住宅、轻工业及重工业相对偏低，这表明洛杉矶市服务业单位土地创造的经济效益相比其他行业要高，体现出城市服务业土地产值高效率的特征，这也促进了大都市服务业的发展。

洛杉矶不同产业土地价值 表7-10

轻工业（美元/英亩）	重工业（美元/英亩）	住宅（美元/英亩）	仓储（美元/英亩）	食品加工（美元/英亩）	电影及电视（美元/英亩）	零售（美元/英亩）	商业（美元/英亩）	其他工业（美元/英亩）
439558	387536	397746	565769	437977	1364663	851821	1034281	191512

数据来源：Phase 1 Report: Key Industrial Land Use Findings and Issues.

7.3 洛杉矶市服务业用地变化的影响因素分析

7.3.1 产业转型和升级促使商务和办公用地规模持续增长

从20世纪60年代开始，洛杉矶从一个高度专业化的工业中心（即主要集中在航空制造业）向一个更加多样化、有限工业化和金融大都市区转变。20世纪60年代末，欧洲、日本经济复苏，美国的世界经济中心地位受到了削弱，随之而来的70年代的“石油危机”，使美国经济出现了衰退，制造业首当其冲，洛杉矶也不例外，但洛杉矶较早地完成了产业结构调整，服务业呈现出良好的发展态势，其增长率远远超过其他产业部门。随着太平洋沿岸经济进入繁荣期，太平洋国家取代欧洲成为美国最大的贸易伙伴，洛杉矶在高科技产业支持下，抓住了服务业发展的机遇，金融业、信息服务、企业管理、专业技术服务等生产性服务业迅猛发展，成为仅次于纽约的第二大服务业中心，生产性服务业成为城市经济的重要支柱。进入20世纪80年代以后，洛杉矶的金融业超过旧金山成为西海岸最重要的金融中心。到2006年，其金融业产值达533亿美元，赶超芝加哥，成为美国仅次于纽约的第二大金融中心。在洛杉矶市区，成为了娱乐产业（如影视节目、流行音乐）和服务行业（如金融、保险、房地产等）的中心。1970～1990年间，洛杉矶服务业就业创造的收入增加了2.1倍，与制造业的收入增长几乎同步。洛杉矶中心商业区成为一个有全球经济影响的商业区。金融、会计、保险公司、饭店和大量娱乐场所坐落在这里。洛杉矶市无论是生产性服务业还是娱乐业，其繁荣发展必然增加对商务和办公用地的需求。

7.3.2 就业人口规模及择业倾向也是服务业用地的驱动因素

“人”是城市发展中最根本、最持久的推动力。洛杉矶市人口总量的快速增加使其不断扩大用地需求，周边地区不断并入到洛杉矶，用地面积急剧增加。而人口的增加带来的是就业人口规模的增大，随之而来的是产业用地需求的不断增加。

从1985年起，经济全球化加大了人口向世界级城市迁入的速度和数量。据统计，洛杉矶市人口从1910年的31.9万人增加到2009年的383.2万人，人口总量增加了近12倍（图7-6）。1997～2007年服务业从业人员呈现增加趋势（表7-11），由1997年的71.2万人增加到2007年的97.8万人，其中2007年服务业从业人员未记录批发贸易业从业人员，如按前期从业人员估算，2007年服务业从业人员应超过100万人，10年期间服务业从业人员增加应超过30万人。从服务业就业人口分布来看，信息、

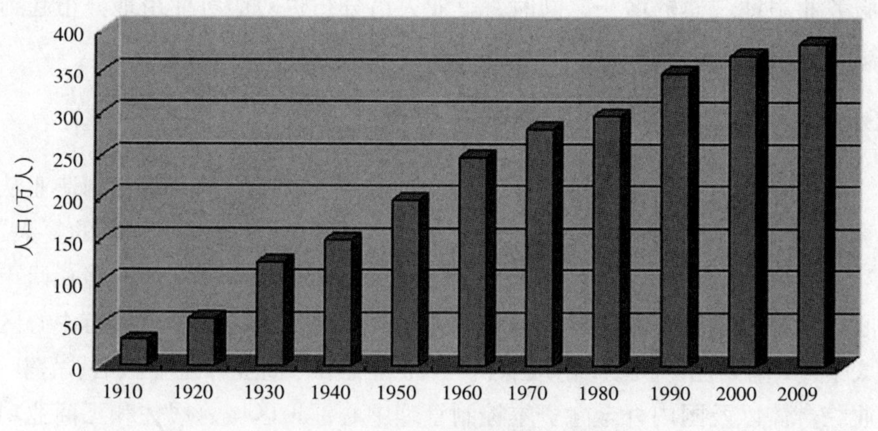

图 7-6　洛杉矶市历年人口数量

洛杉矶市各类服务业从业人员变化情况　　**表7-11**

	1997 年	2002 年	2007 年
批发贸易业（人）	87405	92274	N
零售贸易业（人）	118117	131916	140076
信息（人）	N	66781	95064
房地产及房屋租赁（人）	39094	35760	38870
专业和科技服务（人）	122686	163823	179752
行政管理（人）	104788	104635	115228
教育服务（人）	4599	7194	10783
医疗及社会救助（人）	74565	161780	178191
艺术、娱乐及休闲（人）	23403	43780	40003
住宿及饮食服务（人）	103746	111071	130390
其他服务（人）	33761	50620	49630
总计（人）	712164	969634	977987

注：N 为数据缺失。

资料来源：U.S. Census Bureau.

专业和科技服务、教育服务和医疗技术服务这些现代服务业就业人口总量增加较快，体现出洛杉矶现代服务业发展的速度及其就业人口择业的倾向。洛杉矶市人口的快速增长较大程度上是大量移民的迁入，而新增服务业就业人口的增加，一方面是就业人员的择业倾向，另一方面得益于洛杉矶市服务业的繁荣发展，为就业人员提供丰富的就业岗位，由此推动了洛杉矶市服务业用地规模的增长，同时，就业人口分布也对服务业用地分布起到一定的作用。

7.3.3 多中心发展模式影响服务业用地

与许多著名的工业城市一样，洛杉矶经历了市中心区衰落和制造业从昂贵的内城向郊区转移的过程，而后城市产业空间通过“中心区的复兴”和“外围城市的兴起”两种形式得以重构。自20世纪60年代，洛杉矶市中心区就开始以服务业为导向调整产业结构，逐渐形成了一个从市中心区到太平洋，南到国际机场，由政府机构、企业总部、商业和工业核心、军事-工业综合体以及国内外金融资本控制管理中心汇聚区域。居住和工商业功能的郊区化使得洛杉矶的城市空间结构从集中走向分散，进而形成多中心的城市空间结构。中心城市经历了人口和就业的分散化，但是中心城市自身也调整其功能以适应形势的变化[9]。这些中心以服务业为主导，并分化了中心城市的服务功能，必然导致服务业的分散化，从而影响中心城市和次中心服务业用地结构和规模变化，呈现“集中”与“分散”相结合的特征，这也从2004～2009年新建房屋面积净增量统计的空间特征上可以得到体现。

7.3.4 交通网络引导服务业用地扩展

洛杉矶一直被称为美国的“高速公路之都”。市中心周围环绕着放射状的高速公路，呈扇形连接市郊地区，形成大容量、快疏散的快速交通走廊。洛杉矶市的高速公路全长265km，整个洛杉矶县的高速公路全长854km，全县拥有650多万辆汽车，(其中小汽车为500多万辆)，一个家庭约有1～3辆汽车，平均1.46人拥有一辆汽车。

20世纪90年代以来，面对日益严重的交通拥堵问题，洛杉矶开始了快速公共汽车（BRT）系统的建设和运行尝试，估计可节省出行时间23%～29%。通过该项技术的逐步应用和推广，最终将形成由23条走廊组成的洛杉矶郡快速公共汽车网络。

红线地铁系统也是洛杉矶近十多年来着力规划建设的重大工程。它以市中心为起点，向郊区方向呈放射状展开。除了市中心一段以外，红线向圣费尔南多瓦利、东洛杉矶和西洛杉矶三个郊区方向延伸，也助推了服务业用地向郊区的扩散。

近年来，随着洛杉矶智能交通系统管理技术的应用和推广，交通系统效率得到提高，交通拥挤状况得以缓解，实现了更安全、更便捷、更有效并与环境更协调的客货运输。

7.4 洛杉矶市的特色服务业——电影业

7.4.1 电影业发展概况

世界第一影城——好莱坞，这一殊荣是洛杉矶电影业繁荣发展的最好体现。好莱坞位于市中心区西北方，是世界闻名的电影之都。在洛杉矶县有 3 个与好莱坞有关的地名：西好莱坞、北好莱坞和好莱坞。西好莱坞是一个独立的市，北好莱坞和好莱坞是洛杉矶市的两个社区。环球影城位于北好莱坞区，而好莱坞大道、日落大道、中国大戏院和蜡像馆均位于好莱坞区，众多的电影制片厂分布在以好莱坞区和北好莱坞区为核心的一个广大地区。

20 世纪初，电影制片商从美国各地陆续集中到此，好莱坞逐渐成为世界闻名的影城。以洛杉矶为中心相继形成华纳、哥伦比亚、雷电华、共和、派拉蒙、米高梅、联美、福斯、环球等九大电影公司。1908 年好莱坞拍出最早的故事片之一《基督山恩仇记》。20 世纪 30 ~ 40 年代是好莱坞的鼎盛时期，摄制了大量成为电影史上代表作的优秀影片，并使美国电影的影响遍及世界。同时好莱坞亦发展成为美国一个文化中心，众多的作家、音乐家、影星及其他人士汇聚于此。第二次世界大战后，洛杉矶电影业再次大举向海外扩张，强化其世界电影中心地位。1946 年制片厂的对外销售额已达到 17500 万美元。20 世纪 50 年代末，好莱坞又涉足电视生产，带来更多的利润，之后好莱坞在全球的影响与日俱增，且走上了多元化的发展道路。到了 20 世纪 60 年代，好莱坞已经在英国及拉美国家占据垄断地位。值得注意的是，美国政府一方面在国内保护企业之间的竞争，另一方面在海外支持好莱坞争取文化霸权、保护版权、扩张市场，推行文化垄断。好莱坞电影在全球的影响与日俱增，几乎集中了全美所有大型的电影制作发行公司，目前从事娱乐制作产业人数达到 24 万人，年收益超过 300 亿美元，成为洛杉矶的经济支柱。电影业作为娱乐业的火车头，带动了包括音像、电视、印刷、出版、旅游等整个娱乐业的发展，不仅给洛杉矶带来丰厚的利润，而且在很大程度上塑造着洛杉矶的城市形象，从事娱乐相关产业的人员达 60 万人。主要的无线广播电视台如 CBS、ABC、NBC 等都在洛杉矶设有制作部门，《洛杉矶时报》成为美国第二大报纸[10]。

在好莱坞电影业的推动下，南加利福尼亚的旅游业蓬勃发展，每年前来参观的游客达 1300 万人，给南加利福尼亚带来 240 亿美元的旅游收入。此外，好莱坞的娱乐业推动了洛杉矶的服装业振兴。这里每年举行全球金像奖和奥斯卡奖颁奖典礼，全球观众关注女演员们穿的时装。时装业每年为洛杉矶带来 10.6 万人的就业机会和 329 亿美元的收入。据估算，电影业给洛杉矶的经济直接或间接带来的好处加起来有 960 亿美元之巨。

7.4.2 电影产业发展分析

电影电视制作对于加利福尼亚，特别对洛杉矶地区来说是标志产业，根据经济统计，1997 年美国电影及录像制品产业收入为 381 亿美元，而加利福尼亚为 251 亿美元，占全美 65.8%；到 2002 年为 340 亿美元，占全美 65%。在从业人数方面，2004 年该产业在洛杉矶五个县的从业人员达到 26.1 万人，而洛杉矶市就占到 24.9 万人。为进一步了解洛杉矶电影产业发展状况，下面从年外景拍摄天数、就业趋势及工资、DVD 销售及租赁产值以及电影产业土地价值等方面进行分析 [11]。

1）年外景拍摄天数

外景拍摄活动量是反映电影产业水平的一个指标。自 1993 年有记录数据以来，呈增长趋势，直到 1997 年。随后拍摄量呈起伏变化，但总量下降。到 2004 年，在电视制作呈现跳跃增长的带动下，外景拍摄活动量开始增加，比 2003 年上升了 19.1%，在 1993 ~ 2004 年期间，除经济疲软等因素外，电影业外景拍摄量整体呈现增加趋势，体现出电影业发展的强劲势头（图 7-7）。

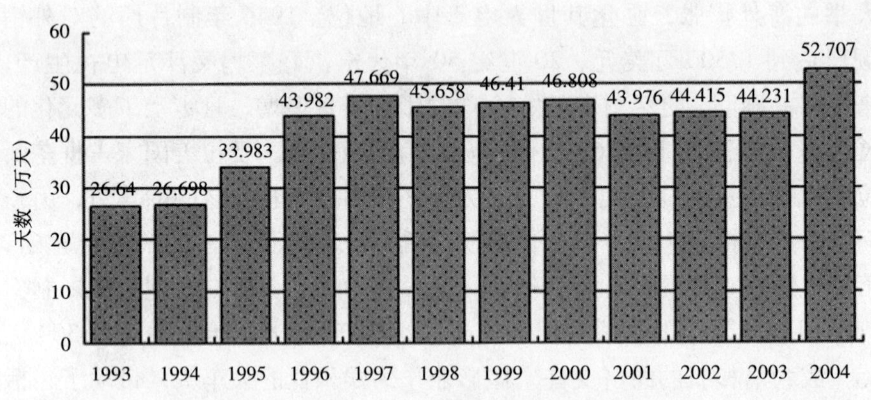

图 7-7 年外景拍摄天数

资料来源：Entertainment & the Media in Los Angeles.

2）就业趋势及工资

在加利福尼亚，电影电视制作产业的就业从 1994 年开始显著增加，这一趋势一直到 2000 年，之后下降至 2002 年，而随后就业人员进一步增加，但速度比较平缓。从表 7-12 可看出，洛杉矶电影电视制作产业就业人数从 2001 ~ 2004 年增加了近 4 万人，增速较快，而随后 2005 年就业

洛杉矶市电影产业就业变化情况 表7-12

	2001年	2002年	2003年	2004年	2005年	2006年	2007年	2008年
动画及视频制作（人）	76500	101778	99197	118172	109346	108721	108360	110386
动画及视频销售（人）	2400	2049	1902	1934	1997	2030	2103	2153
后期制作及相关产业（人）	9141	9452	8384	8458	8752	8926	8525	9200
录音棚制作（人）	5040	5066	4906	3616	3657	3695	5127	3320
独立艺术家、作家及表演者（人）	10509	11429	13966	10870	9604	10593	10371	10100
机构及管理人员（人）	4143	4203	4348	4497	4613	4953	6329	6283
总量（人）	107733	133977	132703	147547	137969	138918	140815	141442

资料来源：Entertainment & the Media in Los Angeles.

人口减少近1万人，之后又有缓慢增加。由于受经济疲软和DVD销售收入预期放缓的影响，电影电视制作产业一些就业岗位被削减，但该产业就业潜力很大，就业量存在很大的增长空间。

电影电视制作产业的引人之处就是工作人员的工资高。根据2003年美国统计局数据，洛杉矶县当年所有产业的平均工资是38715美元，而电影电视制作业平均工资达到104686美元，是该县最高工资水平。而“艺术、娱乐和消遣”业平均工资为76305美元，与之相差近2.8万美元。2004年美国劳工统计局调查数据显示，洛杉矶县电影影像制作的平均工资为80402美元，而电影影像销售则达到189830美元，为这一行业中工资最高的职业[12]。

2004年洛杉矶电影电视制作产业就业工资水平 表7-13

动画及影像制作（美元）	动画及影像销售（美元）	后期制作及相关产业（美元）	录音棚制作（美元）	独立艺术家、作家及表演者（美元）	机构及管理人员（美元）
80402	189830	85044	50656	—	—

注：“—”数据缺失。

资料来源：Film Industry Profile of California/Los Angeles County.

3）DVD销售及租赁收入

DVD销售及租赁收入是电影产业产值的重要组成部分，也是获得纯利润最大的部分。如图7-8所示，2000～2009年期间，前5年DVD销售及租赁收入呈增加趋势，在2004年达到最高，为249亿美元，表明这

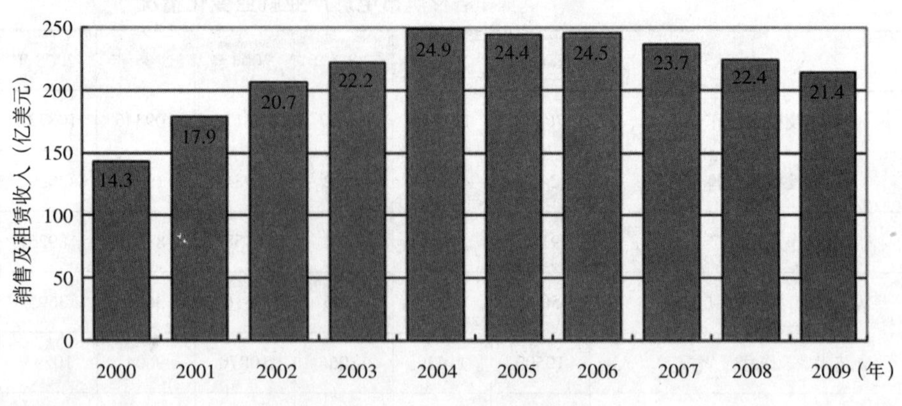

图 7-8　DVD 销售及租赁收入

资料来源：Entertainment & the Media in Los Angeles.

几年该行业得到快速发展，趋于成熟；随后几年收入略有下降，特别是在经济疲软的大环境下，DVD 销售下降，而租赁依然表现强劲，甚至有租赁将代替 DVD 销售的说法和担忧。

4）产业土地价值

根据洛杉矶县 2002 年估价数据，洛杉矶电影及电视产品使用土地面积为 110 英亩，占整个工业用地面积的 0.5%，而土地价值达 14945.8 万美元，占工业价值的 1.9%，其单位土地价值为最高，达到 136.5 万美元 / 英亩，高于商业、零售业、仓储业的单位土地价值，更是高出住宅、轻工业及重工业数倍。

7.5　启示与建议

7.5.1　增加服务业用地，优化用地内部结构

服务业用地增长是大都市产业结构转型升级的必然结果。以 2002 年为例，洛杉矶市有 26% 的工业用地转化为非工业用地，其中 8.1% 用于零售业用地，3.2% 用于其他商业用地，并且仓储用地占到工业用地的 12%。在整个工商业用地中，服务业用地占了较大的份额，而且其内部结构也在不断优化，从新建房屋用地来看，办公用地和零售业用地规模总量呈增加趋势，仓储及公共用地基本保持不变，必然有其他用地类型发生转变。

上海市工业用地总量由 2004 年占全市建设用地的 24% 增加到 2008 年的近 30%，仍占据产业用地的主导地位。但从上海市的定位来看，服务业是上海市未来发展的主要方向，其用地规模也必将增加。因此，在控制

建设用地总量的情况下，上海市应采取相关政策导向，优化产业用地结构，促使低附加值的产业向高附加值产业转变，加快发展高附加值的现代服务业，提升上海市产业能级，以带动全市产业用地结构的优化，为服务业用地腾出更多扩展空间。

7.5.2 提升服务业在经济发展中的地位

20 世纪 60 年代伊始，洛杉矶从一个高度专业化的工业中心（即主要集中在航空制造业）向一个更加多样化、有限工业化和金融大都市区转变。并且在高科技产业支持下，抓住了服务业发展的机遇，金融业、信息服务、企业管理、专业技术服务等生产性服务业得到迅猛发展，成为仅次于纽约的第二大服务业中心，生产性服务业成为城市经济的重要支柱。不仅提供了大量的就业岗位，而且大大提升了洛杉矶市城市的集聚与辐射功能。

上海也应坚持城市经济发展和功能属性的合理转变，明确“三、二、一”的产业发展方向，加快形成以服务业为主的产业结构。从 GDP 总量来看，洛杉矶市服务业远超制造业，成为洛杉矶市经济的主要组成部分。而上海市服务业已经与制造业平分秋色，但是与主导产业还有很大距离。目前，上海市的六大支柱产业中有房地产业、商贸流通业、金融业、信息产业属于服务业。为此，上海市需要加快现代服务业的发展，进一步做大做强服务业。

7.5.3 加强土地利用转换，提高土地利用绩效

洛杉矶城市发展已经接近饱和，郊区化进程遭遇瓶颈，城市剩余的可利用土地几近耗尽。在这种情况下，城市继续在平面上无限扩张已不太现实，洛杉矶开始实施城市“精明增长”策略，鼓励商业空间发展，允许在废弃的地点建造住房，鼓励集约用地，允许利用老区空地发展，地区之间转移发展权，鼓励土地混合使用以及在交通节点附近加大建筑密度等。采取这些策略主要是调整用地结构，使土地具有相对更高的产出，提高土地利用绩效。从土地估值看，服务业用地价值相对工业用地要高得多，表明在城市产业用地利用绩效中，服务业的土地利用绩效高。

目前上海建设用地仍在扩张，但逐渐逼近极限规模，实施城市精明增长和转换空间发展策略是大势所趋。当然，上海所实施的“退二进三”、“腾笼换鸟”也正是在政府主导下的产业空间转换战略。在都市中心，应以高附加值产业为主导，如商业服务、金融服务、咨询服务、技术服务、产品设计开发等服务业，提升中心城市的土地利用绩效，进一步推动城市产业空间的转换。

7.5.4 培育特色服务业，打造服务业品牌

世界闻名的好莱坞是洛杉矶特色服务业的写照。自 20 世纪初，电影业逐步发展成为洛杉矶地区的标志产业，成为洛杉矶的经济支柱。同时也带来大量的就业岗位，不仅如此，娱乐业的发展，特别是电影产业的发展也塑造着洛杉矶的城市形象，提升了城市的品位。而以电影业作为娱乐业的火车头，带动了包括音像、电视、印刷、出版、旅游等整个娱乐业的发展，给洛杉矶带来丰厚的利润。

服务业时代已经到来，“品牌”建设是促进服务业发展的一个非常重要的抓手。特别是我国提出要大力发展现代服务业，上海市应抓住机遇，借鉴洛杉矶的经验，努力培育上海市的特色服务业，注重服务业品牌建设，顺应世界经济技术发展的潮流，才能使品牌始终闪亮。

7.5.5 “多中心”模式下服务业发展的新思路

自 20 世纪 60 年代，洛杉矶市中心区就开始以服务业为导向调整产业结构，城市空间从单一中心结构向多中心结构演变，中心城市成为金融业、服务业中心，而像从圣莫尼卡至洛杉矶市中心，长约 19 英里的地带分布着各种各样的购物城和商贸中心，在位于大都市区国际飞机场、港口附近汇聚了众多的商业购物中心、办公大楼、酒店和公寓，而且混合了工业和服务业，形成一个高密度就业的次中心。这些中心以服务业为主导，并分化了中心城市的服务功能，从而促进了区域经济的均衡化，缓解了国际大都市单一中心模式带来的一系列问题，也是今后大都市发展的一种新思路[13]。

上海的发展必须面对人口、交通、就业等各方面的压力，显然原有单一中心发展模式已经不适应当前的发展，单一模式的集中发展制约了产业的发展；多中心的模式使得产业和人口外迁，在分担了中心城市服务功能的同时促进了产业的扩张，也缓解了城市中的诸多问题，使得产业在空间组织上趋于均衡化。

本章参考文献

[1] Greater Los Angeles Area[EB/OL]. http：//en.wikipedia.org/wiki/Greater_Los_Angeles_Area.

[2] 谢菲 . 20 世纪 60 年代以来洛杉矶大都市区经济和社会结构的变化 [J]. 扬州大学学报（人文社会科学版），2006，10（2）：93-96.

[3] 马小宁 . 美国西海岸大都市洛杉矶经济腾飞原因探析 [J]. 河南师范大学学报（哲学

社会科学版)，2007，34（3）：147-150.

[4] Department of City Planning. City of Los Angeles .City of Los Angeles Citywide General Plan Framework Final Environmental Impact Report[EB/OL].http：//cityplanning.lacity.org，2010.

[5] Department of City Planning. City of Los Angeles . City of Los Angeles Information Statement [EB/OL].http：//cityplanning.lacity.org，2010.

[6] Department of City Planning. City of Los Angeles .land use[EB/OL].http：//cityplanning.lacity.org，2010.

[7] The Department of City Planning and The Community Redevelopment Agency of The City of Los Angeles. Los Angeles' Industrial land sustaining a Dynamic City Economy[R]. 2007.

[8] Mayor's office of economic development.Key Industrial Land Use Findings and Issues[R]. 2004.

[9] 谢非．洛杉矶模式：大都市区多中心模式的经济效用分析 [J]. 东北师大学报（哲学社会科学版)，2008（5）：82-86.

[10] 袁晓江．借鉴洛杉矶经验建立深圳品牌服务业 [J]. 特区实践与理论，2008（1）：46-49.

[11] Entertainment & the Media in Los Angeles[R].Los Angeles County Economic Development Research，2010.

[12] Los Angeles County Economic Development Corp. Film Industry Profile of California/Los Angeles County[R]. 2005.

[13] 陈雪明．洛杉矶城市空间结构的历史沿革及其政策影响 [J]. 国外城市规划，2004，19（1），35-41.

第 8 章
上海市服务业用地变化研究

8.1 上海市基本概况

8.1.1 自然环境概况

上海位于北纬 30° 40′ ~ 31° 53′，东经 120° 51′ ~ 122° 12′，东临东海，西北靠江苏省太仓、昆山和吴江三市，西南接浙江省嘉善、平湖两县市，南濒杭州湾，北隔长江与江苏省海门、启东两市相望。全市土地总面积 6340.5km^2，占全国总面积的 0.06%，南北长约 120km，东西宽约 100km。境内辖有崇明、长兴和横沙三个岛屿，其中崇明岛面积 1041.21km^2，是我国的第三大岛。

上海市地处长江三角洲东缘和杭州湾之间，位于我国南北海岸的中心，长江入海咽喉，交通便利，腹地广阔，地理位置优越，是一个良好的江海港口。上海大地构造属江南古陆的东北延伸地带。长江每年夹带约 5 亿 t 泥沙下泄，在长江口海岸淤积成滩。上海成陆面积的大部分是近 2000 年来泥沙冲积而成的三角洲平原。根据成陆特征，上海分为西部湖积平原、中部浦江平原、东部滨海平原和河口三角洲四种地貌类型。地势低平坦荡，河湖水面广阔，土壤富饶肥沃，构成上海土地资源的主要特征。境内除西南部有少数残丘外，全为坦荡低平的长江三角洲冲积平原的一部分，平均海拔高度 4m 左右。陆域地势总趋势是由东向西低微倾斜。长兴和横沙两岛地势较低，高程约 2m。海域有大金山、佘山等岩岛，其中大金山海拔高度 105.03m，为上海海拔最高点。

上海地区北、东、南三面滨江临海，西面又有以太湖为主的密集湖群分布，境内水网稠密。河网绝大部分属黄浦江水系，平原外围有长江口与杭州湾水体环绕。陆域水面面积占陆地总面积的 10.9%，河网密度平均每平方公里 6 ~ 7km，主要水系是由黄浦江及其支流吴淞江等组成的黄浦江水系。沿海水域包括河口、海湾、近海水域以及毗连的东海陆架部分水域。江、海岸线长 449.66km，大陆岸线长 172.31km，岛屿岸线长 227.35 km。上海沿海是中国沿海海洋初级生产力最高的区域之一，长江有丰沛的水资源，长江口河段在上海境内全长148 km，自然河道天然最浅水深6 m，航运条件良好。

上海属亚热带季风气候，温和湿润。年均气温市区15.8℃，郊区15.2～15.7℃。7月最热，市区平均气温27.8℃；1月最冷，市区平均气温3.6℃。市区气温平均年较差24.2℃，日较差7.5℃。降水丰沛，年均降水量1149mm，70%集中在4～9月。平均降雪日6.2天，积雪日2.8天。日照时数1800～2200h，无霜期225～235天。受东南季风影响，上海地区气候温和，雨量充沛，光热协调，四季分明。一般春季温凉多雨，夏季炎热湿润，秋季多晴少雨，冬季低温干冷。城市气候特征明显，有热岛、雨岛等现象[1]。

8.1.2 社会经济发展状况

上海地区自开埠后经济迅速发展，20世纪初基本确立上海在全国的经济地位。20世纪30年代初期，上海确立了在中国的经济、金融、内外贸易中心和交通运输枢纽地位，成为全国最大的多功能城市。抗日战争和内战的爆发，一度使上海经济发展处于停滞和崩溃状态。新中国成立后至改革开放期间，上海经济经历了根本性的变革，由金融贸易中心转变为重要工业基地。1978年改革开放以来，上海经济开始恢复全面发展。1984年，上海充分发挥对外开放和多功能的中心城市作用，发展以贸易、金融和旅游为重点的服务业，启动和扩大利用外资，逐步建设开发闵行、虹桥和漕河泾经济技术开发区。20世纪90年代以来，上海浦东的开放开发，促使了上海由传统工业城市向国际经济中心城市的转变，产业结构从“二、三、一”调整为“三、二、一”，在优先发展以电子信息通信业、现代生物与医药、新材料为代表的高新技术产业的同时，大力发展金融保险、商业贸易、交通通信、房地产、信息咨询和旅游业等第三产业。进入21世纪以后，上海以建设“四个中心”为目标，进一步扩大对外开放，国民经济保持快速健康发展的良好态势。

从国际产业发展和演变的趋势来看，“服务经济”是指在社会分工更加深化的背景下产生的经济社会“服务化”，就一个城市而言它不仅表现为城市满足自身需要的服务能力，还表现为城市为其他区域乃至全球提供服务的能力。“服务经济”不仅包括服务业，还包括部分制造业的延伸，以及三次产业融合发展中形成的以提供服务为主的新兴产业和新型业态。目前上海正在形成以服务经济为主的产业结构，这也是上海增强城市国际竞争力，加快完成从工商业城市向经济中心城市转型的必然要求。

改革开放以来，上海服务业在20世纪80年代实现恢复性增长，服务业增加值逐年增加，但总体上仍处于较低水平。进入20世纪90年代，上海提出“三、二、一”产业发展方针，服务业进入快速发展期，1990 ~ 2000 年期间年均增长速度到达 84.40%，1999 年服务业增加值首次超过第二产业增加值。21 世纪以来，上海服务业平稳发展，抗波动性逐渐增强。上海服务业增加值稳步提升，从 2000 年的 2486.86 亿元增加到 2009 年的 8930.85 亿元，占全市地区生产总值比重总体上保持在 50% 以上的水平，年均增速均为两位数，基本形成了“三、二、一”产业发展结构 [2]。虽然上海服务业增加值占全市地区生产总值比重有所波动，但整体呈上升趋势（表 8-1）。从空间布局上看，中心城区成为上海服务业发展的主战场，郊区服务业发展迅速。上海中心城区以商业商务服务业为主，在专业服务业、金融服务业和总部经济的带动下，2008 年上海市中心城区服务业增加值占 GDP 比重已达 80%。在生产性服务业的带动下，上海郊区服务业发展迅速，服务业增加值占 GDP 比重逐年上升。

1978～2009年上海市主要年份服务业变化表 **表8-1**

年份	1978 年	1990 年	2000 年	2005 年	2006 年	2007 年	2008 年	2009 年
服务业增加值（亿元）	50.76	241.82	2 486.86	4 776.20	5 508.48	6 821.11	7 872.23	8 930.85
服务业增速（%）	—	28.95	84.40	15.34	15.33	23.83	15.41	13.45
服务业增加值占地区生产总值比重（%）	18.6	30.9	52.1	51.6	52.1	54.6	56.0	59.4

资料来源：历年上海统计年鉴。

8.1.3 行政区划演变

新中国成立以来，上海的行政区划经过数次调整，既导致原有辖区内部城乡、区县划分方式的变化，也导致上海整体辖区范围的变动 [3]。1949 年上海解放时，行政区划基本上保持原有状况，全市土地总面积 636.18km^2，其中市区 82.40 km^2。经 1950 ~ 1958 年的行政区划调整，将江苏省所属现上海地区的郊县划入上海市以后，基本上形成了上海市目前的格局。改革开放以后，随着城市发展，上海加快了撤县建区的步伐。1988 年，撤销吴淞区和宝山县，将其合并为宝山区。1992 年，撤销嘉定县，设立嘉定区。1993 年撤销川沙县，将其境域与黄浦、杨浦、南市和闵行的浦东地区合并设立浦东新区，同年还撤销了上海县，与原闵行区合并设立新的闵行区。1997 年，撤销金山县，与原石化地区合并设立金山区。1998、1999 年，松江县、青浦县先后撤县建区。2000 年，南市区划入黄浦区。2001 年，南汇、奉贤两县同时撤县建区。2009 年，撤销南汇区，将其并入浦东新区。至此，上海全市辖 17 个区、1 个县（2011 年 6 月，原黄浦区又与卢湾区合并成为新黄浦区。为了资料的连续性及分析的方便，本书仍将两区分开来进行分析）。

如图 8-1 所示，上海市域行政区划包括 17 个区（黄浦、卢湾、徐汇、长宁、静安、普陀、闸北、虹口、杨浦、闵行、宝山、嘉定、浦东新区、金山区、松江区、青浦区和奉贤区）和 1 个县（崇明县）。按土地利用特点形成了中心城区、近郊区（闵行、宝山、嘉定、浦东新区）和远郊区（金山、松江、青浦、奉贤和崇明）三个结构层次。

图 8-1　上海市行政区划图

上海优越的地理区位和良好的自然条件，为土地利用提供了有利的自然基础。上海作为特大城市，土地面积仅占全国土地面积的 0.06%，只有北京市土地面积的 37.7%，天津市土地面积的 56%。全市陆域面积利用程度已经很高，城市建设对土地的需求持续增加。2008 年，上海市工业用地规模达 793.28km^2，占建设用地的比重为 29.98%，无论在规模还是结构上都高居国内大城市前列。其中，中心城区工业用地占建设用地的比重为

14.54%，商业、服务业用地比重偏低，由此带来交通拥挤和环境污染等问题，工业发展与第三产业发展之间的用地矛盾日益突出。

8.2 上海市服务业用地现状分析

根据服务业用地概念和范畴，结合上海市土地利用分类，服务业用地包括住宅用地、商业服务用地、社会事业用地、基础设施用地和其他服务业用地等类型。本节从服务业用地的规模、结构以及空间分布等方面对上海市服务业用地发展现状进行分析。

8.2.1 服务业用地规模结构现状分析

2008 年，上海市土地总面积 6340.50 km^2，上海常住人口 1888.46 万人，人口密度为 2978 人 / km^2；全市从业人员 1053.24 万人，其中第一产业从业人员 49.38 万人，占 4.69%；第二产业从业人员 424.16 万人，占 40.27%；第三产业从业人员 579.7 万人，占 55.04%，第三产业的就业人口比重大幅度上升，比 2000 年上升 8.99%。上海市各类服务业用地面积及占全市建设用地总面积的比例，见表 8-2 所列。

2008年上海市各类服务业用地规模和结构 **表8-2**

服务业用地类型	用地面积 (hm^2)	占建设用地面积比例（%）
商业服务用地	107.93	4.08
住宅用地	938.09	35.45
社会事业用地	141.81	5.36
基础设施用地	548.46	20.73
其他用地	116.66	4.41
服务业用地合计	1852.96	70.02

2008 年，上海市服务业用地面积为 1852.95 hm^2，占建设用地的 70.02%。从各类服务业用地面积来看，上海市的商业服务用地面积为 107.93 hm^2，占建设用地 4.08%。一个地区商业用地的比例，在一定程度上反映了商业发达的程度。上海作为我国经济中心和金融贸易中心，商业服务用地的比例并不高，而东京 1997 年商业用地占建设用地的比例达到 5.44%。由此可见，上海的商业服务业还有较大的发展潜力。

2009 年上海市人均拥有道路面积 17.54m^2，人均拥有公共绿地面积

12.80 m^2,绿化覆盖率38.1%。绿化用地不仅是服务业用地的重要组成部分，也是代表一个地区生态功能水平的重要标志之一。上海绿化水平与国际大都市差距较大，纽约21.6 m^2/人，伦敦33.4 m^2/人，上海要在重视经济发展的同时，注重提升绿化水平。上海市各区县人均城市绿地面积以崇明县等远郊区县较高，市区人均绿地面积以长宁、徐汇和杨浦三区高于10 m^2/人，分别为16.12 m^2/人、12.54 m^2/人、11.05 m^2/人，黄浦、静安和卢湾等中心城核心区最低（表8-3）。人均公园绿地以闵行、浦东新区、宝山和嘉定等近郊区相对较高，市区人均公园绿地面积偏低。

2009年上海市绿化面积及其人均水平　　表8-3

地区	城市绿地面积（hm^2）	公园绿地面积（hm^2）	人均城市绿地（m^2/人）	人均公园绿地（m^2/人）
浦东新区	24 971.93	5 368.61	59.59	12.81
黄浦区	124.51	85.67	2.34	1.61
卢湾区	111.59	52.17	4.14	1.94
徐汇区	1 206.78	475.53	12.54	4.94
长宁区	1 038.11	431.27	16.12	6.70
静安区	96.90	42.05	3.90	1.69
普陀区	1 112.43	499.43	9.79	4.40
闸北区	578.75	222.17	7.61	2.92
虹口区	401.08	150.62	5.20	1.95
杨浦区	1 332.89	440.74	11.05	3.65
闵行区	7 031.90	1 997.18	38.76	11.01
宝山区	5 772.91	1 796.14	42.28	13.15
嘉定区	8 014.94	1 151.94	72.51	10.42
金山区	7 789.68	536.82	112.73	7.77
松江区	10 602.36	476.31	89.10	4.00
青浦区	10 032.23	1 030.16	123.02	12.63
奉贤区	9 448.56	540.69	115.37	6.60
崇明县	27 261.83	108.60	393.73	1.57
总计 / 平均	116 929.38	15 406.10	60.86	8.02

注：①根据2009年上海市对绿地分类的调整，原园林绿地、公共绿地、专用绿地和园林苗圃分别调整为城市绿地、公园绿地、附属绿地和生产绿地。

②表中人均面积按年末常住人口计算所得。

8.2.2 服务业用地空间结构现状分析

上海市服务业用地的特点，不仅表现在规模结构上，而且也表现出空间结构上的差异。这种差异的形成，一方面是由于自然条件的原因，但另一方面，更重要的是受上海城市的形成、发展及其辐射的影响。从总体来看，服务业用地空间结构的差异是城乡差异，可分为三个层次。即以中心城区 9 个区构成的第一层次，由近郊区闵行、宝山、嘉定、浦东新区构成的第二层次，以及由金山、松江、青浦、奉贤和崇明等远郊区县构成的第三层次。这三个层次的服务业用地现状结构见表 8-4 所列。

2008年上海市主要服务业用地空间分布　　表 8-4

地区	住宅用地		商服用地		社会事业用地		基础设施用地		服务业用地	
	面积 (hm^2)	比重 (%)	面积 (hm^2)	比重 (%)	面积 (hm^2)	比重 (%)	面积 (hm^2)	比重 (%)	面积 (hm^2)	比重 (%)
中心城区	98.02	35.56	23.59	8.56	30.14	10.93	77.77	28.21	235.57	85.46
近郊区	431.13	31.78	52.25	3.85	70.88	5.23	307.61	22.67	916.44	67.55
远郊区	408.95	40.34	32.09	3.17	40.78	4.02	163.09	16.09	700.95	69.14

由黄浦、卢湾、徐汇、长宁、静安、普陀、闸北、虹口和杨浦等 9 个区组成的中心城区，土地总面积 280.08km^2。其中：服务业用地面积 235.57 hm^2，占建设用地总面积的 85.46%；住宅用地面积 98.02 hm^2，占建设用地总面积 35.56%；商业服务用地面积 23.59 hm^2，占建设用地总面积 8.56%；社会事业用地面积 30.14 hm^2，占建设用地总面积 10.93%；基础设施面积 77.77 hm^2，占建设用地总面积 28.21%。

近郊区由闵行、宝山、嘉定和浦东新区等 4 个区组成，土地总面积 2464.59 km^2。其中：服务业用地面积 916.44 hm^2，占建设用地总面积 67.55%。与中心城区有所不同，近郊区住宅用地面积 431.13 hm^2，远大于中心城区，而占建设用地总面积的比重低于中心城区，仅占 31.78%。居第二位的为基础设施用地，面积 307.61 hm^2，占建设用地总面积的 22.67%。其次为社会事业用地和商业服务用地，面积分别为 70.88 hm^2 和 52.25 hm^2，分别占建设用地总面积 5.23% 和 3.85%，均低于中心城区。

远郊区由金山、松江、青浦、奉贤和崇明等 5 个区县组成，土地总面积 3595.83 km^2，服务业用地面积 700.95 hm^2，占建设用地总面积 69.14%，略高于近郊区。主要原因一是近郊区工业用地面积较大，二是由于2009年南汇区并入浦东新区后，纳入近郊区计算。其中：住宅用地面积408.95 hm^2，占建设用地总面积40.34%；商业服务用地32.09 hm^2，占建设用地总面积3.17%；基础设施用地163.09 hm^2，占建设用地总面积16.09%；社会事业用地40.78 hm^2，占建设用地总面积4.02%。

通过上述对上海服务业用地的现状分析，发现上海服务业用地具有以下特点：

（1）上海的商业服务用地比例偏低，商业服务业发展具有较大潜力。

（2）上海的绿化水平与国际大都市差距较大，人均绿化面积较低，应增加上海的绿地面积。

（3）上海服务业用地空间分布层次明显，中心城区服务业用地比例最高，其次为远郊区，近郊区最低。

8.3 上海市服务业用地时间变化特征分析

服务业用地的变化与一定区域的经济和社会发展阶段相对应，即一定的服务业用地结构对应特定的经济和社会发展阶段。服务业用地的变化主要体现在服务业用地类型变化、服务业土地利用程度变化及服务业用地变化的区域差异等方面。本节从服务业用地的规模和结构两个方面，通过分析服务业用地变化幅度和变化速度，来探讨上海市服务业用地的时间变化特征。

8.3.1 服务业用地规模变化分析

从表8-5可见，上海市服务业用地规模逐年增长。1998 ~ 2008年，服务业用地规模增加了52066.5 hm^2，年均增长率达到3.6%。其中：住宅用地规模增加量最大，约占服务业用地总增加量的40%，年均增长率为2.6%。与上海服务业发展规模进行比较分析，上海市服务业用地的规模变化与服务业发展规模密切相关，服务业总量规模的增长带来了服务业用地规模的扩张。

8.3.2 服务业用地结构变化分析

服务业用地结构的变化是区域服务业用地变化的重要方面，而结构的变化首先反映在不同服务业用地类型变化的速度和幅度上，从而能够揭示服务业用地变化过程和变化趋势，为服务业用地的集约利用与可持续发展提供基础依据。

从服务业用地的结构变化来看，1998 ~ 2008年间，上海市服务业用

1998～2008年上海服务业用地规模变化表　　表8-5

年份＼类型	商服用地（hm^2）	住宅用地（hm^2）	社会事业用地（hm^2）	基础设施用地（hm^2）	其他用地（hm^2）	合计（hm^2）
1998	6897.5	45426.4	9427.6	39039.7	4813.4	105604.6
1999	6971.7	45807.1	9472.7	39251.0	4820.1	106322.6
2000	7131.9	47067.9	9647.2	40046.5	5360.0	109253.5
2001	7395.3	49478.8	9870.2	40967.1	5504.0	113215.4
2002	7751.7	52901.9	10529.2	41910.7	7374.6	120468.1
2003	8298.6	57423.9	11079.4	43036.3	8731.6	128569.8
2004	8673.9	61519.6	11631.4	44872.3	9249.2	135946.4
2005	9341.5	65711.6	12213.5	46304.0	10067.8	143638.4
2006	9961.5	73315.4	13365.3	49806.4	10427.8	156876.4
2007	10371.3	76393.4	13763.0	53128.7	11330.3	164986.7
2008	10793.4	93809.2	14181.2	54846.3	11666.2	185296.3

1998～2008年上海服务业用地类型占建设用地的比重变化表　　表8-6

年份＼类型	商服用地（%）	住宅用地	社会事业用地	基础设施用地	其他用地	合计
1998	3.86	40.89	5.28	21.85	2.69	74.57
1999	3.88	40.84	5.27	21.84	2.68	74.51
2000	3.88	40.60	5.25	21.77	2.91	74.41
2001	3.90	40.27	5.21	21.61	2.90	73.89
2002	3.89	39.49	5.29	21.05	3.70	73.42
2003	3.95	38.81	5.27	20.48	4.16	72.67
2004	3.93	38.35	5.27	20.35	4.19	72.09
2005	4.03	38.10	5.26	19.96	4.34	71.69
2006	4.02	36.70	5.39	20.10	4.21	70.42
2007	4.03	35.91	5.35	20.64	4.40	70.33
2008	4.08	35.45	5.36	20.73	4.41	70.03

地占建设用地的比重是不断下降的，表明上海市第二产业用地的比重不断增加，工业用地在城市建设用地当中占有较大比重。从表 8-6 可见，上海的商业服务业用地的比重有所增加，社会事业用地的比重略有上升，住宅用地和基础设施用地的比重有所减少，表明作为国际大都市的上海的商业功能越来越受到重视，社会事业也取得了一定的进展。

服务业用地变化速度以各类服务业用地面积为基础，关注研究时段内类型面积变化的结果。其意义在于可以直观地反映类型变化的速度，也易于通过类型间的比较反映变化的差异。通过分析服务业用地类型变化的速度，可以反映区域服务业用地变化的剧烈程度，对比较服务业用地变化的区域差异和预测未来服务业用地变化趋势有积极作用。本节结合单一土地利用类型动态度模型 [4] 构造单一服务业用地动态指数模型，来监测研究区域服务业用地结构速度变化情况。

单一服务业用地动态指数数学模型：

$$K=（U_b - U_a）/ U_a /N \times 100\% \tag{8-1}$$

式中：K 为研究时段内某一服务业用地类型的动态指数，U_a、U_b 分别为研究期初和研究期末某一类型服务业用地的数量，N 为研究时段间隔年数。

服务业用地变化幅度是指服务业用地面积方面的变化，它反映了不同服务业用地类型在规模上的变化。通过分析服务业用地结构规模的变化，可以了解服务业用地发展趋势和服务业用地结构的变化以及该时段内服务业用地变化的强弱程度。其数学模型为：

$$K_1=（U_b-U_a） \tag{8-2}$$

$$K_2=K_1/N \tag{8-3}$$

式中：K_1 为研究时段内某一服务业用地类型的总变化幅度，K_2 为研究时段内某一服务业用地类型的年变化幅度，U_a、U_b 分别为研究期初和研究期末某一类型服务业用地的数量，N 为研究时段间隔年数。

从表 8-7 中可以得出以下结论：

1998～2008年上海市主要服务业用地类型变化速度和幅度表　　表8-7

服务业用地类型	动态指数	变化幅度（hm^2）	年均变化幅度（hm^2/ 年）
商业服务用地	5.65	3895.9	389.59
住宅用地	2.84	20757.6	2075.76
社会事业用地	5.04	4753.6	475.36
基础设施用地	4.05	15806.6	1580.66
服务业用地	4.81	85978.1	8597.81

（1）1998 ~ 2008 年，上海市服务业用地增加 85978.1hm^2，年均增加 8597.81hm^2，无论从总量还是年均值都发生较大变化，处于不断增长的趋势。

（2）从服务业用地变化幅度来看，住宅用地和基础设施用地增长量较大，商业服务用地和社会事业用地增长量较小。

（3）从服务业用地动态变化速度来看，商业服务用地变化最快，动态指数高达 5.65，其次为社会事业用地，动态指数为 5.04，住宅用地变化较慢，动态指数仅为 2.84。

8.4 上海市服务业用地空间变化特征分析

8.4.1 服务业用地动态变化空间差异分析

1998 ~ 2008 年间，从中心城区距离的远近看，上海服务业用地变化量呈倒“U”形变化趋势。住宅用地在近郊区和远郊区变化量较大，中心城区的住宅功能减弱，商业和办公职能有所强化。其中：中心城区商服用地增加 656.59 hm^2，低于近郊区的 1799.4 hm^2 和远郊区的 1439.91 hm^2（表 8-8）。由此表明，随着制造业的郊区化，带动了郊区商业和住宅的扩展，上海住宅建设与商业用地呈现郊区化发展趋势，郊区服务业用地不断增长。

1998～2008年上海市地域层次服务业用地变化量　　表8-8

用房类型	中心城区	近郊区	远郊区
商服用地（hm^2）	656.59	1799.4	1439.91
住宅用地（hm^2）	2794.41	10993.3	6969.89
社会事业用地（hm^2）	471.32	2879.98	1402.3
基础设施用地（hm^2）	1621.54	10312.66	3872.4
服务业用地合计（hm^2）	5677.6	29023.52	17365.39

8.4.2 服务业用地结构信息熵变化的区域分异特征

“熵”理论最初由德国物理学家克劳修斯（K. Clausius）在热力学中创立，用熵表示一个物质系统中能量衰减程度的量度。后来熵理论被引入不同的学科领域。1948 年，维纳（N. Wiener）和香农（C. E. Shannon）创立了信息论，把通信过程中信息源的信号的不确定性称为信息熵，并给出信息熵公式：

$$H=-k\sum P_i \log P_i \text{（常数 } k \text{ 仅等于度量单位的选择）} \quad (8\text{-}4)$$

一些学者把信息熵理论引入城市土地利用结构分析中来，以便更好地揭示城市土地利用的结构变化特征。土地利用结构信息熵可以宏观地描述和刻画土地利用系统的有序程度，揭示区域在一定时段内的土地利用结构的动态变化及转换程度[5、6]。土地利用信息熵广泛地应用于城市土地利用结构分析，相关学者分别对国内外城市土地利用结构信息熵进行分析研究。张洁基于信息熵的基本原理，计算分析了东京土地利用与产业发展的关系，并对中国城市土地利用发展提供借鉴[7]。刘耀彬等人借助城市土地利用空间结构的信息熵和均衡度概念，揭示了武汉市在20世纪90年代土地利用结构的空间变化规律，得出土地利用职能类型收缩、城市用地趋向不平衡发展态势的结论[8]。

结合土地利用结构信息熵，这里引入服务业用地结构信息熵。对于具有固定行政界线的一定区域，假设其服务业用地总面积为 A，该区域内服务业用地分为 n 类，且各类服务业用地面积分别为 A_i，则某一服务业用地类型出现的概率为：

$$P(x_i)=A_i/A \quad (i=1, 2, \cdots, n) \quad (8\text{-}5)$$

显然，$\sum P(x_i)=1$，满足归一化条件。则该区域服务业用地结构信息熵可定义为：

$$H(x)=-\sum P(x_i)\log P(x_i) \quad (8\text{-}6)$$

由上述对服务业用地结构信息熵定义可知，信息熵的高低可以反映区域服务业用地的均衡程度，熵值越高，表明不同功能的服务业用地类型越多，面积相差越小，结构越均衡。

计算服务业用地结构熵值变化量，即服务业用地结构熵增量HC，采用公式：

$$HC=H_i-H_i-1 \quad (8\text{-}7)$$

式中，i 表示年份，H_i 为后一时间熵值，H_i-1 为前一时间熵值。

利用服务业用地结构熵值指标，可以对比不同时间和不同空间上的区域服务业用地的有序状态。根据1998 ~ 2008年上海各区县服务业用地面积，根据公式（8-6）和公式（8-7），计算1998年、2003年和2008年上海市各区域服务业用地熵值和熵增量（表8-9）。

从表8-9可知，上海市近年服务业用地结构存在以下变化特征：

（1）同一时期，中心城区熵值最大，其次为近郊区，远郊区最小，符合距离中心城越远，服务业用地类型越不均衡的规律。上海市不同区域，服务业用地结构不均衡，中心城区服务业用地结构优于郊区，但郊区服务业用地结构正趋于合理。

上海中心城区、近郊区、远郊区服务业用地熵值　　表8-9

区域	1998 年熵值	2003 年熵值	2008 年熵值
中心城区	0.58	0.57	0.57
近郊区	0.51	0.53	0.54
远郊区	0.44	0.49	0.51
上海市	0.50	0.52	0.54

（2）从熵增量来看，中心城区熵增量最小，并且呈减少趋势，近郊区和远郊区熵增量均有所增加，并且远郊区熵增量增加得更快，表明郊区服务业用地结构日趋合理。中心城区虽然熵值最大，但熵增量却有所减少，服务业用地结构仍不够完善，需适当调整服务业内部用地结构比例。整体而言，上海市服务业用地结构熵不断增加，服务业用地结构越来越有序，并趋于均衡发展。

8.4.3　服务业用地多样化的空间差异分析

土地数量结构多样化分析的目的是分析区域内各类土地资源的多样化状况，同理，服务业用地也存在多样化，并且不同区域空间服务业用地的多样化不同[9]。本文采用吉布斯—马丁（Gibbs-Mirtin）的多样化指数模型来度量上海市服务业用地的多样化。其模型为：

$$GM=1-\sum f_i^2/\ (\sum f_i)^2 \tag{8-8}$$

式中，GM 是多样化指数，f_i 是第 i 种服务业用地类型的面积。计算服务业用地多样化变化量，即服务业用地多样化指数增量 GMC，采用公式

$$GMC=GM_i-GM_i-1 \tag{8-9}$$

式中，i 表示年份，GM_i 为后一时间多样化指数，GM_i-1 为前一时间多样化指数。

根据公式（8-8）和公式（8-9），计算 1998 ~ 2008 年上海服务业用地多样化指数和多样化指数增量（表 8-10）。

结果显示，2008 年上海市服务业用地多样化指数比 1998 年多样化指数增加了 0.039，上海服务业用地呈现多样化发展态势。通过计算中心城区、近郊区和远郊区的多样化指数，发现近年来，上海中心城区多样化指数均高于上海市整体水平，但多样化水平波动变化，呈现先减小后增加的趋势。郊区多样化指数不断增加，多样化水平持续增长，但近郊区多样化指数高于全市整体水平，远郊区多样化指数低于全市整体水平。由此可见，服务

上海中心城区、近郊区、远郊区多样化指数均值及其增量　　表8-10

区域	1998 年多样化指数	2003 年多样化指数	2008 多样化指数	1998 ~ 2008 年多样化指数增量
中心城区	0.698	0.687	0.691	-0.007
近郊区	0.621	0.634	0.653	0.032
远郊区	0.525	0.572	0.594	0.069
上海市	0.604	0.624	0.643	0.039

业用地的多样性与城市经济发展速度和水平密切关联。在城市经济发展水平高的中心城区，由于经济发展的需要，服务业用地类型丰富，服务业用地多样化指数较高，在经济发展水平相对较低的远郊区，虽然服务业用地多样化指数增量较大，但其多样化指数较低。

8.4.4 服务业用地空间相对集聚程度差异分析

集聚度可以用区位熵来衡量。区位熵法原是产业集聚程度的测度，它通过区位熵系数来判断区域是否存在产业集聚现象。后来，地理学家把区位熵分析法引入土地利用研究中来，利用区位熵分析区域土地利用类型的空间相对集聚程度。本节利用服务业用地区位熵分析上海服务业用地空间相对聚集程度的分布差异。

区位熵又称区位指数、专门化率，是指某一地区某一土地利用类型面积占上一级区域该土地类型总面积的比值与该地区土地总面积占上一级区域土地总面积的比值之比[10]。区位熵是综合性指标，利用区位熵分析区域土地的目的在于反映某一地区各种土地利用类型相对于高层次区域空间的相对聚集程度，其计算公式如下：

$$Q_i=(f_i/\sum f_i)\ /\ (F_i/\sum F_i) \quad (8\text{-}10)$$

式中，Q_i 为区位熵，f_i 为区域内第 i 种土地利用类型的面积，F_i 是上一级区域内第 i 种土地的面积。$\sum f_i$ 为该区域内各种土地类型的面积之和，$\sum F_i$ 为上级区域内各种土地利用类型的面积之和。若 $Q_i > 1$，则表明该类型土地具有区位意义，反之，则不具有区位意义。Q_i 值越大，则空间聚集程度越高。一般来讲，如果区位熵大于 1.5，则该服务业用地类型在该区域就具有比较明显的优势。

根据 1998 和 2008 年上海市服务业用地数据，利用公式（8-10）计算上海各区县服务业用地类型区位熵（表 8-11）。

结果显示，1998 ~ 2008 年间，上海市商服用地和社会事业用地集中分布在中心城区，基础设施用地在中心城区和近郊区较为集中，住宅用地则以远郊区的区位熵较高。从变化特征来看，中心城区的社会事业用地、

1998年和2008年上海市各区域主要服务业用地区位熵系数变化表　表 8-11

区域	年份	商服用地	住宅用地	社会事业用地	基础设施用地
中心城区	1998	1.8	0.7	2.0	1.2
	2008	1.7	0.8	1.7	1.1
近郊区	1998	1.1	0.9	0.9	1.1
	2008	1.0	0.9	1.0	1.1
远郊区	1998	0.6	1.2	0.7	0.8
	2008	0.8	1.2	0.8	0.8

商服用地和基础设施用地的区位熵均略有下降，表明存在一定程度的郊区化趋势，而住宅用地的区位熵略有上升；近郊区的社会事业用地和商服用地的区位熵分别呈现微升和微降趋势；远郊区的商服用地和社会事业用地的区位熵均出现略升趋势。

8.5　上海浦东新区商业服务业用地动态变化分析

1990 年，中共中央和国务院决策开发浦东，1993 年成立浦东新区，2000 年正式成立新区政府，2005 年，国务院正式批准浦东进行国家综合配套改革试点，2009 年，国务院批复同意将原南汇区划入浦东新区，浦东开发始终作为国家战略，整体功能显著提升。城市化和城市用地发展很快，从土地利用发展历程来看，1990 年浦东开发以后经历了三个阶段：第一阶段是从 1990 年浦东开放到 1993 年浦东新区管委会成立，以“分散规划，重点建设”为基本特征；第二阶段是从管委会成立到 2001 年新区政府成立，以“整体开发、跃进发展”为基本特征；第三阶段是 2001 年以后至今，以“填空补实，成熟发展”为基本特征。

浦东新区自开发开放以来，地区生产总值从 1990 年的 60 亿元增加到 2009 年的 4001 亿元，财政收入从 11 亿元增长到 1356 亿元，城镇和农村居民人均可支配收入分别达到 29116 元和 12401 元，2009 年原南汇区并入浦东新区后，土地面积超过 1200km^2，“大浦东”的区域面积整整扩大了一倍，占上海市 1/5 左右。从前文的分析来看，浦东新区的服务业用地结构信息熵和多样化指数均位于各区县前列，商业建筑集聚度也最大。因此，面对新一轮的开发开放，研究浦东新区的商业服务业用地的动态变化特征和规律，具有重要的现实意义。本节选取 1998 ~ 2008 年浦东发展最快的时期，研究其商业服务业用地的规模、结构和效益变化，以期对大浦东的良好发展，乃至上海的四个中心建设提供良好的借鉴意义。

8.5.1　浦东新区商业服务业用地规模结构变化

从表 8-12 和图 8-2 可以看出，1998 ～ 2008 年，浦东新区商业服务业用地面积逐年递增，由 1482.7hm^2 增加到 1869.6 hm^2，年均增长 35.17 hm^2，增长率为 2.37%，表明随着浦东新区经济的快速增长，商业服务业用地面积也大幅增长。然而，商业服务业用地占服务业用地的比重却波动减少，2008 年减少到最低点，为 6.52%。1998 ～ 1999 年，浦东新区商业服务业用地由 7.28% 增加到 7.42%，这与 1998 年亚洲金融危机有较大关系，其他服务业用地增长速度不如商业服务业用地，导致商业服务业用地结构有较大的提升。此后，随着经济的全面复苏，商业服务业用地比重逐年递减，至 2001 年降至 1998 年的水平，为 7.23%，其他服务业用地快速增长，尤其是基础设施用地从 1998 年的 7138.6 hm^2 增加到 2001 年的 7911.6 hm^2，三年间增加了 773 hm^2，这也与浦东新区政府刚成立，加快浦东的基础设施建设有较大关系。2001 ～ 2003 年，浦东新区加快发展黄浦江沿岸的陆家嘴金融贸易区，第三产业向中心区集聚，用地量不断增加，商业服务业用地比重又出现恢复性增长。从 2003 年开始，商业服务业用地比重急剧下滑，而基础设施用地和住宅用地增长加快，这与人口的大量涌入有较大关系。整体而言，近十年上海浦东新区商业用地规模不断增长，用地结构呈“M”形变化。

1998～2008年浦东新区各类服务业用地面积　　　　表8-12

年份	各类服务业用地面积（hm^2）					商服用地占建设用地比重（%）
	商服	住宅	社会事业	基础设施	其他	
1998	1482.7	9519.2	1346.6	7138.6	891.5	7.28
1999	1531.9	9691.9	1361.9	7179.5	893.3	7.42
2000	1564.5	9784.9	1409.4	7731.5	900.9	7.31
2001	1576.3	9914.8	1486.2	7911.6	913.6	7.23
2002	1648.3	10179.3	1567.1	8054.3	942.9	7.36
2003	1696.5	10399.7	1583.9	8214.5	964.5	7.42
2004	1735.8	10689.7	1686.2	8668.6	1014.0	7.30
2005	1756.2	10947.1	1725.7	8840.6	1133.3	7.20
2006	1808.6	11369.0	1968.5	9919.5	1303.3	6.86
2007	1850.2	11569.8	2027.7	11099.4	1453.6	6.61
2008	1869.6	11671.5	2070.6	11592.0	1469.5	6.52

资料来源：浦东新区房地局。

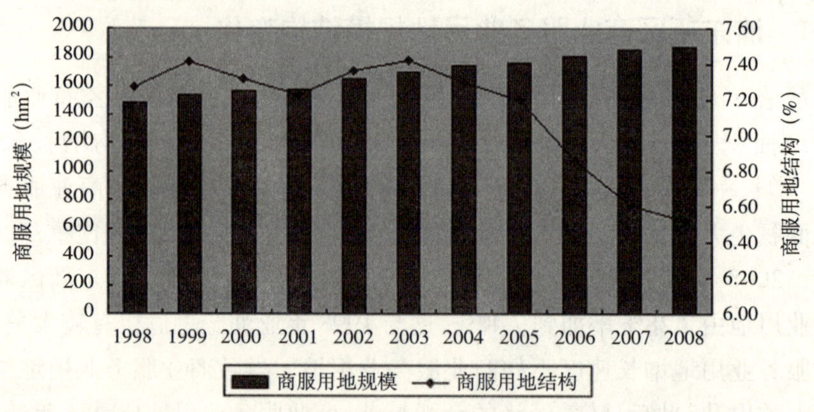

图 8-2　1998 ～ 2008 年浦东新区商服用地规模与结构变化图

8.5.2　浦东新区商业服务业用地效率变化

商业服务业用地主要包括商业用地、旅游用地和金融用地。因此，本节选取单位商服用地社会消费品零售额和单位商服用地金融业增加值两个指标来分析浦东新区商业服务业用地效率变化。从表 8-13 可以看出，随着商业服务业用地规模的不断增加，社会消费品零售总额和金融业增加值逐年增长，商服用地效率也呈现出稳步增长的趋势。由图 8-3 可知，单位商服用地金融业增加值的增长趋势明显大于单位商服用地消费品零售额的

1998～2008年浦东新区商业服务业用地效率变化　　表8-13

年份	商服用地（hm^2）	社会消费品零售总额（亿元）	金融业增加值（亿元）	单位商服用地消费品零售额（亿元 / hm^2）	单位商服用地金融业增加值（亿元 / hm^2）
1998	1482.7	178.97	101.31	0.12	0.07
1999	1531.9	198.31	138.35	0.13	0.09
2000	1564.5	215.17	159.88	0.14	0.10
2001	1576.3	233.02	170.12	0.15	0.11
2002	1648.3	284.24	166.04	0.17	0.10
2003	1696.5	313.24	183.48	0.18	0.11
2004	1735.8	358.21	218.13	0.21	0.13
2005	1756.2	353.69	249.69	0.20	0.14
2006	1808.6	400.02	313.98	0.22	0.17
2007	1850.2	456.04	474.83	0.25	0.26
2008	1869.6	526.89	553.46	0.28	0.30

资料来源：《上海浦东新区统计年鉴 2009》。

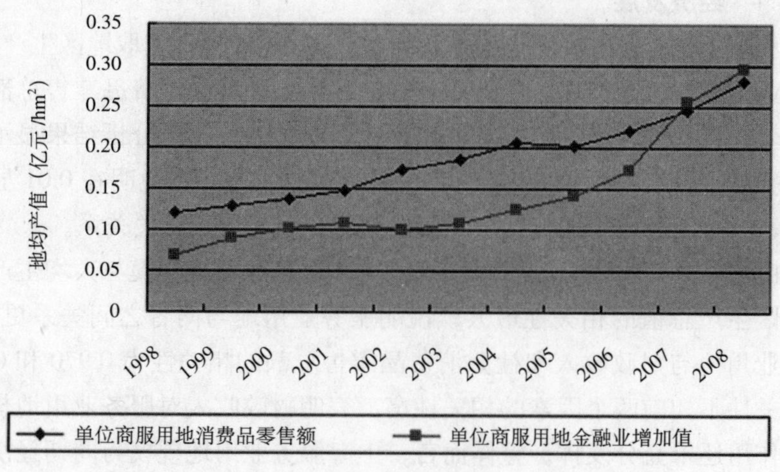

图 8-3　1998 ~ 2008 年浦东新区商服用地效率变化图

增长趋势，尤其是 2007 年以后，单位商服用地金融业增加值赶超单位商服用地消费品零售额，并持续增长。这与上海浦东打造国际金融中心的目标是相吻合的。

8.6　上海市服务业用地变化的驱动力分析

建立土地利用解释模型是阐明土地利用变化及其驱动力之间因果关系的重要手段。定量解释模型是运用统计分析方法研究土地利用与各种社会经济、自然驱动力之间的关系的一种模型，主要有回归模型、典型相关模型和元胞自动机模型等。服务业用地变化驱动机制是土地利用变化驱动机制的重要组成部分，研究服务业用地变化驱动力不仅可以丰富土地利用变化的驱动机制，而且对于服务业用地的合理发展具有重要的实际意义。本节以上海市为例，运用定性分析与定量分析相结合的方法，分析了影响上海服务业用地变化的驱动力，以期为上海服务业用地合理发展提供参考价值。

8.6.1　服务业用地变化驱动因子分析

根据系统论的整体性原理，驱动力系统是由各种驱动力组成的具有一定新功能的有机整体，它具有单独驱动力所不具有的性质。从以往的研究看，影响城市服务业用地变化的因素主要有自然因素和社会经济因素。由于自然因素是在长期的历史发展中形成的，短期内对土地利用变化的作用不明显。因此，本节侧重分析社会经济因素对服务业用地变化的影响，具体包括经济发展、人口增长、城市化水平、产业结构和政策制度等因素。

8.6.1.1 经济发展

利用 1999 ~ 2009 年上海统计年鉴中的经济数据，选取地区生产总值、服务业增加值、人均地区生产总值、财政收入和社会消费品零售总额等指标代表经济发展水平，与服务业用地进行相关性分析。分析结果显示，双边检验的检验值均小于 0.01，相关系数值均大于 0.9，说明在 0.01 显著水平下，上海服务业用地与经济发展之间存在显著的正相关关系。

由表 8-14 可以看出，1998 ~ 2008 年服务业用地规模与人均生产总值和地区生产总值的相关性最大，说明服务业用地与两者之间关系更密切。服务业用地与财政收入和社会消费品零售总额的相关性为 0.970 和 0.978，其相关性不如前两个因素的相关性高，表明财政收入对服务业用地规模的推动作用还未充分发挥。整体而言，上海服务业用地规模与同期经济发展水平的关系高度密切，并表现为同向变化特征。

服务业用地与各经济指标的相关性分析 **表8-14**

		地区生产总值	人均生产总值	财政收入	社会消费品零售总额
服务业用地	Pearson 相关性	0.990**	0.993**	0.970**	0.978**
	显著性（双侧）	0.000	0.000	0.000	0.000
	样本个数	11	11	11	11

注：** 代表在 0.01 显著水平下两者相关性是显著的（双边检验）。

8.6.1.2 人口因素

人口增长与土地利用变化之间的关系一直是土地利用变化研究的重要内容。几乎所有关于土地利用变化的研究都会探讨人口增长对土地利用变化的影响 [11]。居住用地作为住宅的载体，其用地面积的大小与人口因素具有重要关系。人口的增长必然导致居住用地的扩大和土地利用系统输出产品需求量的增加 [12]。另一方面，人均住房面积也随之增加。在这两个因素的共同作用下，城市居住用地和农村居民点用地的面积迅速扩大。

选取 1999 ~ 2009 年上海统计年鉴中常住人口、户籍人口和服务业从业人员数据，与服务业用地进行相关性分析，分析结果见表 8-15 所列。1998 ~ 2008 年上海服务业用地与人口规模存在高度相关，在 0.01 显著水平下两者之间的相关性是显著正相关。并且户籍人口与服务业用地规模的相关程度比常住人口更为显著，表明户籍人口的增加对服务业用地规模变化的影响程度更大。据统计，1990 ~ 2009 年，上海市城市和农村人均居住面积分别从 6.6m^2 增加到 17.2 m^2 及从 37.08 m^2 增加到 60.18 m^2，增长

服务业用地与人口的相关性分析 表8-15

		常住人口	服务业从业人员	户籍人口
服务业用地	Pearson 相关性	0.989**	0.985**	0.992**
	显著性(双侧)	0.000	0.000	0.000
	样本个数 N	11	11	11

注：** 代表在 0.01 显著水平下两者相关性是显著的(双边检验)。

率分别为 8.03% 和 3.12%。人口规模的增加和人均居住面积的增长是上海市服务业用地增加的主要原因之一。

8.6.1.3 城市化水平

城市化水平又叫城市化率，是衡量一个区域城市化发展程度的重要指标，一般用一定地域内城市人口占总人口的比例来表示。随着城市化水平的提高，城市人口的增加，必然引起居住用地需求的增加，同时也将导致其他服务业用地需求的增加。对于城市化水平的测度从理论上有单一指标法和综合指标法。这里采用非农化率和非农业产值率来综合表达上海城市化发展水平。表达式为：

$$PU=0.2P+0.8U \tag{8-11}$$

式中，PU 代表城市化率，P 代表非农业产值率，即第二、三产业增加值占地区生产总值的比重，U 代表非农化率。

利用公式 (8-11) 计算改革开放以来上海市城市化水平，结果见表 8-16 所列。

改革开放以来上海市城市化水平变化表 表 8-16

年份	1978 年	1980 年	1982 年	1984 年	1986 年	1988 年
非农产值率（%）	96	96.8	96.1	95.6	96	95.8
非农化率（%）	58.7	61.3	61.9	63.1	65.1	66.5
城市化率（%）	66.2	68.4	68.7	69.6	71.3	72.4
年份	1990 年	1992 年	1994 年	1996 年	1998 年	2000 年
非农产值率（%）	95.6	96.9	97.6	97.7	98.1	98.4
非农化率（%）	67.4	67.9	70.1	71.5	73	74.6
城市化率（%）	73.0	73.7	75.6	76.7	78.0	79.4
年份	2002 年	2004 年	2006 年	2007 年	2008 年	2009 年
非农产值率（%）	98.6	99	99.1	99.2	99.2	99.3
非农化率（%）	76.4	81.16	85.8	86.8	87.5	88.3
城市化率（%）	80.8	84.7	88.5	89.3	89.8	90.5

资料来源：根据 2010 年上海统计年鉴数据计算得到。

改革开放以来，上海城市化水平得到了很大提高，从1978年的66.2%增加到2009年的90.5%，增长了24.3个百分点。尤其是2002年以来，七年间增加了9.3个百分点(表8-16)。选取1998～2008年上海非农化率、城市化率和非农业产值率与服务业用地进行相关性分析。从表8-17可见，上海服务业用地与城市化率的相关性为0.990，在0.01显著水平下两者之间高度正相关，随着城市化水平的提高，服务业用地不断增加。服务业用地与非农化率的相关性略高于服务业用地与非农产值率的相关性，表明人口的非农化率对服务业用地的影响程度大于非农业产值比重的影响。由此可见，城市化水平的提高促进了服务业用地的扩展。

服务业用地与城市化水平的相关性 **表8-17**

		非农产值率	非农化率	城市化率
服务业用地	Pearson 相关性	0.958**	0.990**	0.990**
	显著性（双侧）	0.000	0.000	0.000
	样本个数 N	11	11	11

注：** 代表在0.01显著水平下两者相关性是显著的（双边检验）。

8.6.1.4 产业结构

产业是城市经济发展的基础。城市产业发展的历史表明，城市产业主体经历了两个升级转移阶段：从最初的手工业、商业向工业，又从近代工业向现代服务产业升级转移。两个产业升级转移的事实揭示了城市产业发展的一般规律，表明城市产业发展是客观社会、经济条件发展的必然产物。尤其是在第二次产业升级中，随着工业化进程的深入，以金融、保险和信息服务为代表的第三产业的发展，带动了服务业用地的增长。

伴随着产业结构的高级化，生产性服务业、高技术产业的比重增加。当经济发展到一定阶段，新兴第三产业成为主导产业，中心城市已经具有相当规模，主导产业得到较大发展，产业关联度大大提高。由于大城市人口的增长和经济水平的提高，加之级差地租的存在，中心城市地价昂贵，大多数传统工业外迁，竞租能力强的新兴第三产业则向中心城市集中。因此，中心城市对服务业用地的需求越来越大。

改革开放以来，伴随着体制改革和经济发展，上海的产业结构发生了巨大变化，经历了由“二、三、一”组合到“三、二、一”组合的转变过程。上海市三次产业结构属于典型的城市型产业结构。1978年以来，上海第一产业占地区生产总值的比重甚微，且呈下降趋势，由1978年的4%

下降到2009年的0.7%；由于历史原因，1978年上海第二产业比重高达77.4%，随着改革开放和转变经济发展方式的逐步推进，第二产业比重迅速下滑，2009年下降到39.9%，31年间下降了37.5个百分点；第三产业的比重则一直呈现迅猛上升的势头，1999年，第三产业增加值首次超过第二产业，成为国民经济发展的支柱产业。2009年，第三产业增加值达到8930.85亿元，占上海市地区生产总值的59.4%，占全国第三产业增加值的6.2%，在国民经济中的地位越来越重要（表8-18）。

1978～2009年上海市三次产业产值和结构变化表　　表8-18

年份	第一产业		第二产业		第三产业	
	产值（亿元）	构成（%）	产值（亿元）	构成（%）	产值（亿元）	构成（%）
1978	11.00	4.0	211.05	77.4	50.76	18.6
1990	34.24	4.4	505.60	64.7	241.82	30.9
1992	34.16	3.1	677.39	60.8	402.77	36.1
1994	47.61	2.4	1148.45	57.7	794.80	39.9
1996	68.72	2.3	1596.72	54.0	1292.11	43.7
1998	73.84	1.9	1871.89	49.3	1855.36	48.8
2000	76.68	1.6	2207.63	46.3	2486.86	52.1
2002	79.68	1.4	2622.45	45.7	3038.90	52.9
2004	83.45	1.0	3892.12	48.2	4097.26	50.8
2006	93.81	0.9	4969.95	47.0	5508.48	52.1
2008	111.80	0.8	6085.84	43.2	7872.23	56.0
2009	113.82	0.7	6001.78	39.9	8930.85	59.4

资料来源：根据2010年上海统计年鉴整理。

选取1998～2008年上海三次产业产值和结构指标与服务业用地进行相关性分析。由表8-19可见，在显著性水平0.01下，上海服务业用地与三次产业产值呈显著正相关，上海服务业用地与产业结构呈负相关，其中与第一产业结构比例在0.01显著性水平上呈显著负相关。从产业结构来看，第一产业比重对服务业用地的影响最大，第二产业比重和第三产业比重对服务业用地的影响较小，表明上海产业结构的演变对服务业用地的变化具有较大推动作用，并且产值的相关性绝对值大于比重的相关性绝对值，说明上海经济发展对服务业用地的影响比产业结构的影响要大。

服务业用房与产业结构指标的相关性分析结果　　　　表8-19

		第一产业产值	第二产业产值	第三产业产值	第一产业比重	第二产业比重	第三产业比重
服务业用地	Pearson 相关性	0.958**	0.997**	0.981**	−0.958**	−0.575	−0.702*
	显著性（双侧）	0.000	0.000	0.000	0.000	0.000	0.000
	样本个数 N	11	11	11	11	11	11

注：** 代表在 0.01 显著水平下两者相关性是显著的（双边检验），* 代表在 0.05 显著水平下两者相关性是显著的（双边检验）。

8.6.1.5　政策制度

制度是社会经济运行的基础，正如诺思指出："制度在社会中起着更为根本的作用，他们是决定长期经济绩效的基本因素。" 制度变迁是指在一定的社会环境中，对构成制度框架的规则、准则和实施机制的结合所作的边际调整。制度变迁反映了在特定的经济条件下，社会中的利益集团有一种改变现行行为规则和所有制结构的迫切需要。

我国经济制度正在由计划经济向社会主义市场经济阶段转变，与经济制度变革相适应的城市土地使用制度变革、城市规划和土地规划制度的建立，对城市服务业用地的变化具有重要的影响。

1）土地使用制度

经济机制是土地利用结构的直接决定因素，土地利用的实践表明，随着不同的经济机制的运行，土地利用结构也会随之发生明显的变化。我国实行城市土地无偿使用时期，土地没有价格，导致城市内部用地结构混乱，一个明显的现象就是工业用地大量占据市中心的黄金地段。改革开放以后，市场机制引入城市土地利用，土地开始实行有偿使用之后，在地价的作用下，很多城市开始了土地置换工作，大量工厂开始从市中心迁移至城市郊区，中心城区"退二进三"的步伐加快。根据竞租理论，城市地价从城市中心区向郊区逐渐递减。中心区昂贵的地价极不利于工业企业的发展，促使工业企业外迁。一般来说，第三产业具有经济密集性、决策集中和信息灵敏等高度集聚的特点，因而地价最高的中心区地段更适于商务办公、金融、商贸等服务业的发展。因此，这一阶段地价的差异成为促进服务业用地结构变化的主要原因。20 世纪 80 年代以来，上海市政府通过存量调整与增量合理布局等手段对城区工业布局进行调整，1985 ~ 1997 年中心城区的工业企业数所占比例由 50.6% 下降到 22.5%，并且中心城区核心区的工业企业一直趋于下降，这些置换出来的土地为服务业用地的发展提供了有利的条件。

2）城市规划

城市规划对服务业用地的扩展具有导向作用，不同时期的城市规划对服务业用地扩展影响不同。新中国成立前，上海作为商埠和港口，一个以消费为主的城市，商业用地得到较快发展。解放初期，上海城市规划致力于把上海变成生产型城市——工业城市，一直到改革开放以后，上海仍是全国重要的工业基地之一。20 世纪 90 年代初，上海城市性质和功能定位发生根本变化，提出“一个龙头、三个中心”的发展目标，中心城区主要发展服务业，建设浦东陆家嘴和浦西外滩中央商务区，形成花木、徐家汇、真如、五角场四个城市副中心。进入 21 世纪，上海提出“四个中心”建设，打造现代化国际大都市。由此带来服务业用地的向心集聚。随着制造业郊区化和人口郊区化的不断发展，上海服务业用地也呈现出由中心城向郊区扩散的趋势。城市规划对于上海市服务业用地空间布局的演变起着决定性的作用。

8.6.2 服务业用地变化驱动力定量分析

土地利用变化驱动力分析方法有基于经验的统计模型和基于过程的模型，基于经验的统计模型在运用中比较简单有效，有助于从复杂的用地系统中分离出主要的驱动因子，并确定用地变化与驱动因子之间的定量关系[13]。本节选择多元回归模型，对上海市服务业用地变化驱动力进行定量分析。

在实证研究中，为了全面、系统地分析问题，我们必须考虑众多影响因素，这些涉及的因素一般称为指标或变量。因为每个变量都在不同程度上反映了所研究问题的某些信息，并且指标之间彼此有一定的相关性，因而所得到的统计数据反映的信息在一定程度上有重叠。在运用统计方法研究多变量问题时，变量太多会增加计算量和增加分析问题的复杂性，人们希望在进行定量分析的过程中，涉及的变量较少，得到的信息量较多，以此消除共线性问题。因此，选择主成分分析法对服务业用地的影响因素进行筛选。主成分分析能够把多个指标转化为少数几个综合指标，是一种降维的统计方法，并且主成分之间不相关，因此，利用提取的主成分进行回归分析，既克服了共线性的干扰，又不损失原有信息。

近 20 多年来，上海服务业用地变化主要受到社会经济发展、人口增长及政策等社会经济因素的影响。因此，在选择驱动因子时，忽略自然因素的影响，主要选取普遍公认的社会经济指标，从能够反映上海经济发展与结构调整、人口规模与变化、城镇化和工业化发展、科技、人民生活收入状况等方面来选取。由于影响服务业用地变化的社会经济因素错综复杂，因此在确定以各种影响因素评价指标组成的社会经济变量时，既考虑要细致全面地选择驱动因子，希望尽可能不遗漏重要的解释因素，同时考虑选取那些能反映该地区对服务业用地变化有重大影响的社会经济指标。本文从以下几方面选取了与社会经济发展密切相关的统计指标，构成分析上海服务业用地变化的驱动因子系统。

选取常住人口（X_1）、人均地区生产总值（X_2）、服务业从业人员（X_3）、服务业增加值（X_4）、财政收入（X_5）、社会消费品零售总额（X_6）、城市人均可支配收入（X_7）、城市化率（X_8）、地区生产总值（X_9）和服务业增加值占地区生产总值的比重（X_{10}）作为自变量，服务业用地数据作为因变量 Y，运用社会科学统计软件 SPSS 进行主成分分析和回归分析。

以上社会经济数据主要来源于上海统计年鉴，将相关数据输入 SPSS 软件，进行主成分分析（见附录）。主成分回归分析模型拟合较好，相关系数 R=0.996，判定系数 R^2=0.993，F 检验值 541.668，显著性水平 Sig.=0.000。表 8-20 显示，常量与主成分均具有统计学意义，对因变量都有作用。

主成分回归分析结果表 **表8-20**

模型	非标准化系数		标准系数	t	Sig.	F	Sig.
	B	标准误差					
（常数项）	1553.754	5.531		280.923	0.000	541.668	0.000
第一主成分	61.544	1.887	0.987	32.608	0.000		
第二主成分	−38.431	8.667	−0.134	−4.434	0.002		

注：①因变量：服务业用地。
②预测变量：常数项、第一主成分、第二主成分。

将主成分回归方程转化为线性回归方程：

$$Y=687.839+0.221X_1+0.001X_2+0.350X_3+0.010X_4+0.008X_5+0.020X_6+0.004X_7+6.657X_8+0.006X_9-9.705X_{10}$$

由线性回归模型可知，近十年上海市服务业用地变化受服务业增加值占地区生产总值的比重、城市化水平、服务业从业人员、常住人口和社会消费品零售总额的影响较大，与人均地区生产总值、地区生产总值、服务业增加值、财政收入和城市人均可支配收入的关系较弱。

通过对上海服务业用地变化影响因素的定性与定量分析发现：

（1）上海市服务业增加值占地区生产总值的比重对近十年上海市服务业用地的影响最大，并且随着服务业增加值比重的提高，服务业用地的规模是减少的，这与服务业用地效率有关。21 世纪以来，上海服务业增加值的比重徘徊不前，而上海市服务业用地却不断增加，从侧面体现出上海市服务业用地效率不高，未达到应有的水平。为了实现城市的可持续发展，上海应该适度控制服务业用地规模的增长，提高服务业用地效率。

（2）上海的常住人口、服务业从业人员、城市化水平等社会指标对服务业用地的影响要大于服务业增加值、人均地区生产总值等城市经济指标，表明上海的经济总量对服务业用地的促进作用不够明显，未来上海须加大对服务业经济的投入，提高服务业用地效率。

（3）上海城市规划、土地规划等法律、法规对服务业用地的引导与控制具有重要意义。上海应该通过相关法律法规有效促进服务业用地的合理布局与发展，从而提高服务业用地效率。

8.7 上海市服务业用地结构优化的对策建议

目前，上海正处于城市化快速发展时期，已经发展到后工业化阶段，第二产业比重趋于下降，第三产业占绝对优势，知识密集型服务业崛起。然而，上海目前服务业增加值占地区生产总值的比重为59.4%，与上海整体经济发展水平不相适应。当务之急就是调整产业结构，提高服务业发展水平。服务业用地是服务业经济发展的保障，优化服务业用地结构对于产业结构调整具有重要意义。

8.7.1 优化生态用地结构

在国际大都市中，居住用地、绿化用地和交通用地所占比重较高，凸显了以人为本的用地结构特色[14]。如2005年大伦敦上述三类服务业用地约占建设用地的84.9%，2006年东京都区部上述三类服务业用地约占建设用地的86.3%，纽约市上述三类服务业用地约占其建设用地总量的85.6%。2008年上海市全部服务业用地占建设用地的比重仅为70%左右，生活用地和生态用地的比重更低，生产性用地的比重偏高。随着上海后工业化时代的到来，这种生产性功能较强而服务性功能较弱的用地结构必须得到扭转。

从服务业用地变化原因来看，人口增长是服务业用地动态变化的重要原因。上海的住宅用地主要分布在中心城区，2008年中心城区住宅用地占建设用地的比重为35.56%，郊区化进程尚未完成。上海应该在制造业郊区化的基础上，积极推进居住和生活设施等服务业用地的郊区化发展。

8.7.2 挖掘存量土地潜力

目前，上海市不仅存在已批未用的闲置土地，而且中心城区仍存在产业结构调整遗留的部分老厂房、老仓库等闲置土地。盘活剩余存量土地的任务依然艰巨。

政府应该鼓励盘活利用存量工厂仓库用地兴办现代服务业，对于符合规划改变用途、用于兴办现代服务业项目的旧厂房用地，可以给予一定的优惠政策来鼓励发展服务业。此外，政府可以对不同类型的闲置土地进行不同的处置，集约节约利用现有建设用地，不仅解决了土地资源紧张的矛盾，而且提升了服务业用地发展水平。

8.7.3 推进产业结构调整

随着国际大都市从物质产品生产中心转变为服务中心和信息中心，城市主要职能将转向经济、金融、信息、文化的交流，城市产业结构也逐渐从劳动密集型产业向资本密集型产业转变，再向知识密集型产业转变，服务业用地比重趋升[15]。如新加坡中心区服务业用地占绝对优势，约占建成区用地的92%，其中商业和商务办公用地占21%，交通用地占31%。

在国际化大都市的产业转型中，一般都经历了从区域性制造业中心到国家制造业中心，再到高科技产业和服务业为主导的全球性经济中心的两次大跨越。上海目前一、二、三产业结构为0.7∶39.9∶59.4，服务业比重仅占59.4%，即将进入服务业加速发展期。产业结构调整的要求，是上海加快发展服务经济的内在动力。目前，国际产业转移呈现出由制造业转向服务业，并加速向发展中国家转移的新趋势，我国东部沿海地区以承接国际服务业转移为主，东部地区服务业竞争已全面展开。2009年，上海外商直接投资额占全国外商直接投资额的11.7%，上海应抓住国际机遇，利用好自身优势，积极转变产业结构和提升服务能级，优化服务业用地结构。

8.7.4 强化用地规划调控

通过对上海服务业用地空间变化程度的分析，发现上海服务业用地空间分布不均衡，服务业用地空间布局不够合理。服务业用地结构的空间布局变化与城市规划、土地利用规划等城市用地规划紧密相关，国际大都市普遍运用法律手段调控城市用地规划，解决城市发展中存在的问题。如法国巴黎1965年的第三次区域规划，合理布局区域产业结构，平衡了城市之间的发展，扩大了巴黎城市发展的空间，保持了巴黎在国际竞争中的领先地位。日本东京曾提出“把东京建设成为发达的第三产业为特征的国际城市”，并且把全东京划分为“发展区”、“控制区”和“保护区”三大类。

目前，上海正在进行新一轮土地利用总体规划，应结合上海乃至全国的整体情况，优先发展服务业，为服务业用地腾出空间。优化中央商务区的服务业用地，完善生活用地和生态用地。内环线以内的中心城区应以发展现代服务业为主，服务业用地占主体，生产性用地集中发展；内环线以外，外环线以内的近郊区，加强交通用地和社会基础设施用地的比例，协调服务业用地与工业用地的结构比例，形成综合功能区；外环线以外的远郊区，以居住用地和农业服务业用地为主，服务业用地满足当地居民和乡镇工业的需要。

8.7.5 完善用地制度机制

加强土地法制建设，做到有法必依、执法必严、违法必究。深化土地使用制度改革，加强对土地资源的管理，规范土地市场，逐步形成市场化机制。

目前关于城市土地利用制度的对象主要以工业用地等产业用地为主，专门针对服务业用地的还不够完善和健全。政府应尽快制定并完善服务业用地政策。统筹规划服务业用地，规范服务业用地管理。完善土地供应信息公开披露制定，及时公布服务行业供地、用地信息，提供信息服务，接受社会监督；规范供地秩序，特别是招标拍卖挂牌出让程序，进一步提高透明度和土地资源配置效率，使服务业用地能够公平公正公开取得，确保服务业健康、有序发展。

本章参考文献

[1] 上海市地方志办公室 . 上海通志 [EB/OL].http：//www.shtong.gov.cn/.

[2] 上海统计局 . 上海统计年鉴 [EB/OL].http：//www.stats-sh.gov.cn/.

[3] 胡焕庸 . 中国人口（上海分册）[M]. 北京：中国财经出版社，1987.

[4] 香宝 .20 世纪 90 年代中国东西部土地利用变化时空特征分析 [J]. 地球信息科学，2005，17（1）：28-36.

[5] 谭永忠，吴次芳 . 区域土地利用结构的信息熵分异规律研究 [J]. 自然资源学报，2003，18（1）：112-117.

[6] 陈彦光，刘继生 . 城市土地利用结构和形态的定量描述：从信息熵到分维数 [J]. 地理研究，2001，20（2）：146-152.

[7] 张洁 . 东京城市土地利用结构分析及其对中国大城市的启示 [J]. 经济地理，2004，24（6）：812-815.

[8] 刘耀彬，陈志，杨益明 . 基于信息熵的武汉城市土地利用空间结构变动分析 [J]. 资源开发与市场，2004，20（5）：335-337.

[9] 苏广实 . 基于 Gibbbs-Mirtin 多样化指数的喀斯特土地利用数量结构分析——以广西都安为例 [J]. 广西教育学院学报，2009（5）：157-160.

[10] 王永乔 . 利用区位熵对农村土地利用现状的分析 [J]. 浙江国土资源，2009（5）：46-47.

[11] 谈明洪，李秀彬，吕昌河 . 我国城市用地扩张的驱动力分析 [J]. 经济地理，2003（9）：635-639.

[12] 王伟 . 济南市城区土地利用空间格局演化与优化研究 [D]. 济南：山东师范大学，2004.
[13] 彭建 . 喀斯特生态脆弱区土地利用 / 覆被变化研究——以贵州猫跳河流域为例 [D]. 北京：北京大学，2006.
[14] 石忆邵，彭志宏，陈华杰等 . 国际大都市建设用地变化特征、影响因素及对上海的启示 [J]. 城市规划学刊，2008（6）：32-39.
[15] 石忆邵，范胤翡，范华等 . 产业用地的国际国内比较分析 [M]. 北京：中国建筑工业出版社，2010.

第9章
上海商业用地发展及变化分析

商业用地是实现商贸交易的地理区域，并能为拥有者和使用者带来经济收益，经过开发成为具有一定规模和功能的“商业场所”，主要包括购物中心、商场、商业街和各类商品交易市场等用地类型。这里所指的商业用地不同于一般的商服用地。根据国土资源部2001年8月21日印发的《全国土地分类》（试行）：商服用地指商业、金融业、餐饮旅馆业及其他经营性服务业建筑及其相应附属设施用地，它主要包括：①商业用地。商店，商场，各类批发、零售市场及其相应附属设施用地。②金融保险用地。银行、保险、证券、信托、期货、信用社等用地。③餐饮旅馆业用地。饭店、餐厅、酒吧、宾馆、旅馆、招待所、度假村等及其相应附属设施用地。④其他商服用地。写字楼、商业性办公楼和企业厂区外独立的办公楼用地；旅行社、运动保健休闲设施、夜总会、歌舞厅、俱乐部、高尔夫球场、加油站、洗车场、洗染店、废旧物资回收站、维修网点、照相、理发、洗浴等服务设施用地。由此可见，商业用地是商服用地的一部分，商服用地包含了商业用地。

当代经济的一个重要特征是第三产业的迅速发展，其在国家或城市的国民生产总值中的比重不断增加，所吸纳的就业人数在全部就业人数中所占的比例越来越大。第三产业的异军突起，使得城市用地结构和布局也必然会随之发生变化。目前，各个大城市都不断开发新的商业用地用于招商引资，促进地区经济发展。

商业用地一直被视为最为活跃，最富有活力的城市公共空间[1]。它能为人们提供对物质欲望追求的购物场所和精神享受的活动空间，是现代城市的精神寄托。它的发展在一定程度上记载着城市变化的历程，已经成为渗透着人文景观内涵的城市综合体。对于城市形态而言，商业用地犹如城市中标志性雕塑，是现代城市的形态核心；而对于城市的发展而言，它就犹如博物馆，传递着社会生活、历史和文化的信息，是城市的历史缩影[2]。

以往的研究主要侧重于对影响商业用地的因素进行分析，而较少对商业用地的时空演变规律进行探讨。因此，研究上海改革开放以来特别是20世纪90年代以来商业用地的时空变化过程与特征，有助于揭示大城市商业用地的空间结构演变规律，并为其规模和结构的调整与优化提供科学依据。

9.1 上海商业用地发展现状

9.1.1 上海商业用地布局的历史演变

上海最初城市的兴起与商业的繁荣和贸易的发展紧密相连，20 世纪二三十年代，上海的商业已经初具规模，形成了南京路、淮海路、十六铺等商业街区。

上海在 20 世纪 90 年代初期，初步建立了等级分明、规模各异的商业中心网络。全市商业营业面积达到 400 多万 m^2，但人均商业营业面积只有 $0.4m^2$，由此带来商店拥挤不堪，人民生活和购物均不太方便。

20 世纪 90 年代中期，上海大力推进商业改革，商业网点呈现规模性扩张。到 90 年代后期，上海的人均营业面积达到 $0.8m^2$ 以上，消费和购物环境都得到了明显改善，基本形成了“三街”（南京路、淮海路、四川路）和“四城”（徐家汇、新客站、豫园、浦东新上海商业城）为核心的商业布局模式 [3]。

9.1.2 上海商业用地布局现状

目前，上海市商业用地布局基本沿袭着《上海商业发展第十个五年计划纲要》中所提出的以南京东路、南京西路、淮海中路、四川北路、豫园商城、徐家汇商圈、新客站不夜城、浦东新上海商业城这“四街四城”市级商业中心模式为核心，其他区域商业中心、特色商业街和社区商业为支撑的多层次、多心化、组团式发展的现代商业布局结构。

市级商业中心“四街四城”位于上海中心城区（表 9-1）。对于这些市级商业中心建设和调整的总体目标是：结合各自的区位特点，继续提高商业集聚程度，积极推进经营结构调整，开拓延伸新的经营服务领域，进一步完善经营服务功能，增进繁华气息，形成各具特色的都市商业氛围。

目前上海市被列入重点发展的 12 个区域商业中心是：五角场、老西门、曹家渡、中山公园、虹桥、大柏树、提篮桥、打浦桥、上海莘城、武宁新城、彭浦和昌里。这些区域商业中心的总体发展目标为：以服务本区域居民消费为主，兼有一定的集聚辐射功能；结合各个区域特点以及商业发展的基本条件，形成各自的特点。

上海市级商业中心"四街四城"一览表　　表9-1

商圈名称	边界	特点	大型商场
南京东路	东起河南中路，西至西藏中路	上海核心商业街，中国现代商业发源地之一	百货商店：宏伊国际广场、353广场、华联商厦、置地广场、永安公司、时装商店、东方商厦、百联世茂、新世界城 专营店：茂昌、吴良材、张小泉等
南京西路	南京西路	以百货、餐饮、服务为主体	百货商店：恒隆广场、久光百货、马莎百货 高档专卖店：LV、GUCCI等
淮海中路	陕西南路—成都南路—西藏南路	上海最繁华、历史最悠久的商圈之一	东段——高档写字楼：中环广场、香港广场、香港新世界、大上海时代广场、百货商店：太平洋百货、美美百货等 西段——百货商店：百盛、巴黎春天、永新百货、东方商厦
四川北路	四川北路	以百货、餐饮、娱乐休闲为主，业态结构齐全，新建大型商业项目	百货商店：巴黎春天、东宝百货、春天百货、天兴百货、宝大祥、福海商厦
豫园商城	豫园景区	以景区为依托，具有旅游特色	商业网点：豫园百货、华宝楼、老庙黄金、中华老字号总汇、老城隍庙小吃广场、绿波廊餐厅
徐家汇商圈	北起广元路，南至中山南路，东起宛平路，西至宜山路	地标性区域之一，商业企业集聚	百货商店：东方商厦、第六百货、太平洋百货、汇联商城、汇金百货、美罗城、新路达百货、太平洋电脑、百思买、SHOPPING-MALL、港汇广场
新客站不夜城	上海火车站	上海较早的商圈之一	百货商店：太平洋百货、名品商厦、环龙百货 大型商品交易市场：龙晓通信产品市场、地平线通信市场、通信市场、婚纱照材市场、服饰市场
浦东新上海商业城	浦东新区张杨路	较高聚集度的综合消费区，随浦东开发以来全新形成	百货商店：第一八佰伴、华联商厦 购物中心：华润时代广场、中融恒瑞国际 大型电子电器专业专卖店及市场：苏宁浦东第一店、新永乐国际旗舰店、太平洋数码、百老汇、百思买 地标：新梅联合广场、三鑫世界大厦、生命人寿大厦、浦东国际美食城、华都大厦、乐凯大厦、华申大厦、远东大厦、良友大厦

9.2 上海商业用地的时空演变特征分析

9.2.1 上海商业用地规模与结构的时间演变特征分析

1) 上海商业用地规模的时间演变特征分析

上海作为全国的经济中心，闻名世界的港口和对外贸易窗口，是我国通向世界的东方门户。上海城市发展的历史，就充分见证了因商而市、以商兴市的发展轨迹。

上海各行政区的商业用地面积见表 9-2 所列。除了 1990 ~ 1995 年黄浦区出现小幅减少这一特例外，上海市各行政区的商业用地面积大体呈现平稳上升的趋势。

1995 ~ 2000 年间，由于黄浦区和南市区撤二建一，设立新黄浦区政策的实施，因此 2000 年，黄浦区的商业用地面积有了一个大幅度的增长。

1995 ~ 2000 年间，商业用地面积普遍都出现了大幅增加的现象，包括黄浦区、卢湾区、长宁区、静安区、普陀区、浦东新区、宝山区在内的 7 个区，2000 年商业用地面积都在 1995 年的基础上至少翻了一番。2000 ~ 2009 年间，也出现了大幅增长的态势，浦东新区、闵行区、松江区这 3 个区，2009 年商业用地面积也都在 2000 年的基础上至少翻了 2 番以上。

当然，随着时间的变化，历年商业用地面积最大值所属的区县也发生着变化。从 1990 年、1995 年、2000 年的黄浦区，再到 2005 年浦东新区的异军突起，并保持 2009 年在各区县中仍然拥有最大的商业用地面积。

由表 9-3 可知，无论在哪个时间段，中心城区的商业用地面积在四个区块中始终处于第一的位置。浦东新区则在 2005 年异军突起，紧随中心城区之后，大有赶超之势。除了浦东新区外，其他三个区块在各时间段内的增长还是相对比较平稳的，并未出现大起大落的现象。

表 9-4 显示不同时间段内上海市各区县商业用地面积增长幅度的大小，反映了各区县商业用地规模扩张的内部差异性 [4]。

表 9-5 显示出不同时间段内上海不同区位商业用地面积增长幅度的大小。总体来看，浦东新区以 1995 ~ 2005 年间商业用地规模的增幅较大，近郊区以 1990 ~ 1995 年间增长较快，远郊区则以 1995 ~ 2000 年间增幅较大。

2) 上海市商业用地结构的时间演变特征分析

表 9-6 显示出 1990 年以来上海市区各级商业中心的数量变化 [5]。各级商业中心数量都呈现不同程度的增长，从增长的倍数看，社区商业中心的增长最快，区域商业中心的增长最慢。

上海各区县商业用地面积 表9-2

年份 区、县	1990年（万 m^2）	1995年（万 m^2）	2000年（万 m^2）	2005年（万 m^2）	2009年（万 m^2）
黄浦区	272	232	558	690	767
卢湾区	53	87	225	308	310
徐汇区	125	178	302	394	881
长宁区	80	105	280	407	485
静安区	74	84	270	361	425
普陀区	96	123	248	374	591
闸北区	61	86	161	344	383
虹口区	90	115	215	291	381
杨浦区	65	83	124	174	267
浦东新区	N	155	461	2476	3594
闵行区	24	64	73	222	559
宝山区	62	107	248	321	574
嘉定区	N	98	180	312	524
金山区	N	N	98	130	216
松江区	N	N	69	343	506
青浦区	N	91	95	125	298
南汇区	N	N	N	126	计入浦东新区
奉贤区	N	N	N	119	231
崇明县	N	N	N	59	69
合计	1002	1757	3857	7575	11060

注：①由于2000年6月，黄浦区和南市区撤二建一，设立新的黄浦区。因此直接将1990年及1995年南市区商业用地的面积计入黄浦区中。②由于统计年鉴统计范围随时间有所改变，故早年存在区县商业用地面积缺失的现象。③2009年南汇区未作为一个独立的区县进行统计，而是根据相应行政区划调整并入了浦东新区。④N表示数据缺失。

资料来源：数据来自《上海统计年鉴》历年资料。

上海各区域商业用地面积分布情况 表9-3

年份 地区	商业用地面积（万 m^2）				
	1990年	1995年	2000年	2005年	2009年
中心城区	916	1093	2383	3343	4490
浦东新区	N	155	461	2476	3594
近郊区	86	269	501	855	1657
远郊区	N	240	512	902	1320
合计	1002	1757	3857	7576	11061

注：①中心城区统计区域包括：黄浦区、卢湾区、徐汇区、长宁区、静安区、普陀区、闸北区、虹口区和杨浦区。②近郊区统计区域包括：闵行区、宝山区和嘉定区。③1995年远郊区商业用地面积仅包括金山区、松江区和青浦区。2000年则增加了南汇区、奉贤区和崇明县三个区县。2009年南汇区计入到浦东新区。

上海各区县商业用地面积增长率 表9-4

区、县 \ 年份	1990～1995年（%）	1995～2000年（%）	2000～2005年（%）	2005～2009年（%）
黄浦区	–14.7	140.5	23.7	11.2
卢湾区	64.2	158.6	36.9	0.6
徐汇区	42.4	69.7	30.5	123.6
长宁区	31.3	166.7	45.4	19.2
静安区	13.5	221.4	33.7	17.7
普陀区	24.1	101.6	50.8	58.0
闸北区	41.0	83.2	113.7	11.3
虹口区	27.8	87.0	35.3	30.9
杨浦区	27.7	49.4	40.3	53.4
浦东新区	N	197.4	433.1	45.2
闵行区	166.7	14.1	204.1	151.8
宝山区	72.6	131.8	29.4	78.8
嘉定区	N	83.7	73.3	67.9
金山区	N	16.7	32.7	62.2
松江区	N	2.2	393.1	47.5
青浦区	N	4.4	31.6	138.4
南汇区	N	N	10.5	计入浦东新区
奉贤区	N	N	45.1	94.1
崇明县	N	N	9.3	16.9

注：N表示数据缺失。

上海各区域商业用地面积增长率 表9-5

区域 \ 年份	1990～1995年（%）	1995～2000年（%）	2000～2005年（%）	2005～2009年（%）
中心城区	19.3	118.0	40.3	34.3
浦东新区	N	197.4	433.1	45.2
近郊区	212.8	82.2	70.7	93.8
远郊区	N	113.3	72.2	46.3

注：N表示数据缺失。

1990年以来上海市区各级商业中心数量变化　　表9-6

商业中心等级 \ 年份	1990 年（个）	2006 年（个）
市级商业中心	5	7
区域商业中心	19	23
社区商业中心	69	107

3）上海市商业用房开发投资的时间演变特征分析

1995 ~ 2009 年，上海市商业营业用房开发投资的总体变化情况如表 9-7 和图 9-1 所示。上海市对商业经营用房的投资总体呈波动性，这与房地产市场的周期性有关[6]。房地产开发周期长，一个商业经营项目的开发要经历几年的时间，并且与政府的政策支持与否有密切联系。上海市对商业经营用房的投资从 2006 年开始逐步稳定下来，表明上海房地产市场在经历周期性的适应后逐步达到稳定阶段，开始进入了健康、稳定发展的平稳期，而并非一味盲目大兴土木、兴建大型商业中心。

1995~2009年上海房地产开发投资和经营情况　　表9-7

年份	房地产投资总额（亿元）	商业营业用房投资额（亿元）	房地产投资总额与商业营业用房投资总额百分比 (%)
1995	466.20	32.38	6.95
1996	657.79	62.71	9.53
1997	614.23	54.20	8.82
1998	577.12	61.10	10.59
1999	514.83	60.42	11.74
2000	566.17	51.51	9.10
2001	630.73	62.70	9.94
2002	748.89	62.49	8.34
2003	901.24	67.81	7.52
2004	1175.46	78.93	6.71
2005	1246.86	102.61	8.23
2006	1275.59	155.07	12.16
2007	1307.53	158.94	12.16
2008	1366.87	172.63	12.63
2009	1464.18	185.10	12.64

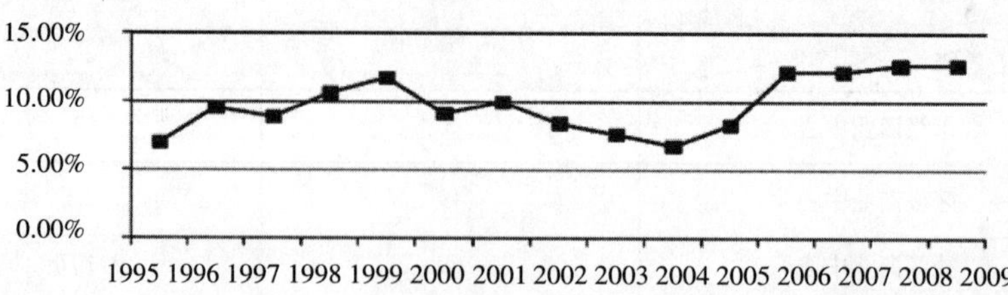

图 9-1　1995 ~ 2009 年上海商业营业用房投资占房地产开发投资总额百分比变化情况

表 9-8 和图 9-2 显示 1995 ~ 2009 年上海商品房和商业营业用房的出租情况。二者增长趋势一致，并呈逐年稳步上涨趋势，说明市场对商品房和商业营业用房的需求稳步上升。从图 9-3 可以看到，商业营业用房占商品房出租面积百分比变化情况虽有波动，但起伏不大，证明 1995 ~ 2009 年上海市商业房地产市场需求平稳，并且符合市场竞争规律。

1995～2009年上海市商品房出租情况　　**表9-8**

年份	面积（万 m^2）			价格		
	商品房出租总面积（万 m^2）	商业营业用房出租面积（万 m^2）	商业营业用房出租面积占商品房出租总面积百分比（%）	商品房出租平均价格（元 /m^2）	商业营业用房价格（元 /m^2）	商业营业用房价格高于（或低于）商品房出租平均情况的百分比（%）
1995	50.95	11.19	21.96	2572	4140	60.96
1996	60.52	16.93	27.97	3200	3976	24.25
1997	102.02	17.65	17.30	3199	3625	13.32
1998	130.42	34.73	26.63	3493	6562	87.86
1999	219.99	44.51	20.23	3422	6831	99.62
2000	358.38	62.04	17.31	3565	5110	43.34
2001	508.26	98.26	19.33	3866	6156	59.23
2002	597.39	132.56	22.19	4134	4968	20.17
2003	653.78	155.48	23.78	5118	6462	26.26
2004	706.61	160.87	22.77	6489	6982	7.60
2005	889.63	204.53	22.99	6842	7101	3.79
2006	977.77	234.85	24.02	7196	6478	−9.98
2007	1128.69	270.42	23.96	8361	6613	−20.91
2008	1141.19	318.01	27.87	8255	6610	−19.93
2009	1222.91	349.91	28.61	12840	15237	18.67

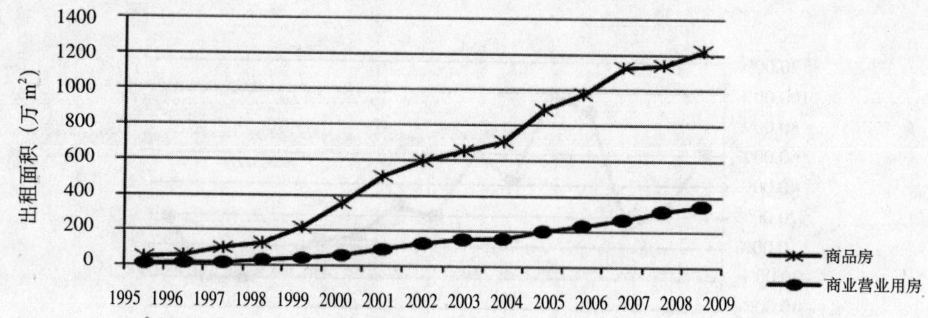

图 9-2　1995 ~ 2009 年上海市商品房出租面积变化情况

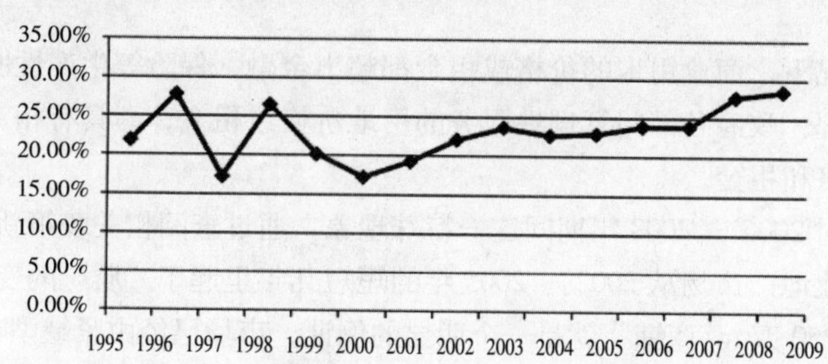

图 9-3　1995 ~ 2009 年上海市商业营业用房占商品房出租面积百分比变化情况

图 9-4 直观地显示了 1995 ~ 2009 年上海市商品房均价与商业营业用房价格随时间的变化。可以看出，二者变化趋势大体一致，说明商业营业用房价格并不是脱离整体房价，而是受到整体房价制约的。上海市整体商品房均价从 1995 年开始持续走高，并且自 2002 年开始上升速度迅速加快。商业营业用房价格在商品房均价上下浮动，2005 年是一个明显的分界点，2005 年之前，商业营业用房价格在均价之上，2005 ~ 2008 年商业营业用房价格则低于均价，2009 年则有较大飞跃，高于均价之上（图 9-5）。在

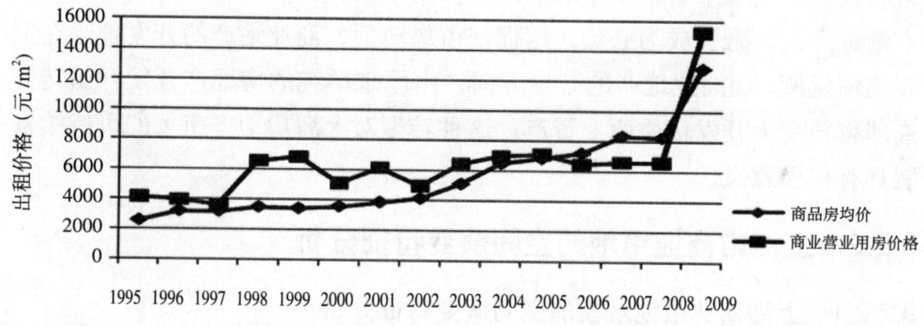

图 9-4　1995 ~ 2009 年上海市商品房价格与商业营业用房价格变化情况

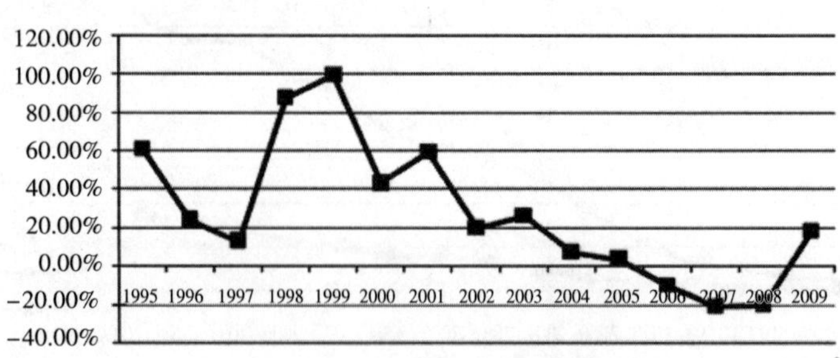

图 9-5　1995 ~ 2009 年上海市商业营业用房房价高于（或低于）商品房出租平均水平百分比变化情况

通常情况下，商业用地的价格或租金都超出金融、保险等生产性服务和大公司总部、政府各部门管理性服务的用地价格或租金，即具有相对最高的土地价格和租金。

针对 2005 ~ 2008 年期间这一特殊现象，通过查阅相关政策新闻发现，上海商业地产市场从 2002 ~ 2005 年的短短几年里起了“质”的变化，“挂牌待售 250 万 m^2 商铺”就是一个明显的例证。市场已经由紧缺型市场开始逐步变为充裕型市场 [7]。商铺需要经营才能产生利润，在 2005 年第三次土地拍卖时，上海市许多房地产企业采取沉默态度，说明房地产开发商已经不再盲目跟进，而是有选择性地介入市场。对于供地方面而言，商业地产是一个可以长期经营却较难长期开发的行业，商铺开发速度逐渐放慢，整盘交易出现。人们对经营的重视程度将高于开发。2002 ~ 2005 年商业地产的快速开发，使得商铺供应倍量放大，总量压力不断增加，“招商难”已经不再是市场的主调，“商业地产实心化”、“项目开发优质化”开始成为市场的主旋律，没有商业参与的纯房产的开发、投资商铺的模式，已经淡出市场。

因此，2005 ~ 2008 年上海商业地产市场处在一个重要开发转型期：①从市场的特征来看，由原来的市场“饥渴期”，转变为地产“消化期”；②从投资的角度来看，中小资本渐渐淡出市场，而国外、国内其他行业资本渐渐介入，融资成为必然，这促使市场转型，商业地产的开发理念在上海逐渐觉醒；③商业地产的开发方向，由原来单纯的房地产开发开始转变或即将转变为开发优质商业资产。这种转型对上海房地产市场的可持续发展具有积极意义。

9.2.2　上海市商业用地的空间演变特征分析

9.2.2.1　上海商业用地规模的空间演变特征分析

将表 9-2 数据导入 Excel 中，建立新的表格。运用 Excel 的图表功能，对数据进行分析，得到柱形图（图 9-6）。

同样，将表 9-3 数据导入 Excel 中，建立新的表格。运用 Excel 的图表功能，对数据进行分析，得到柱形图（图 9-7）。

为了能更直观地显示每个区县商业用地在全市商业用地中的重要程度，分别用累加的方法算出各年商业用地总面积，并分别除以相应年份的商业用地总面积，便能得出各区县商业用地面积占该年全市商业用地总面积的比例（表 9-9）。

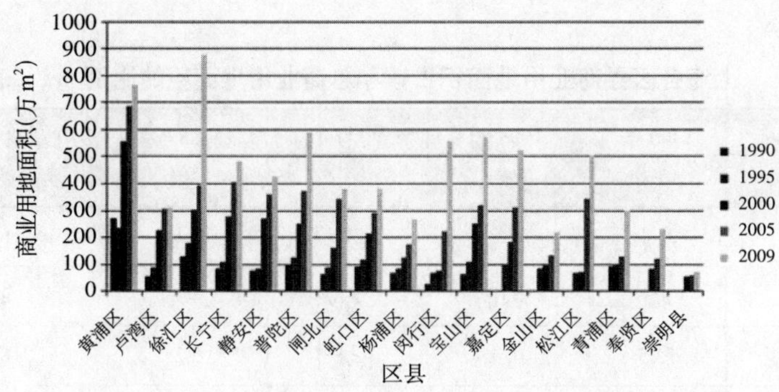

图 9-6　上海市各区县商业用地面积随时间的变化

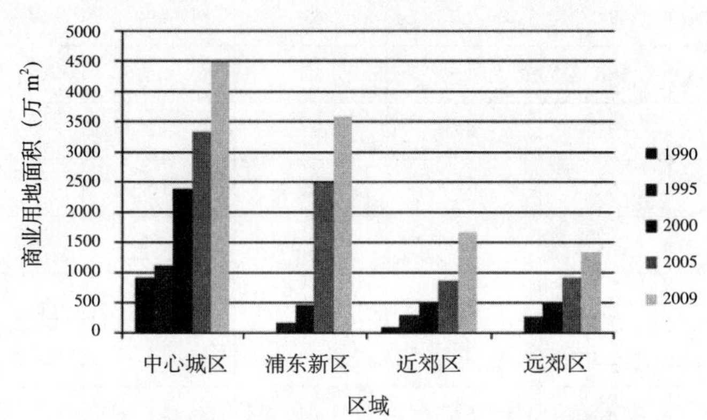

图 9-7　上海市各区域商业用地面积随时间的变化

从表 9-9 可知，各年份比例排前三位的区县分别是：

1990 年：黄浦区占 23.2%，徐汇区占 12.5%，普陀区占 9.6%，三个区商业用地面积之和占该年上海市商业用地总面积的 43.3%；

1995 年：黄浦区占 13.2%，徐汇区占 10.1%，浦东新区占 8.8%，三个区商业用地面积之和占该年上海市商业用地总面积的 32.1%；

2000 年：黄浦区占 14.5%，浦东新区占 12.0%，徐汇区占 7.8%，三个区商业用地面积之和占该年上海市商业用地总面积的34.3%；

2005年：浦东新区占32.7%，黄浦区占9.1%，长宁区占5.4%，三个区商业用地面积之和占该年上海市商业用地总面积的43.2%；

2009年：浦东新区占32.5%，徐汇区占8.0%，黄浦区占6.9%，三个区商业用地面积之和占该年上海市商业用地总面积的47.4%。

为了清晰地观察上海市每个区县商业用地规模的大小，根据表9-9数据，通过Excel的图表功能，绘出了每个年份各区县的商业用地比例图（图9-8～图9-12）。

上海各区县商业用地面积占该年总商业用地面积的比例　　表9-9

年份 / 地区	1990年(%)	1995年(%)	2000年(%)	2005年(%)	2009年(%)
黄浦区	23.1	13.2	14.5	9.1	6.9
卢湾区	5.3	5.0	5.8	4.1	2.8
徐汇区	12.5	10.1	7.8	5.2	8.0
长宁区	8.0	6.0	7.3	5.4	4.4
静安区	7.4	4.8	7.0	4.8	3.8
普陀区	9.6	7.0	6.4	4.9	5.3
闸北区	6.1	4.9	4.2	4.5	3.5
虹口区	9.0	6.5	5.6	3.8	3.4
杨浦区	6.5	4.7	3.2	2.3	2.4
浦东新区	N	8.8	12.0	32.7	32.5
闵行区	2.4	3.6	1.9	2.9	5.1
宝山区	2.2	6.1	6.4	4.2	5.2
嘉定区	N	5.6	4.7	4.1	4.7
金山区	N	4.8	2.5	1.7	2.0
松江区	N	3.7	1.8	4.5	4.6
青浦区	N	5.2	2.5	1.7	2.7
南汇区	N	N	3.0	1.7	计入浦东新区
奉贤区	N	N	2.1	1.6	2.1
崇明县	N	N	1.4	0.8	0.6

注：N表示数据缺失。

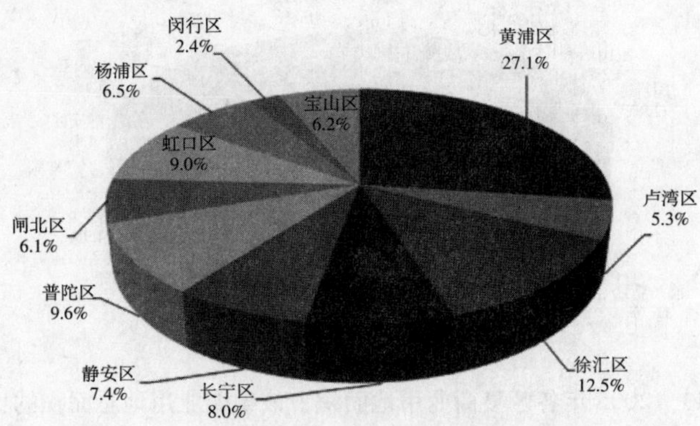

图 9-8 1990 年上海各区县商业用地面积占该年商业用地总面积的比例

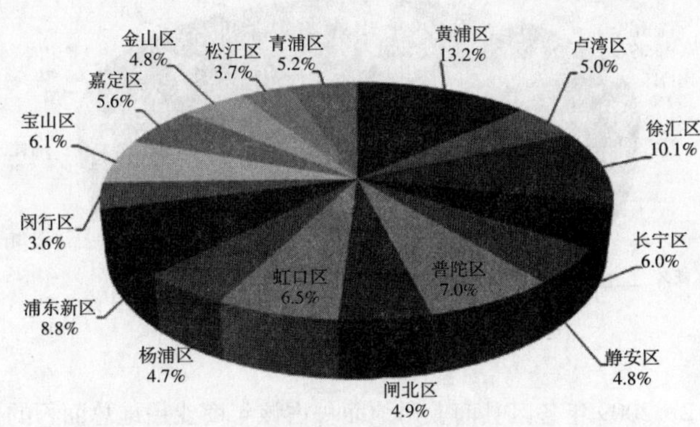

图 9-9 1995 年各区县商业用地面积占该年商业用地总面积的比例

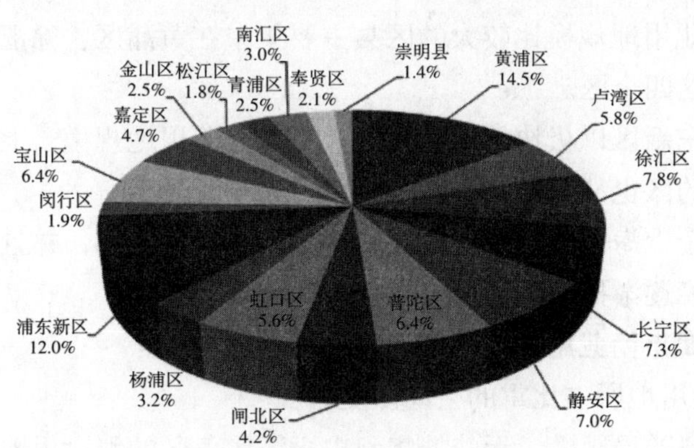

图 9-10 2000 年各区县商业用地面积占该年商业用地总面积的比例

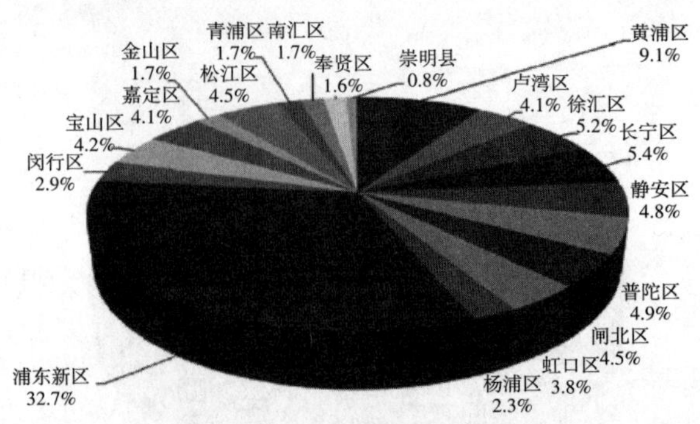

图 9-11　2005 年各区县商业用地面积占该年商业用地总面积的比例

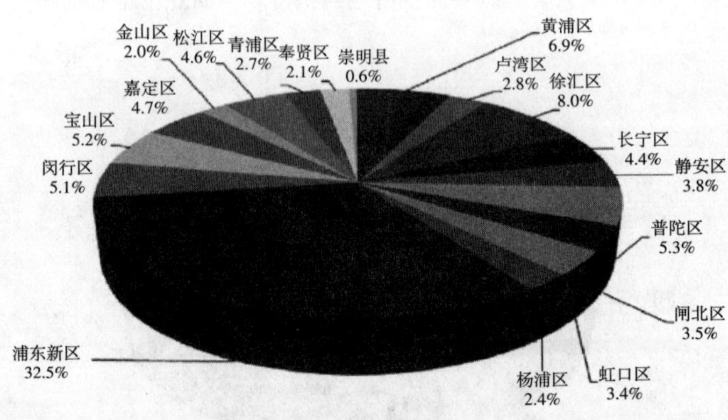

图 9-12　2009 年各区县商业用地面积占该年商业用地总面积的比例

至此，可以得出如下商业用地规模空间演变特征：

(1) 商业用地规模比较大的区县主要集中在黄浦区、徐汇区、普陀区及浦东新区这四个区。

(2) 浦东新区以极快的速度不断扩大其商业用地规模。上海市商业用地最大规模的区也从原来的黄浦区转移到浦东新区。

(3) 整个上海商业用地大规模地区集中在上海北部，并且上海东部的商业用地规模逐渐扩大。

9.2.2.2　上海市商业用地结构的空间演变特征分析

1）商业用地所占比重的空间演变特征

由于资料的局限性，无法搜集到中心城区各区的建设用地面积，现以 2000 年和 2006 年这两年的建设用地面积和商业用地面积数据为例，进行统计分析，经整理后，得到表 9-10。由表可见，2000 ~ 2006 年间，浦东新区商业用地比重提升最快，中心城区商业用地比重继续上升，远郊区商业用地比重提升速度快于近郊区。

上海各区县建设用地面积及商业用地面积变化情况　　表9-10

区、县	建设用地面积（万 m^2）		商业用地面积（万 m^2）		商业用地占建设用地比重（%）	
	2000 年	2006 年	2000 年	2006 年	2000 年	2006 年
中心城区	21622.3	26156.9	2383	3605.4	11.0	13.8
浦东新区	28653.4	35677.7	461	2687.9	1.6	7.5
闵行	16347.3	22859.4	73	268.8	0.4	1.2
嘉定	15160.8	22645.6	180	327.6	1.2	1.4
宝山	14847.0	19720.4	248	380.6	1.7	1.9
近郊区	46355.1	65225.4	501	977	1.1	1.5
松江	15044.8	21550.5	69	373.1	0.5	1.7
金山	12343.8	19754.9	98	140.8	0.8	0.7
青浦	12014.0	16313.0	95	269.1	0.8	1.6
南汇	16450.8	17890.0	N	152.2	N	0.9
奉贤	14076.4	23730.2	N	195.7	N	0.8
崇明	17363.3	21535.5	N	60.5	N	0.3
远郊区	87293.1	120774.1	262	1191.4	0.3	1.0

注：N 表示数据缺失。

2）商业用地等级结构的空间演变特征

一般认为，城市规模越大，发育越完善，城市商业中心的等级构成越完整，层次越丰富，数量越庞大。

根据克里斯塔勒的中心地理论，上海一般拥有市级商业中心、区域商业中心、社区商业中心和邻里商业中心四个级别。自上而下服务范围越来越小，规模越来越小，数量则越来越多[8]。

市级商业中心一般位于城市的中央商务区（CBD），辐射范围至少达整个城市。特大城市除了市级商业中心外，近年来又兴起了商业副中心，其级别仅次于市级商业中心，辐射城市某个方位的大片区域，作为市场经济体制下对原有市级商业中心的有益补充[9]。上海的徐家汇和正在兴建中的五角场即属于城市商业副中心。

区域商业中心传统的称呼是区级商业中心，那是因为在计划经济时代的商业中心布局服从行政最优原则，每个行政区下有一个辐射全区范围的商业中心，故称“区级商业中心”。从计划经济向市场经济转轨后，人口和消费能力成为架构商业中心的主要因素，原有的区级商业中心受行政区范围的大小、形状、人口密度等因素的影响，布局越发不合理，有的衰弱，有的则发育，出现了不同的发展趋势，因此所谓的区级商业中心其实已经突破了行政区的概念，成为区域商业中心。

社区商业中心的级别次于区域商业中心，一般布局在大型社区的中央或若干小型社区的结合部位，辐射范围为整个社区。社区商业中心的分布更不具有几何学上的分型意义，而是对人口的强烈依赖。

邻里商业中心的服务范围则更小，往往只限于一幢大楼或一个街坊单元。许多新建的居住楼盘沿街一侧的商业设施广泛发育，与社区商业中心连为一体，已经很难辨别。

因此，本文讨论的商业中心等级主要为市级、区域级和社区级。

商业用地的分布有以下两个特征：①等级越高的商业中心的分布越靠近市区内部。②新建的商业中心多分布在城市边缘带[10]。这两个特点的形成首先与城市发展历程和功能分区有关。上海城市中心地区开发历史早，商业历来发达，是传统的商业区和居住区。城市边缘带是随城市拓展而从农村用地向城市用地过渡的地带，主要是工业区，近年来许多新建的新村小区建设促进了商业由城市中心向这些地区扩散，形成了级别较低的新商业中心。如果从人口密度上考察，也可以发现，城市中心人口密度达 6 ~ 10 万人 /km^2，比边缘带高出 2 倍以上，商业中心也相应地密集，等级较高。另外不可忽视的是，城市中心交通发达，区位优越，便利性通达性佳，因此辐射范围广，而商业中心的规模聚集效应更强化了辐射功能[11]。

上海目前商业中心受城市化地域差异的影响[12]，浦西大部分商业中心已经达到外环线附近，浦东则主要分布在沿江带和内环以内。从整体上看，在浦西东北地区的杨浦商业分布最集中。而从等级结构上看，市级商业中心集中于内环以内，而且市级商业中心分布的地区，周边的其他等级商业中心的分布就比较稀疏，密度较低。区域商业中心的分布更不平衡，主要分布在西区的内外环之间的杨浦区，社区商业中心有 11 个是分布在城市拓展区域。社区商业中心的分布，西区在中环线和外环线之间是一个高密度带，而东北区依然集中分布；浦东地区社区商业中心的分布也比较密集。从分布情况上看，只有市级商业中心仍然分布在城市中心区，区域和社区商业中心有一半是分布在新增长区的（表 9-11）[13]。

综上所述，近年来上海市区商业用地变化的显著特征是：

（1）商业用地的空间分布随着城市拓展不断向外围蔓延，而且有一半的商业用地为 1990 年以来的新增土地。

（2）老城区的商业用地在一定程度上减弱，有 13 个商业中心衰亡（包括 1 个市级，2 个区域级商业中心），有 8 个区域商业中心衰弱为社区商业中心。这个特征在老城厢地区特别显著。

上海市商业中心等级结构　　　　**表9-11**

等级	商业中心名称	数量
市级	南京东路、淮海中路、南京西路、徐家汇、新上海商业城、四川北路、豫园	7
区域	中山公园、虹桥开发区、新上海不夜城、曹杨新村、彭浦新村、金桥新村、五角场、金杨新村、田林新村、龙华、闵浦桥、七宝镇、上钢新村、天山新村、甘泉新村、西藏中路、静安寺、控江路、长风公园、沪东工人文化宫、中原路、莘庄、引翔港	23
社区	有大型综合超市： 长桥新村、程家桥、宜川新村、虹桥镇、呼玛新村、仙霞西路、凉城新村、梅陇、三林、上海新村、桃浦新村、临沂新树、共和新路、新泾新树、严家角、杨思、愚园路、运光新村、张家巷、日晖新村、朱家湾、北郊站、打浦桥、大兴街、古北新区、古美新村、黄兴路桥、联洋社区、轻纺市场、永和小区、曲阳新村、上海春城、万里城、真光新村、竹园新村、太华新村、上海体育场、武宁新村 无大型综合超市： 爱国新村、鞍山新村、八埭头、北新泾、财经大学、漕河泾、长白新村、长海新村、丰庄新村、枫林桥、凤城新村、复旦大学、高郎桥、工农新村、广灵新村、航华新村、何家角、恒大华城、沪东新村、花木新村、浣沙新村、黄山新村、汇城新村、建德花园、江苏路、江湾镇、金陵东路、泾东新村、静安新城、巨野新村、康定路、康健新村、控江新村、老北站、老西门、六里、龙柏新村、龙华航站、卢家湾、罗阳新村、南泉新村、内江新村、培花新村、乳山新村、三角地、双辽新村、四平路大连路、塘桥、提篮桥、头道桥、宛平南路、潍坊新村、仙霞新村、香花桥、香山新村、小南门、新梅花苑、新时代花园、兴国路、行知花园、延吉新村、杨家桥、大自鸣钟、曹家渡、张庙、邮电新村、闸北公园、真源新村、周桥新树	107

资料来源：蒋海兵：《上海市中心城区零售业态空间结构研究》，上海师范大学硕士学位论文，2006。

（3）三个等级的商业中心虽然数量均有增长，但社区商业中心的发展最为迅猛，而区域商业中心发展相对滞后。

（4）商业用地分布不平衡。简单地说，就是商业中心整体能级增加、集聚与扩散并存、衰亡与新兴并存、商业等级两极化发展，商业用地发展具有典型的离心扩散特征。

上述结果的产生是经过多年市场经济建设后，市场选择发展的结果，具有一定的科学性和必然性，达到了动态的平衡。导致上述演变的根本动力是人口移动变化的结果，其他的如交通区位变化、市政建设改造等原因[14]。

根据中心地理论的原则，上海城市商业用地存在等级较鲜明的金字塔形结构[15]，大致分为市级、区域和社区三个等级。近年来上海市区商业用地等级结构的演变特征是：

①老城区中市级商业中心过分集中，其他等级的商业出现空壳化。

②区域商业中心的生存空间受到挤压，出现了空间上向城市外围的跃迁趋势。

③社区商业中心广泛蓬勃发展，城市边缘时社区商业中心发展最为活跃的地区，成为商业发展的重要增长极。

④商业中心的等级与交通区位条件的关系越来越密切。比较发现，商业中心的等级越高，规模越大，门槛人数越多，越需要发达的交通网络汇聚人流，交通区位条件越优越（表 9-12）[16]。

商业中心与交通的关系 **表9-12**

商业中心	商业等级	公交线路	公交站点	轨道车站	停车场	快速干道	途径干道
南京东路	市级	33	23	2	11	2	4
中山公园	区域	20	13	3	6	2	2
航华新村	社区	7	10	0	0	2	0

3）主要商业中心的商圈空间演变分析

目前上海主要形成了以“四街四城”市级商业中心模式为核心，其他区域商业中心、特色商业街和社区商业为支撑的多层次、多心化、组团式发展的现代商业布局结构（表 9-13）[17]。下面将结合 GIS，对“四街四城”即南京东路、南京西路、淮海中路、四川北路、豫园商城、徐家汇商圈、新客站不夜城、浦东新上海商业城的商圈演变进行分析。

1999年和2005年上海市市级商业中心规模 **表9-13**

市级商业中心	1999 年（m^2）	2005 年（m^2）
南京路	8382	4932
淮海中路	4790	7076
四川北路	3490	5648
豫园商城	5456	4324
徐家汇商圈	12609	12248
新客站不夜城	11967	9192
浦东新上海商业城	35168	21387

在 ArcGIS 中，利用时间可达性和伽萨法则 [18] 对上述各商圈空间范围进行加权划分，则 1999 年“四街四城”市级商业中心的商圈范围如图 9-13 所示。

同理（各商业中心空间位置视为不变），在 ArcGIS 中绘出 2005 年上海市各市级商业中心的商圈范围，如图 9-14 所示。

结合图 9-13 及图 9-14，可以看出，由于新客站不夜城经营面积的减小，使得其商圈范围大幅度萎缩，被异军突起的浦东新上海商业城和迅速发展成熟的徐家汇商圈吸走了很大一部分客流；而四川北路尽管在浦东新上海商业城和新客站不夜城这两个老牌商业中心的“夹缝”中，但是凭着其迅猛发展的势头，打开了一定的市场，得到了一定的发展；南京路、豫园商城、淮海中路这三个商业中心位于中心城区，地理位置接近，形成了一定的集聚效应，因此抵挡了一部分浦东新上海商业城、徐家汇商圈、四川北路商圈这三个商业中心发展的冲击，保持了稳定的商圈范围。

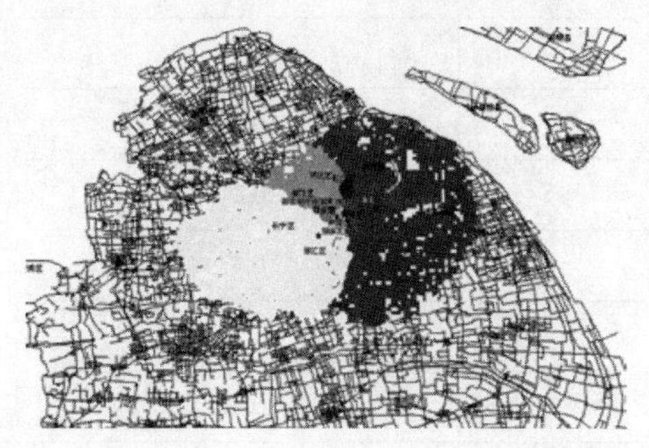

图 9-13　1999 年上海市各商业中心商圈范围

图 9-14　2005 年上海市各商业中心商圈范围

9.2.2.3　商业用地的空间分布

1）集中度分析

集中度可以用区位熵来衡量 [19]。区位熵是一种定量分析的方法，是用来衡量某一产业或用地在一特定区域的相对集中程度。通过计算某一区域商业用地的区位熵，可以找出商业用地分布在上海市较为集中的区县。区位熵大于 1，说明区域商业用地面积集中度高，反之则较低；一般来讲，如果区位熵大于 1.5，则该区域在上海就具有比较明显的优势。

需要说明的是，由于中心城区各区县建设用地面积数据的缺失，因此无法计算中心城区各区县的区位熵。此外，2000 年南汇、奉贤、崇明商业用地面积数据的缺失也导致这三地区位熵数据的缺失。

由表 9-14 可见，中心城区 2000 年、2006 年的区位熵及浦东新区 2006 年的区位熵均超过了 1.0，且大于 1.5，说明商业用地的分布在中心城区和浦东新区的集中度很高，且在上海具有比较明显的优势。特别是浦东新区，2000 年的区位熵为 0.80，而到 2006 年则猛增至 2.21。说明在 2000 ～ 2006 年间，商业用地的空间布局发生了很大的变化，浦东新区商业用地的规模及商业用地的集中度大大提升。另外，2000 ～ 2006 年间，中心城区和近郊区商业用地的集中度有所降低；远郊区商业用地的集中度则有所增加。

上海市各区县区位熵 **表9-14**

地区	2000 年	2006 年
中心城区	5.50	4.06
浦东新区	0.80	2.21
闵行	0.20	0.35
嘉定	0.60	0.41
宝山	0.85	0.56
近郊区	0.55	0.44
松江	0.25	0.50
金山	0.40	0.21
青浦	0.40	0.47
南汇	N	0.26
奉贤	N	0.24
崇明	N	0.09
远郊区	0.15	0.29

注：N 表示数据缺失。

2）商业用地空间分布的特征

上海城市商业用地的分布为适应城市的发展而经历着不断发展变化。归纳起来，上海城市商业用地空间分布呈现出以下三个特征：

(1)商业用地在分布较为均匀的状态下,商业用地面积稳定持续地增加。

(2) 城市中心区的商业用地面积明显高于城市边缘地区。

(3) 老城区的商业用地面积在减少，城市边缘的商业用地面积在增加，中心外围区的商业用地面积基本保持稳定。

另外，商业用地的分布与人口分布关系密切（表 9-15）。

以表 9-15 中 2000 年及 2006 年商业用地面积和人口数的数据为例，通过 ArcGIS 软件，对商业用地面积与人口数的关系进行空间分析，得到图 9-15、图 9-16。

商业用地面积增量与人口数增量　　表9-15

区县	商业用地面积（万 m^2）			人口数（万人）		
	2000 年	2006 年	增量	2000 年	2006 年	增量
黄浦区	558	723.8	165.8	66.18	60.19	−5.99
卢湾区	225	311.9	86.9	35.59	31.37	−4.22
徐汇区	302	417.4	115.4	86.77	88.75	1.98
长宁区	280	411.2	131.2	60.49	61.42	0.93
静安区	270	370.2	100.2	35.8	30.96	−4.84
普陀区	248	474.2	222.2	84.27	85.97	1.7
闸北区	161	358.3	197.3	70.83	69.86	−0.97
虹口区	215	315.7	100.7	80.36	78.7	−1.66
杨浦区	124	222.7	98.7	107.95	107.75	−0.2
浦东新区	461	2687.9	2226.9	165.14	187.56	22.42
闵行区	73	268.8	195.8	65.4	85.53	20.13
宝山区	248	380.6	132.6	80.95	81.59	0.64
嘉定区	180	327.6	147.6	48.64	53.25	4.61
金山区	98	140.8	42.8	53.01	52.29	−0.72
松江区	69	373.1	304.1	49.55	53.21	3.66
青浦区	95	269.1	174.1	45.89	45.63	−0.26
南汇区	N	152.2	N	69.03	72.73	3.7
奉贤区	N	195.7	N	50.42	51.33	0.91
崇明县	N	60.5	N	65.36	69.98	4.62

资料来源：数据整理自《上海统计年鉴》历年资料。N 表示数据缺失。

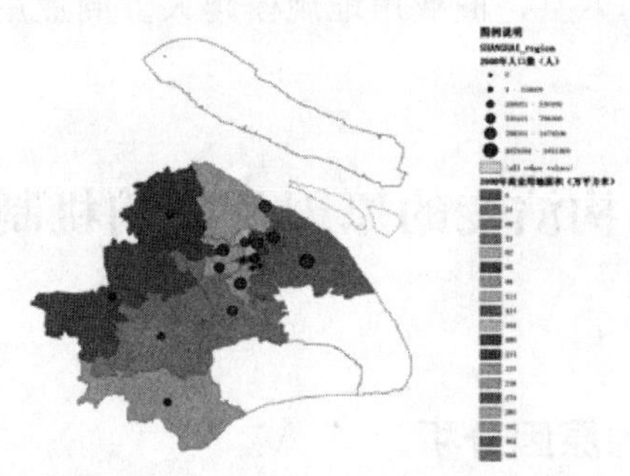

图 9-15　2000 年商业用地面积专题图

注：图中空白区域表示数据缺失。

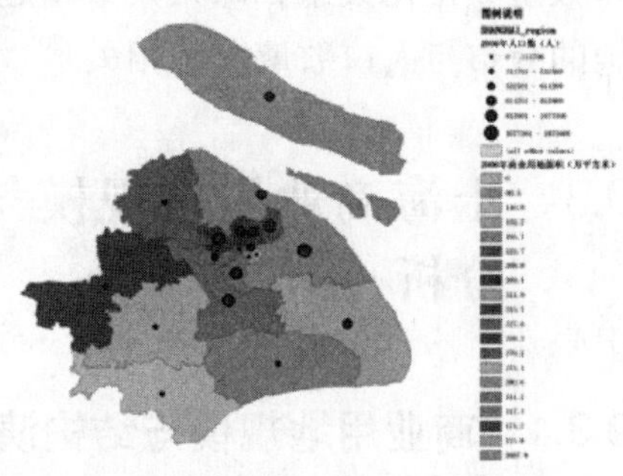

图 9-16　2006 年商业用地面积专题图

从上图可见，商业用地的空间分布在一定程度上与人口的空间分布有着紧密的联系。一般而言，人口数量越多即人口越密集的区域，商业用地的面积也越大。通过两幅专题图，发现在2000～2006年间，人口不断向郊区迁移，相应地，商业用地在郊区的规模也不断扩大，出现了郊区化的现象。

为了更直观地显示人口数与商业用地面积间的关联，通过表9-15中2000年和2006年的原始数据，分别计算出2000年与2006年人口数与商业用地面积的增量，并根据增量，运用ArcGIS软件，分别对商业用地面积增量与人口数增量进行空间分析，得到下列图9-17、图9-18。

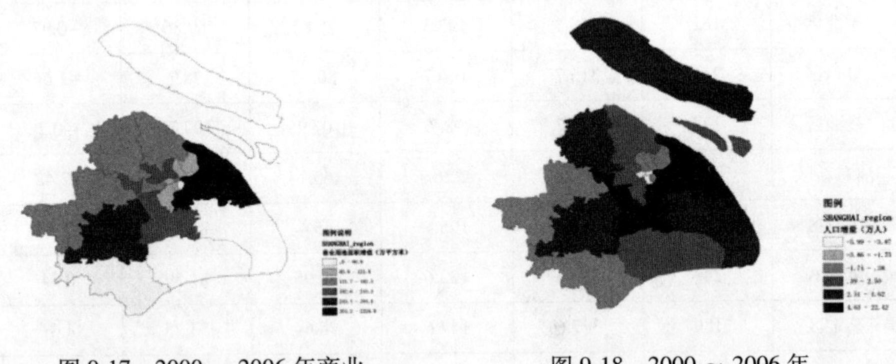

图9-17　2000～2006年商业用地面积增量专题图

注：图中空白区域表示数据缺失。

图9-18　2000～2006年人口数量增量专题图

由图9-17和图9-18可见，商业用地面积增量的幅度大小与人口数量增量的幅度大小基本保持一致。如浦东新区、青浦区、松江区、普陀区这4个区，两类增量的级别就完全保持一致。除了崇明县、奉贤区和南汇区由于2000年数据缺失外，其余12个区的两类增量级别也基本保持一致（不超过2个级别）。一系列分析比较都说明这一事实：商业用地的面积与人口数量成正比关系，即人口数量越多的区县，商业用地规模越大。商业用地的分布与人口数量密切相关[20]。

9.3　上海商业用地规模与结构演变的原因及影响机制分析

9.3.1　商业用地规模与结构演变的原因分析

商业用地作为城市的有机组成部分，其发展过程深受城市多种因素影响。商业用地规模与结构除了要满足周围服务对象的要求，同时还要考虑所在区位条件的综合影响。城市地区具有复杂的交通条件、特殊的土地利用类型、劳动力条件、消费者收入差异以及城市发展规划等因素，对市区商业用地规模与结构具有一定的影响，下面仅讨论对市区商业用地规模与结构影响最为重要的因素。

1）功能定位与发展目标

从宏观层面来看，城市功能定位是以确定城市主导功能、独特功能和城市性质为目标，形成自身特色的关键所在，对城市内部各子系统产生深刻的影响。商业中心区作为城市的重要服务枢纽，必然受到城市定位的影响。可以说城市定位决定了城市商业中心的规模、档次和服务范围，从而间接影响到商业中心区各类功能的构成和用地规模。城市发展目标主要包括经济目标、城市建设规模目标、人口目标。经济规模、城市规模、人口规模越大，相应的消费总量就越大，人均消费水平就越高，对商业中心的规模要求就越大，档次就越高。

从中观层面来看，商业中心区的功能定位对商业用地规模与结构演变也起着重要的影响。不同等级的商业中心区在城市中的地位和承担的职能各不相同。市级商业中心区和区域级商业中心区有不同的服务范围、服务人口规模，所需要的商业用地规模和营业面积也各有差异。可以说商业中心区在城市的功能定位是决定商业用地规模的最主要因素。在明确商业中心区的功能定位情况下，需要具体界定其服务范围，以便测算服务人口规模，预测商业用地规模。

2）城市土地价格

1990年以来，我国城市土地有偿使用制度加速了城市功能空间的更新和用地集约化，地价成为制约用地空间分布的重要因素[21]。

地价是因使用土地而支付的使用费，它是土地所有权在经济上的实现形式，由土地级别差异而形成的地租，则是级差地租。城市土地使用的分布在很大程度上是根据不同地租的承受能力而进行竞争的结果。不同业态之间承租能力的差异也决定了它们在空间上的布局，如：百货店的承租能力要远高于普通超市。

在地价机制作用下，工业、仓储等用地迁出中心区，为商业提供土地[22]。在商业用地上，高档百货店占据着市中心最佳的地段，中低档商业职能则倾向于次级的商业地段。在上海市级商业街上很难看到中低档家具店、超市这样的低档商业设施。大型家具专业店只能在城市外圈选址。根据地租理论，高档零售店的承租能力高于一般零售店，它对于热点地段的竞争能力也就强，地价对业态布局起到自发配置的作用。

3）居民的购买力及生活水平

随着上海市居民家庭人均消费性支出的逐年增长，以及城市居民的恩格尔系数的逐年降低，居民的消费结构将发生改变，更多注重提高生活质量方面的消费。

上海市主要年份商业用地面积、人均收入、人均消费支出及恩格尔系数　　表9-16

年份	商业用地面积（万 m^2）	人均收入（元）	人均消费支出（元）	恩格尔系数（%）
1990	1002	2183	1937	56.5
1995	1517	7172	5868	53.4
2000	3607	11718	8868	44.5
2005	7575	18645	13773	35.9
2009	11060	28838	20992	35.0

资料来源：《上海统计年鉴》历年城市居民家庭生活基本情况表。

根据增长率计算公式，由表9-16可计算得到表9-17。

上海市商业用地规模、人均收入、人均消费支出及恩格尔系数的增长值　　表9-17

时期	商业用地面积增长值（万 m^2）	人均收入增长值（元）	人均消费支出增长值（元）	恩格尔系数增长值（%）
1990～1995	515	4989	3931	-3.1
1995～2000	2090	4546	3000	-8.9
2000～2005	3968	6927	4905	-8.6
2005～2009	3485	10193	7219	-0.9

由表9-17可见，随着收入的增长，消费支出也不断增长，而消费支出的增长则相应地带动商业用地规模的增长。由此可见，商业用地规模与居民收入和消费支出成正比关系。

商业企业的利润是建立在居民购买力和消费商品的基础上的，购买力对商业活动区位选择有重大作用，然而购买力取决于人口数量与经济收入水平。人口数量与一定的消费水平相结合形成现实的购买力，消费水平则取决于经济收入和消费倾向。

市场需求的变化是决定零售业态和商业用地空间发展变化的根本原因。收入水平的提高，使消费者在满足原来的基本需求后，开始追求更加个性化的消费，追求更高层次的效用；与此同时，在市场竞争激烈的条件下，零售企业为了生存发展，面对消费者的这一需求变化，便会对企业的经营方式和决策进行相应调整，从而带来经营业态及商业用地规模与结构的变化。

4）竞争环境的变化

自从中国加入WTO，国外零售巨头纷纷瞄准中国零售市场，全球著名零售500强有1／3进入中国，2004年12月11日我国零售市场全面开放，无疑将加快中国商业业态的演化，催生新的零售业态的出现。在上海，新型零售业态层出不穷。国外商业企业的进入在带来了先进的经营模式与技术的同时，也给原先的企业带来不小的竞争压力。如何才能在竞争中屹立不倒并获得最大的利润，是每个企业的共同目标。这就促使了商业用地必须在其规模与结构上作出相应的调整。这不仅加快了我国民族商业企业的成长，同时也提高了它们的竞争力。

上海市是我国外商投资零售企业进入最多、业态最齐全的城市。外商投资零售企业和港澳台零售商对于上海零售业态的演变和发展影响很大。换言之，它们也是商业用地规模与结构演变的重要影响因素。

5）城市交通设施建设

在不同的商业区之间，交通条件越好，意味着服务对象在数量上越多，在空间上分布越广，该商业区的规模也就可能越大。对同一个商业区而言，交通条件的改善意味着通达性的提高，其经营环境也就得以改善，商业活动随之扩张，商业区位更加优越。所谓通达性，最指人们从住地到达商业设施所在地的接近与方便程度，它表明对其所有活动者交通便捷的均衡性，主要与城市的道路系统和交通网络有关[23]。

商业区位理论认为，随着距商业区空间距离的增加，到该商业区购物的家庭数会减少。就交通条件而言，一个交通设施条件好的市场区域，可以缩短消费者购物所花费的时间，降低出行的空间费用，所以交通条件是商业用地选址时首先要考虑的因素之一，不管是在未来，还是过去，从家到购物中心的交通方式是影响商业用地规模与结构的主导因素。

商业区与周围交通设施的相互促进关系，是许多商业中心迅速崛起的主要原因。由于交通基础设施的能力是有限的，所以在一定的交通条件下，商业区的发展规模是有上限的，存在均衡的商业规模。这是因为随着商业功能的加强，商业中心吸引的交通量不断增加，这些交通需求不断加载到交通网络上，对交通系统的压力也不断增大，到一定程度后，交通变得拥挤不堪，开始抑制人流的增加，人流规模达到一定限度，从而限制了商业规模的进一步扩大，商业规模达到一定限度，二者处于均衡状态。均衡商业规模如图9-19、图9-20所示。

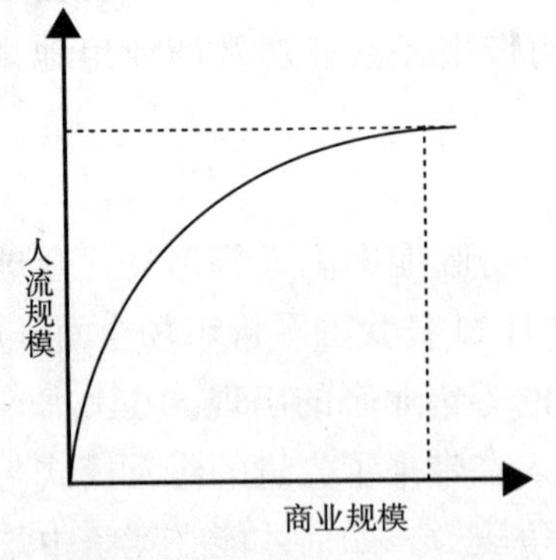

图 9-19　一定条件下的均衡商业规模

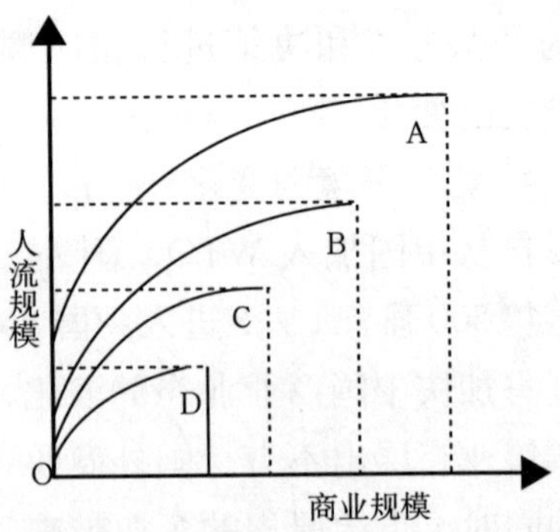

图 9-20　不同交通条件下的均衡商业规模

不同的交通条件所能承受的人流规模不同，相应地，商业规模也不同。图 9-20 中，曲线 OA，OB，OC 和 OD 分别表示在四种交通条件下人流规模与商业规模的关系。曲线 OA 反映最优交通条件下的对应关系，其均衡商业规模最大；曲线 OD 反映最差交通条件下的对应关系，其均衡商业规模也最小。由此可见，商业规模与交通条件成正比关系，交通条件越优，商业规模也越大。

一般地，当交通条件限制了人流的增加，阻碍了商业的进一步繁荣时，人们就会进行交通工程建设，改善交通条件，使之能容纳更多的人流和物流，从而使商业规模继续扩大，这样，均衡商业规模会不断提高。显然，交通建设能够优化商业区位条件，促进商业区的发展。交通条件的不断改善为商业的不断繁荣提供了基础。当然，交通条件的改善是有上限的。

9.3.2　商业用地规模与结构演变的驱动机制分析

可从不同的层面来探究影响商业用地规模与结构演变的驱动机制。从政策层面看，主要受到了改革开放政策和土地有偿使用政策的支撑刺激；从经济层面看，经济体制的转型促进了社会经济的发展。其中，社会经济发展是促进社会进步、加快城市转型、促进商业演变最根本的动力机制。具体地说，主要包括以下四个方面的驱动机制：

9.3.2.1　体制改革的驱动作用

体制改革主要表现在土地有偿使用制度的实行和经济体制转变两个层面。

1）土地有偿使用政策促进商业空间重组和商业地产开发

计划经济时代，土地实行国家的统一划拨，土地价值与土地利用背离的状况屡见不鲜。土地有偿使用制度的实施，引起了人们对土地经济价值的重视，对合理优质地使用有限的商业空间，实现土地的区位价值，促进商业布局的合理化有很大帮助。通过工厂企业搬迁，使城市中心原来的第二产业用地逐渐向商业、商务用地转化，就是实现土地升值的有效途径。另外，为了提升土地价值，新商业地产大力开发，对推进城市郊区化发展具有重要意义。

2）市场经济发展促进物质供应极大丰富

由于社会生产力的提高，经济发展使得社会基本物质供应极大丰富，供应制度从以前的计划供应转变为自由消费，商业经济原则取代了行政原则，促进了商业市场的繁荣，计划经济时代商品供应的紧张状况得到根本改变，市场供给转变为买方市场，有助于商业中心的繁荣发展。

9.3.2.2 城市建设和城市郊区化的驱动作用

上海从20世纪90年代开始受土地有偿使用制度、国家政策鼓励和对外开放等环境的有利推动，城市化发展进入快速郊区化阶段，城市建设日新月异，城市不断向外围拓展。

1）城市拓展导致了商业分布空间格局的变化

受经济发展影响，快速城市化使城市地域不断向外拓展。人们在生活水平提高的同时，对居住条件改善的要求使人们向城市外围新建的居住区迁移，使得居民住宅区成为城市郊区化的先锋，人口大量从繁华的中心城区向城市边缘集中导致了商业分布格局的变化，城市拓展区成为商业发展的主要平台，社区商业成为发展最迅速的商业。市中心区的商业中心为了生存出现转型和重组，传统的市级商业中心向游憩区转变，综合了休闲购物等功能。

2）快速交通发展引导居民新的购物趋向

城市发展后，城市交通网络的发达和快速交通的兴起减少了城市居民的出行时间。城市各部分更加紧凑，使居民出行购物出现两极化趋势，社区商业不能满足的消费可以通过便捷快速的交通直接到市中心商业区得到满足，从而架空了一部分原来等级结构中的区域商业中心；另一方面，交通的发展又使商业向人流集中的交通枢纽地带集中。

3）大型工程建设影响着商业的分布和发展

大型工程的建设开发也影响着商业中心空间的变化。有的项目推动或加速了商业中心的发展，如南京东路步行街建设、淮海路一号线建设、徐家汇综合改造等；但也有些项目的建设抑制了商业中心的发展，甚至最终导致商业中心的衰败，如长寿路的拓宽、人民广场改造对西藏路、八仙桥等商业中心的影响。但从整体上看，城市中心区商业中心受建设项目的负面影响较多、较显著；而城市边缘地区受建设项目（如楼盘开发、交通基础建设等）的影响，商业中心受正面促进的居多，不少商业中心经历了从无到有、从小到大的发展过程。

9.3.2.3 消费者生活水平提高的驱动作用

伴随社会经济的快速发展，城市居民人均可支配收入逐年增加，上海目前已经基本达到中等发达国家水平，对商品需求旺盛，有力地推动了商品经济的发展。在物质产品供大于求的基础上，消费者的购物行为和心理也发生变化，对商业布局产生明显影响。

1）收入增加改变消费需求和行为心理

社会经济实力的提高，促进了居民生活水平的大幅改善，像上海已经率先达到小康社会，许多家庭生活正向富裕水平迈进。经济收入的增加促进了消费者购买能力的提升，对物质的数量和质量的追求同步上升，城市居民对商品的选择层次提升，刺激了商业规模的拓展和商业能级的提升，加剧了区域商业中心的生存危机。

消费者收入增加还导致了消费结构中服务性消费比重上升，商业中心的服务业比重升高，服务业快速发展引发了商业中心空间结构的转变。

2）社会贫富差距拉大产生了商业的阶层分异

社会分配方式的微调，使得一部分人先富了起来，社会上贫富两极的差距拉大。不同收入阶层人群的消费水平、消费目的、消费商品结构都有差异，由于居住空间遵循地价规律，也客观上出现了不同收入阶层的居住分异状况，较低收入区与较高收入区的商业在分布密度、商业等级和内部商业空间和业态业种上都有差异。上海的浦东新区和西部地区的一些富人区，不仅商业中心密集，而且层次高、价位高，与中低收入住宅区的商业布局模式出现较大差异。

9.3.2.4 国际化与全球化的驱动作用

1）改革开放政策促进了商业的国际化发展

改革开放促进了中国社会与国际的交流与接触，在改革开放初期阶段，商业上主要出于追赶接轨阶段，随着上海等大城市国际化步伐的加快，将逐步进入与国际发展基本同步阶段。国际商业业态变革也促进了上海等中国大城市商业空间的重构。

2）全球信息化催生商业运作方式变革

全球信息化的浪潮也开始席卷中国发达地区，商业流通上物流的电子化、信息化管理也催生了商业业态、业种的迅速变化，加速了上海商业中心品牌化进程，为高档商品进一步向居民地倾斜，直接提供快捷服务提供了可能。

9.4 进一步调整与优化上海商业用地规模与结构的对策建议

9.4.1 借鉴日本模式，促进商业用地集约和紧凑发展

由于国情的差异，上海应当主要借鉴日本的经验，走商业用地集约化和紧凑型发展道路（表 9-18）[24]。

国外商业用地模式对比　　表9-18

发展模式	典型特征	发展背景	发展条件	发展趋势
北美模式	位于高速公路出口，郊区城镇交会处，低密度、低层、高停车配置率	郊区城市化	路网交通发达，汽车普及率高，郊区人口规模大且集聚，购买力强	为防止城市空心化，向城市中心发展的趋势
欧洲模式	位于城市和新城中心，高容积率、高密度	战后城市重建和新城建设	防止城市无限膨胀的需求，通过立法保护郊区的城市绿带，在政府的专业规划的指导下建立起来的	欧洲国家实施疏散人口计划后，出现了向郊区扩展趋势
日本模式	受土地价格、空间、交通条件停车设施的限制，更多依赖公共交通条件，位于公共交通枢纽地段，高容积率，低停车配置率	土地集约化和空间效率的极大化	公共交通尤其是轨道交通十分发达便捷，人口密度高，购买力高，土地空间有限	高城市化率导致在该区域出现北美模式与欧洲模式的融合

9.4.2　加强统一规划与有效的法律约束，控制过度竞争

商业用地的发展都应有一定的购买力支持，盲目增加商业用地面积，必然会导致过度竞争，恶化经营环境，使商业区内零售企业效益下滑。因此，必须发挥政府宏观调控和导向功能，有效地行使相关法律，严格控制局部地段商业用地面积的过度增长。注重合理的商业用地空间布局，建立完善、合理的业态空间结构。

9.4.3　城市规划与商业规划同步

城市规划与商业规划同步，潜力地段与商业规划同步，制定符合商业用地空间发展规律的商业规划，优化城市商业用地空间结构。

城市规划必须与商业规划同步，将商业规划纳入城市规划体系中去，给予商业用地布局政策性的引导，减少商业用地的盲目开发，降低恶性竞争。城市规划导致城市空间结构的重构，而城市空间结构重构将推动商业设施的重组，所以必须将商业规划与城市规划结合才能避免商业资源的浪费，在充分研究消费者购物行为的前提下，以“使用者的角度”来规划布局商业用地，科学地选择潜力地段，合理确定及引导商业规模[25]。

9.4.4　依据不同的功能区与目标市场，优化商业用地布局

上海城市综合型多功能的特点使上海出现了明显的区域功能差异，出现了相对集中的金融区、商务区、旅游区、购物区、文化区和居住区等。

在不同的功能区域内，不同的目标市场与人流特点（常住人口与流动人口）所要求的商业业态配置不一样。上海商业按城市路网交通的建设布局发展，地铁等轨道周边、高速公路出入口周边将集聚形成数个区域交通枢纽商业中心，这些地段吸引着百货店、写字楼等的进入。

必须根据不同功能及交通枢纽地段人流特点来进驻相对应的业态，来实现商业利益。如：南京东路、豫园等商业中心，外地游客占很大部分，应建立以综合百货店、专业百货店等耐用品销售为主的业态；而在大型的居住社区，主要以发展社区百货店与大卖场为主。

在五角场、中山公园、大宁地区与真如地区将建成的大型购物中心，必须与市中心的大型购物中心实行错位竞争。分析区域内消费者人口结构、职业构成、年龄构成及收入水平等情况，来调整与优化商业用地的规模和结构。

本章参考文献

[1] 国土资源部．全国土地分类（试行），2002.

[2] 毛成功．历史文化名城商业用地空间形态研究 [D]. 西安建筑科技大学，2008.

[3] 冯健．杭州城市形态和土地利用结构的时空演化 [J]. 地理学报，2003，58（3）：343-353.

[4] 王德，张晋庆．上海市消费者出行特征与商业空间结构分析 [J]. 城市规划，2001，25（10）：6-14.

[5] 上海市统计局．上海统计年鉴（1991-2010）[M]. 北京：中国统计出版社，1991-2010.

[6] 曾智超．城市轨道交通对城市发展和环境综合影响后评价——以上海市为例 [D]. 上海：华东师范大学，2006.

[7] 武占云，王远飞．购物中心商圈结构特征研究——以上海市购物中心为例 [J]. 经济论坛，2010，（2）：30-35.

[8] 柳思维，唐红涛，王娟．城市商圈的时空动态性述评与分析 [J]. 财贸经济，2007，（3）：112-116.

[9] 沙振权．对购物中心发展的一点看法 [J]. 商业经济文荟，2002，（4）：32-33.

[10] 齐晓斋．城市商圈发展概论 [M]. 上海：上海科学技术文献出版社，2007.

[11] 吴启焰，朱喜钢．城市空间结构研究的回顾与展望 [J]. 地理学与国土研究，2001，17（2）：46-50.

[12] 李云，唐子来．1982～2000 年上海市郊区社会空间结构及其演化 [J]. 城市规划学刊，2005，（6）：27-36.

[13] 刘维彬，等．城市交通与城市土地利用关系初探 [J]. 低温建筑技术，2006，（3）：33-35.

[14] 李鹏，杨和礼．城市商业用地开发选址因素分析 [J]. 武汉大学学报（工学版），2004，37（6）：125-128.

[15] 蒋海兵 . 上海市中心城区零售业态空间结构研究 [D]. 上海师范大学，2006.

[16] 邓悦，王铮，熊云波，王凌云，吴健平，宋秀坤 . 上海市城市空间结构演变及预测 [J]. 华东师范大学学报（自然科学版），2002，(2)：67-72.

[17] 孟锴 . 新中国成立以来我国城市土地利用状况及其演变趋势 [J]. 青岛科技大学学报（社会科学版），2007，(3)：1-7.

[18] 赵延峰 . 城市土地利用与城市交通协调发展研究 [D]. 北京工业大学，2006.

[19] 上海市经济和信息化委员会 .2009 上海服务业发展报告 [M]. 上海：上海科学技术文献出版社，2009.

[20] 蒋海兵，徐建刚，祁毅等 . 基于时间可达性与伽萨法则的大卖场区位探讨——以上海市中心城区为例 [J]. 地理研究，2008，29（6）：1056-1068.

[21] 匡文慧，张树文 . 长春市百年城市土地利用空间结构演变的信息熵与分形机制研究 [J]. 中国科学院研究生院学报，2007，24（1）：73-80.

[22] 张静，李冬梅，周强，张丽芳，濮励杰 . 基于 GIS 分析的城市商业基准地价空间演变规律研究——以娄底市市区为例 [J]. 中国土地科学，2009，23（11）：61-66.

[23] 杜国明，张裕凤，张树文，苏根成 . 城市商业用地地价空间分布模拟与分析——以呼和浩特市为例 [J]. 中国农业大学学报，2006，11（3）：117-122.

[24] 王春芝，仲少云 . 区位因素对商业用地地价的影响——以烟台市为例 [J]. 鲁东大学学报（哲学社会科学版），2009，26（2）：25-28.

[25] 罗健强 . 商业用地开发的交通影响分析研究 [D]. 西南交通大学，2007.

第10章
上海科技服务业用地特点及其绩效分析

科技服务业的发展虽然已经受到各级政府部门的重视，鼓励其发展的相关政策也有不少，但与科技服务业日趋重要和快速发展的现实不相适应的是，不仅科技服务业的理论研究、管理研究、政策研究较为薄弱，对科技服务业发展的行业内部差异认识不足，而且科技服务业用地方面的研究尚未引起学术界的关注，实证研究也极为贫乏。因此，本章尝试开展上海科技服务业用地方面的研究，既有助于廓清上海科技服务业用地的现状与问题，又裨益于优化科技服务业发展的体制和政策环境，同时也有助于促进上海的“创新驱动与转型发展”。

10.1　国内外科技服务业的现状与发展动态

10.1.1　科技服务业的基本内涵与作用

1) 科技服务业的基本内涵

根据国内外现有研究成果，我们认为：科技服务业是指以着眼于深化科技与经济的互动联系为目标，以专业知识和专门技能为基础，为整个科技创新活动提供社会化和专业化的各种支撑性服务及管理的行业，主要包括研发服务、专业技术服务、科技交流和推广服务三大类服务。它在科技与经济中起着桥梁和纽带的作用，服务的主要对象是企业和社会，特别是中小企业的创新、创业活动，服务的提供主体是科技服务机构。科技服务机构主要有生产力促进中心，科技企业孵化器（高新技术创业服务中心、留学生创业园、大学科技园），科技情报所，技术市场，科技咨询协会或公司，科技条件市场（研发公共服务平台），以及其他专业服务机构（如专利事务所、超级计算中心、分析测试中心）等。

我们认为，“科学服务业”、“专业技术服务业”、“科技中介服务业”等提法均应当统一称之为“科技服务业”。“科学研究”应当从“科技服务业”中分离出来单独进行统计。“地质勘查业”可归入专业技术服务业子类中去。

我们还认为，信息服务和软件业不宜归入科技服务业之中来，而应当与科技服务业一道，并列为现代服务业中的一个独立的行业。主要理由如下:①无论是在生产性服务业还是在知识密集型服务业的分类体系中，信息服务业都是与科技服务业同时并立的行业大类。同样，在2004年5月联合国统计司颁布的《国际标准产业分类修订本草案》中，信息和通信、专业和科技活动两者也是作为大类而独立设置的。②信息服务业是信息产业的重要组成部分。广义的信息服务业包括电信传输服务业（电信、互联网信息服务、广播电视传输服务、卫星传输服务）、计算机服务业（计算机系统服务、数据处理、计算机维修、其他计算机服务）、软件业（公共软件服务、其他软件服务）三个部分，本身涵盖的内容就比较多，在知识密集型服务业中又已率先崛起，且发展潜力较大，完全可以独立成为一个行业。如在美国当前的统计指标体系中，不仅软件业已经不再放在服务业统计中，而且信息服务业也被纳入知识传媒业之中[1]。

至此，我们就科技服务业分类体系提出如下初步方案（表10-1）。

科技服务业分类体系一览表 **表10-1**

大类	子类	具体行业名称
科技服务业	研发服务	技术开发服务
		技术孵化服务
		知识产权服务
	专业技术服务	技术检测
		环境监测
		工程管理服务
		工程勘察设计
		规划管理服务
		建筑服务
		地质勘查
		科技风险投资及担保服务
		其他专业技术服务
	科技交流和推广服务	科技评估
		科技咨询服务
		科技培训与推广服务
		技术交易服务
		其他科技服务

而在我国，以往所称的科技中介服务业仅指科技交流和推广服务业，主要包括科技信息交流、技术咨询、技术孵化、科技评估等科技服务活动。它的服务对象主要有三类：一是直接参与服务对象技术创新过程的机构，包括生产力促进中心、创业服务中心、工程技术研究中心等；二是主要利用技术、管理和市场等方面的知识为创新主体提供咨询服务的机构，包括科技评估中心、科技招投标机构、情报信息中心、知识产权事务中心和各类科技咨询机构等；三是主要为科技资源有效流动，合理配置提供服务的机构，包括常设技术市场、人才中介市场、科技条件市场、技术产权交易机构等。

由上可知，本章所指的科技服务业的范畴比以往的科技中介服务业要更广一些，但也不宜过于泛化，将所有与科技沾点边的服务业全部包括进来，而应以技术知识型服务业为主。

2）科技服务业的地位与作用

伴随后工业社会和知识经济社会的来临，以制造业为主导的城市经济结构正在逐步转向以服务业为主导的城市经济结构，经济的服务化和服务的知识化正成为城市经济发展的主要特征。在此背景下，作为知识密集型服务业之一的科技服务业，其增长速度必将大大加快，在城市经济及现代服务业中所占的份额不断趋升，其地位与作用亦日益突出。

加快发展科技服务业是推动城市创新体系建设的重要环节，也是上海建设创新型城市的迫切需要。科技服务业是城市创新体系中的重要组成部分，在有效降低创新创业成本与风险，创新资源配置方式与提高资源配置效率，提升自主创新能力等方面，发挥着不可替代的重要作用。

加快发展科技服务业既有助于促进制造业的创新，制造业经济的发展又反过来在一定程度上推动了科技服务业的发展。企业把市场竞争的压力自觉转化为科技创新的动力，各类工程中心、科技公共服务平台、重点研发机构的建立，进一步扩大了科技咨询、科技培训、专利服务机构等其他相关科技服务业行业的发展范围，也为科技风险投资及担保、技术交易服务、科技评估的设立和发展创造了更加完善的条件，成为促进城市经济和科技服务业良性循环发展的新动力。

加快发展科技服务业是促进科技成果转化为现实生产力的重要途径。大多数从事创新活动的组织和个人在发展初期由于自身能力有限，都会面临着人才缺乏、融资困难、信息不对称等一系列问题，生存压力很大。这使得他们必然需要外力的支撑和帮助才能实现技术的产业化。孵化器、科技园等科技中介组织正是通过提供孵化功能推动技术的转移和成果转化，使隐性的知识和技术转化为显性的知识和技术，通过产业化、商品化使知识和技术蕴涵的经济价值得以实现，最终转变为现实的生产力。

在科教兴市和经济服务化的关键发展时期，科技服务业已成为上海科技与经济相结合中发展最快、最活跃的领域之一。为了尽快推进上海产业结构调整及经济增长方式转变，应当十分重视发展科技服务业，并将其作为产业结构调整的一个重要方向，使其成为上海现代服务业崛起的一个新亮点，这既是知识经济时代的必然趋势，又是转变经济增长方式的客观需要。

10.1.2 国外科技服务业现状与发展动态

1）国外科技服务业研究概述

科技服务业在国外已有100多年的历史，但直到20世纪中后期才有了长足的进步。欧美发达国家借助于相对成熟的市场经济环境和国家有限的干预，依仗一流的科研水平和充裕的科研投入，在促进科技成果转化、协调中小企业技术创新、整合创新要素资源、加快科技与经济互动发展等方面取得了明显进展。

在国外，科技服务业的相关研究主要聚焦于科技服务体系的功能与要素构成（包括执行主体、客体、组织管理规定、法律法规政策等）、发展特点、发展模式比较、运行机制与服务方式创新等方面[2-5]（表10-2）。

发达国家科技服务体系的比较 **表10-2**

项目＼国家		美国	英国	德国	日本
创立时间		20世纪初	20世纪初	第二次世界大战战后	第二次世界大战战后
运行模式	运行主体	官方、半官方、民营	政府、公共、民间	行业协会、技术转移中心	官方、民营
	运行客体	咨询、支持为主	咨询、评估、推广为主	信息、咨询、职业教育	技术转化、推广为主
	运行机制	明确分工	内部联合	全面覆盖	委托开发、开发斡旋
体系环境		政府不干预、优惠政策	政府参与、优惠政策	影响政府	政府主导
功能	专业化程度	高	高	高	中
	社会化程度	高	高	高	低
	网络化程度	高	中	高	中

资料来源：李欣：《上海市科技中介服务体系的系统分析》，23页，上海交通大学硕士学位论文，2007。

近年来，国外学术界的另一个研究热点是科技服务业（如科技咨询服务、科学 R&D 服务、计算机系统设计和相关服务等）的创新决定因素及其在培育企业集群和区域创新体系中的作用和贡献[6-19]。科技服务业在技术创新系统中的作用主要表现在三个方面：创新的使用者、创新的来源和创新的中介人。科技服务企业既是具有先导性的创新使用者，又可以通过合约研发服务创造新的知识，还能够作为创新的中介人担负着传播知识或进行技术转移的责任。科技服务业在许多方面同普通服务存在差异，它的主要特点就是高 R&D、高创新效率、高速增长和高就业。弗雷亚尔（M. Freal）通过对英国 563 家科技服务业企业与 598 家制造业企业的比较发现，技术型的科技服务业企业的创新能力与高素质人员有关；而专业型的科技服务业企业的创新能力与客户和供应商之间的合作有关[9]。

2）若干国际大都市的科技服务业发展概况

随着国际大都市产业结构转型与升级，服务业逐步成为国际大都市的产业支柱。其中，科技服务业又伴随日新月异的科技进步而日益凸显其地位与作用，成为提升国际大都市现代服务业综合竞争力的核心。

纽约市是全球专业技术服务业最发达的城市之一，专业技术服务业具有就业人数多（居各类服务业第 4 位，次于政府服务业、卫生保健服务业、金融保险服务业），就业增长幅度快（仅次于卫生保健服务业），就业稳定性强，收入总量大（仅次于金融保险服务业），人均收入高（居各类服务业第 3 位，仅次于金融保险服务业、信息服务业）等特点。根据美国经济普查统计，1997 ~ 2002 年，纽约市专业技术服务机构由 19790 家增加到 24163 家，雇员人数从 249961 人上升至 307961 人，产值由 4007532.8 万美元增至 5641459.1 万美元，分别增长了 22.1%、23.2% 和 40.8%。其中，2002 年曼哈顿的专业技术服务机构为 17417 家，雇员人数 271882 人，产值 5312305.4 万美元，分别占纽约市的 72%、88% 和 94%，表明专业技术服务业在曼哈顿呈现高度集聚态势（表 10-3）。事实上，曼哈顿在银行、证券、保险、外贸、咨询、工程、港口、新闻、广告、会计等方面为美国甚至全球提供优质的专业技术服务。发达的专业技术服务业又为制造业的发展提供配套服务，从而形成了现代服务业与先进制造业协同发展的格局。

1997年与2002年曼哈顿、纽约市专业技术服务业发展情况　　表10-3

年份	曼哈顿			纽约市		
	单位（家）	雇员（人）	产值（万美元）	单位（家）	雇员（人）	产值（万美元）
1997	—	—	—	19790	249961	4007532.8
2002	17417	271882	5312305.4	24163	307961	5641459.1

资料来源：美国经济普查局网站。

另据分析，2003 ~ 2008 年，波士顿都市区的专业技术服务产值的年均增长率为 9.49%，旧金山都市区的专业技术服务业产值的年均增长率为 10.72%[20、21]（表 10-4、图 10-1）。

2008年波士顿和旧金山都市区的专业技术服务业发展情况　表10-4

都市区	GDP（亿美元）	占私有部门服务业 GDP 比重	从业人员（万人）	从业人员占总就业人数比重
波士顿都市区	410.61	17.14%	13*	20%*
旧金山都市区	433.98	18.00%	34.16*	13.5%*

注：* 为 2007 年数据。

资料来源：①陈晖：《美国城市服务业发展近况：波士顿》，上海情报服务平台，2010-01-26，Http://www.istis.sh.cn/list/list.aspx?id=6452。②陈晖：《美国城市服务业发展近况：旧金山》，上海情报服务平台，2010-01-26，Http://www.istis.sh.cn/list/list.aspx?id=6453。

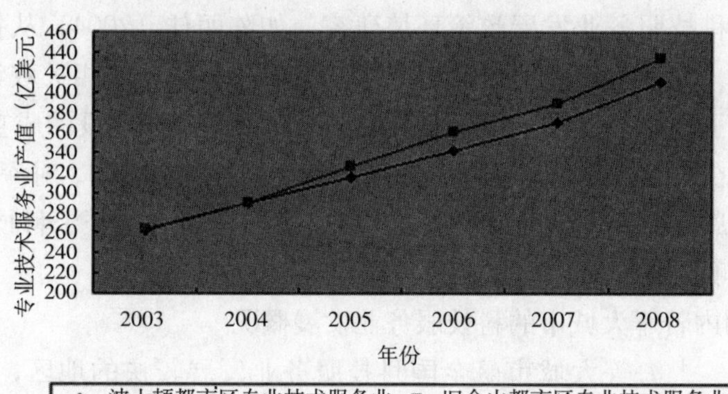

图 10-1　2003 ~ 2008 年波士顿和旧金山都市区专业技术服务业产值的增长态势

10.1.3　国内科技服务业现状与发展动态

1）国内科技服务业研究动态

国内关于科技服务业的研究文献始见于 20 世纪 90 年代中期。近 10 多年来，已经取得了一些初步进展，相关研究主要集中于如下几个方面：

(1) 科技服务业的内涵、构成、功能及特征描述[22-25]。一般认为，科技服务业是一个为科技产业发展提供各种市场化和社会化服务的企事业组织（机构）及其活动的集合，具有服务功能双重性、服务专业性、知识密集性、市场竞争性及收益不确定性等特征；科技服务业主要包括研究与试验发展、科技信息与咨询、科技开发与转移、技术推广与转让、技术孵化、科技培训、技术市场、知识产权服务、科技评估、科技鉴证等业务[16]。

(2) 科技服务业发展水平及服务能力的定量评价。如张晓芬等人在对辽宁科技服务机构发展情况进行调查的基础上，运用层次分析法，对其建设水平进行了分类综合评价和比较，得出了科技咨询服务机构以及各类企业孵化机构在辽宁科技服务体系中处于重要地位，对推进区域创新体系建设作出了主要贡献[26]。王立英从主体实力、资源因素、员工因素、系统因素、顾客因素、政府政策环境、地区经济发展水平7个方面，选取15个具体指标，运用层次分析法对山东省科技服务机构的服务能力进行了因素分析和排序[27]。

(3) 科技服务业的动力机制及运行模式研究。如李欣在其硕士学位论文中，探讨了科技服务业发展动力机制及其运行模式。他认为，科技服务体系的动力机制由内在动力、外部动力和阻力构成，其中：内在动力因素包括竞争与协作、行业网络建设、激励和约束机制；外在动力因素包括市场需求拉力和政府驱动力；阻力则主要来自收益的不确定性、利益受损集团和供给质量。科技服务体系的运行模式则多种多样，主要有政府不干预模式、政府参与模式、政府主导模式等类型[5]。

(4) 科技服务业发展政策环境研究。如陈丽佳（2004）从投入政策、管理政策、税收政策、信贷政策、第三产业政策和其他相关政策等方面，分析总结了国内外促进科技服务机构发展的政策环境建设的成功经验[28]。马勇等人在对地方创新环境对外资研发活动的影响分析中，对深圳、厦门、宁波、青岛和大连5市的科技服务进行了比较分析，验证了科技服务机构的发达程度与其交易合同和金额呈线性正相关关系[29]。

2) 国内若干大城市的科技服务业发展概况

北京、上海等大城市是全国科技服务业发展较快的地区，但两个城市各有特色。由表10-5可见，北京市由于特有的科技资源优势（如国立科研单位多、科技活动人员多、政府科技投入多），其科技服务业发展的总量规模指标如科技服务业产值、科技服务业从业人员、R&D经费投入、技术市场成交额均远高于上海；同样，北京的科技服务业产值占GDP的比重、科技服务业产值年均增速也都高于上海。然而，在绩效指标方面，上海则并不逊于北京，如上海的每万名科技活动人员所获得专利授权量以及每万名科技活动人员R&D经费投入均超过了北京；两大城市在每万名科技服务人员的产值、每亿元科技经费投入的科技服务业产值、每亿元科技经费投入所产出的技术交易额等方面的差距较小。

10.2 上海市科技服务业用地的主要特点

近年来，上海市各级政府部门十分重视科技服务业发展，在政策支持、资金扶持、人才支撑与行业协会等的合力推进下，上海科技服务业发展态势良好，各类科技服务机构的服务手段、服务领域、服务质量均有了较大

2006～2008年北京市与上海市科技服务业发展动态　　表10-5

城市	指标	2006 年	2007 年	2008 年
上海	科技服务业产值（亿元）	234.12	269.74	322.61
	科技服务业从业人员（万人）	16.15	17.55	20.49
	每万名科技服务人员的科技服务业产值（亿元 / 万人）	14.50	15.37	15.74
	每亿元科技经费投入的科技服务业产值	0.54	0.51	0.54
	每万名科技活动人员 R&D 经费投入（亿元 / 万人）	12.79	13.49	15.70
	技术市场成交额（亿元）	344.43	432.64	485.75
	每亿元科技经费投入所产出的技术交易额	0.79	0.82	0.82
	每万名科技活动人员所获得专利授权量（件 / 万人）	827.20	1074.20	1060.14
	科技服务业产值占 GDP 比重（%）	2.26	2.21	2.36
	2006 ～ 2008 年科技服务业产值年均增速（%）	12.6		
北京	科技服务业产值（亿元）	424.5	539.3	662.0
	科技服务业从业人员（万人）	33.59	35.49	40.10
	每万名科技服务人员的科技服务业产值（亿元 / 万人）	12.64	15.20	16.51
	每亿元科技经费投入的科技服务业产值	0.53	0.59	0.59
	每万名科技活动人员 R&D 经费投入（亿元 / 万人）	11.31	11.70	13.78
	技术市场成交额（亿元）	697.33	882.56	1027.22
	每亿元科技经费投入所产出的技术交易额	0.87	0.96	0.92
	每万名科技活动人员所获得专利授权量（件 / 万人）	293.61	332.07	394.25
	科技服务业产值占 GDP 比重（%）	5.4	5.8	6.4
	2006 ～ 2008 年科技服务业产值年均增速（%）	18.6		

资料来源：上海统计网站：http://www.stats-sh.gov.cn，北京统计信息网：http://www.bjstats.gov.cn。

程度的提高，覆盖全市的科技服务网络已初具规模，对推动城市创新和创业发展作出了重要的贡献。

鉴于上海科技服务业用地数据资料的可得性，下面只能对部分科技服务业用地的特点进行初步分析。

10.2.1　科技企业孵化面积及单位面积孵化能力均在波动中趋于稳定

上海科技企业孵化器最早成立于 1988 年，经历了开发区内建孵化器、大学周边办孵化器、区域经济圈内设孵化器和新兴产业专业孵化器四个发展阶段。1998 年以后，上海科技企业孵化器进入快速发展期，基本形成了政府层面、社团层面和孵化器层面三级管理的网络机制，并正在进一步向网络化、专业化、国际化方向发展。截至 2008 年年底，上海科技企业孵化器共计 35 家，其中国家级创业中心 16 家。孵化场地建筑总面积 585281m^2，在孵企业数 2082 家，在孵企业总收入 955709 万元，在孵企业研发投入 74638 万元，在孵企业从业人员数 33995 人。上海科技企业孵化器数占全国的 5.2%，孵化面积占全国的 2.5%，在孵企业占全国的 4.7%，累计毕业企业占全国的 2.6%。

由表 10-6 可见，1998 ~ 2008 年上海科技企业孵化面积经历了“增长（1998 ~ 2004 年）—减少—渐趋稳定”（2005 ~ 2008 年）的波动过程。单位面积孵化能力（单位孵化面积在孵企业数）也经历了“增长—下降—增长—下降”的波动变化过程，近年来已逐步趋于稳定。

上海市科技孵化器发展情况 **表10-6**

年份	1998	1999	2000	2001	2002	2003	2004	2005	2006	2007	2008
孵化器（个）	11	13	20	24	26	28	31	35	35	35	35
孵化面积（万m^2）	7.96	11.67	21.52	44．44	56.49	65.30	71.46	55.00	59.36	59.7	58.53
在孵企业（家）	152	368	567	825	1331	1509	1698	2095	2123	2145	2082
累计毕业企业（家）	8	41	95	169	202	212	247	396	481	621	841
单位孵化面积在孵企业数（家 / 万 m^2）	19.10	31.53	26.35	18.56	23.56	23.11	23.76	38.09	35.76	35.93	35.57

资料来源：①王荣等：《上海科技企业孵化器发展的现状、存在的问题与对策》，载《上海综合经济》，2002（7）；②卜海燕：《创新型城市测度指标体系研究》，同济大学硕士学位论文，2008；③ http://www.tic.stn.sh.cn/cn/news_detail.asp?newsid=886。

10.2.2 国家级与非国家级科技企业孵化器的用地（用房）结构存在一定差异

在上海 35 家科技企业孵化器中，有 16 家国家级科技企业孵化器，2008 年孵化场地总面积为 322738m^2，其中：办公用房 11584 m^2，占 3.59%；企业用房 258799m^2，占 80.19%；服务用房 50323m^2，占 15.59%；其他用房 2031m^2，占 0.63%（表 10-7）。总体用房结构相对较为合理，但个别科技企业孵化器的用房结构欠合理，或办公用房比重偏高，或服务用房比重偏低。

在上海 35 家科技企业孵化器中，有 19 家非国家级科技企业孵化器，2008 年孵化场地总面积为 278543m^2，其中：办公用房 15267m^2，占 5.48%；企业用房 216948m^2，占 77.89%；服务用房 37598m^2，占 13.50%；其他用房 8730m^2，占 3.13%（表 10-8）。少数非国家级科技企业孵化器的服务用房比重偏低，而办公用房比重偏高的倾向较为明显。

2008年上海市国家级科技企业孵化器用地（用房）情况　　表10-7

科技企业孵化器		总面积 (m^2)	办公用房 (m^2)	企业用房 (m^2)	服务用房 (m^2)	其他 (m^2)
上海上大科技园发展有限公司		11600	1669	8911	1020	/
上海漕河泾新兴技术开发区科技创业中心		29000	600	22261	6139	/
上海同济科技园孵化器有限公司		13769	431	10840	2498	/
上海杨浦科技创业中心有限公司		39908	1358	30180	7369	1000
上海微电子设计有限公司		20244	211	17401	2632	/
上海市科技创业中心		34000	3000	27034	3966	/
上海八六三信息安全产业基地有限公司		35200	600	26400	8200	/
上海张江高科技创业服务中心		17450	600	13850	3000	/
上海慧谷高科技创业中心		33574	289	31967	1318	/
上海复旦科技园高新技术创业服务有限公司		16900	700	12400	3800	/
上海都市工业设计中心有限公司		5800	215	5210	135	240
上海聚科生物园区有限责任公司		12000	400	9611	1989	/
虹口区科技创业中心		13119	246	12536	337	/
上海市青浦区科技创业中心		11444	765	8276	2403	/
上海莘闵高新技术开发有限公司		18411	120	14000	3500	791
上海张江药谷公共服务平台有限公司		10319	380	7922	2017	/
合计	面积	322738	11584	258799	50323	2031
	占比	100%	3.59%	80.19%	15.59%	0.63%

资料来源：根据《2009年中国火炬统计年鉴》整理计算得到。

2008年上海市非国家级科技企业孵化器用地（用房）情况　　表10-8

科技企业孵化器	总面积 (m^2)	办公用房 (m^2)	企业用房 (m^2)	服务用房 (m^2)	其他 (m^2)
上海多媒体产业园创业有限公司	5104	540	4564	/	/
上海科汇高新技术创业服务中心	12835	280	9420	1473	1662
上海互联网创业投资有限公司	5500	1000	4000	500	/
上海嘉定民营技术密集区发展总公司	20546	522	18713	1311	/
上海市黄浦区科技创业中心	5000	70	4000	450	480

续表

科技企业孵化器		总面积 (m^2)	办公用房 (m^2)	企业用房 (m^2)	服务用房 (m^2)	其他 (m^2)
上海静安科技企业孵化器管理有限公司		3452	123	3288	41	/
上海市科技创业中心卢湾分中心		6265	257	5909	99	/
上海未来岛科技创业中心		6000	2096	/	3904	/
国家 863 软件专业孵化器（上海）基地		38770	402	30876	7492	/
上海奉浦现代农业专业孵化器		5000	200	4000	400	400
上海市科技创业中心闸北分中心		22485	1000	19685	1800	/
东华大学国家大学科技园创业中心		12000	300	11000	700	/
上海中纺科技创业有限公司		2526	192	2238	96	/
上海市南汇区科技创业中心		13200	1100	4800	2200	5100
上海金山化工孵化器发展有限公司		35779	5498	25635	4646	/
上海中科大研究发展中心		11621	256	11030	335	/
上海徐汇软件基地		46500	800	41100	4200	400
上海市松江科技创业中心		10960	460	6760	3740	/
国家留学人员嘉定创业园		15000	171	9930	4211	688
合计	面积	278543	15267	216948	37598	8730
	占比	100%	5.48%	77.89%	13.50%	3.13%

资料来源：根据《2009 年中国火炬统计年鉴》整理计算得到。

比较来看，非国家级科技企业孵化器的办公用房和其他用房比例均高于国家级科技企业孵化器，而企业用房和服务用房的比重则均低于国家级科技企业孵化器。

10.2.3 国家大学科技园孵化场地的用地（用房）结构总体欠合理

在上海 10 个国家大学科技园中，2008 年孵化场地总面积为 863012m^2，其中：办公用房 37193m^2，占 4.31%；孵化用房 408695m^2，占 47.36%；研发用房 87847m^2，占 10.18%；生产用房 186500m^2，占 21.61%；其他用房 142777m^2，占 16.54%（表 10-9）。在总体用房结构中，存在其他用房比重相对偏高，而孵化用房和研发用房比重相对偏低的现象。

2008年上海市国家大学科技园孵化场地的用地（用房）情况　表10-9

大学科技园		场地总面积（m^2）	办公用房（m^2）	孵化用房（m^2）	研发用房（m^2）	生产用房（m^2）	其他（m^2）
复旦大学科技园		69200	3000	35000	15000	10000	6200
上海交通大学科技园		89500	500	33500	1100	51400	3000
同济大学科技园		178769	4722	54047	/	/	120000
东华大学科技园		83000	2600	51200	11200	11500	6500
上海大学科技园		96003	2500	26803	5000	61700	/
华东理工大学科技园		250000	2500	150000	45000	50000	2500
华东师范大学科技园		15900	1000	10100	2900	1900	/
上海理工大学科技园		38869	6000	20645	7647	/	4577
上海财经大学科技园		20500	8100	12400	/	/	/
上海电力学院科技园		21271	6271	15000	/	/	/
合计	面积	863012	37193	408695	87847	186500	142777
	占比	100%	4.31%	47.36%	10.18%	21.61%	16.54%

资料来源：根据《2009年中国火炬统计年鉴》整理计算得到。

10.2.4　技术扩散地域不断扩展，但与北京相比仍有差距

1991～2008年，上海各类技术合同成交额从9.33亿元增加到485.75亿元，年均增长26.47亿元。2008年，上海市共达成各类技术合同项目28713项，完成各类技术合同成交额485.75亿元，其中：技术开发213.24亿元，占43.9%；技术转让229.53亿元，占47.25%；技术咨询和技术服务共42.98亿元，占8.85%。

近年来，上海市流向外省市的技术合同成交额不断增加，技术扩散辐射地域不断扩展。20世纪90年代初期，上海技术流向地域主要分布在以长江三角洲为主的东部沿海发达地区；20世纪90年代中期，上海流向中西部地区（除西藏以外）的技术增长加快；进入21世纪，上海技术交易市场积极向海外拓展，与许多国家的技术交易中心建立了合作关系。据分析，上海市技术扩散辐射力从1999年的31.18%增加到2007年的43.81%，增长了12.63个百分点（表10-10）。其中，1999～2001年，技术扩散辐射力有所减弱，2001年之后，技术扩散辐射力逐步增强。

从表10-11和图10-2可以看出：上海市流向本地的合同金额占全部合同金额的比重最多，流向国外的比重居第二位，流向东部地区的比重居第三位，流向港、澳、台的比重排第四位，流向中部和西部地区的最少。

上海市流向本地的合同金额比重逐年递减，从2000年的70.52%下降到2009年上半年的46.6%；而流向港、澳、台和国外的比例逐年增加，合同金额从2004年的0.68%增长到2009年上半年的3.1%，增长了2.56倍；流向国外的合同金额从2000年的6.89%上升到2009年上半年的30.0%，增长了2.35倍；流向东部、中部和西部的合同金额比重年度变化较小，分别维持在10.53%～14.68%、0.91%～4.88%、1.16%～3.24%之间。

总之，对于国内技术市场的技术输出，上海的影响随地理空间距离的远近呈递减规律变化；对于国际技术市场，随着上海技术交流和技术创新能力的日益增强，所占份额趋于上升，表明上海技术市场扩散的国际化程度正在提升。

上海技术扩散辐射力变化情况　　表10-10

指标＼年份	1999年	2000年	2001年	2002年	2003年	2004年	2005年	2006年	2007年
技术扩散辐射力（%）	31.18	30.24	21.49	31.90	34.27	36.42	37.32	45.47	43.81

注：技术扩散辐射力为流向外省市技术合同成交额与总技术合同成交额的比值。

资料来源：根据2000～2008年上海科技统计年鉴计算得出。

2000～2009年上半年上海技术交易流向（合同金额比重）　表10-11

流向地区	2000年（%）	2001年（%）	2002年（%）	2003年（%）	2004年（%）
上海本地	70.52	78.90	68.43	66.01	63.58
东部地区	14.68	13.25	10.92	11.71	12.63
中部地区	4.67	2.88	3.86	1.60	4.88
西部地区	3.24	2.79	1.87	2.01	3.20
港、澳、台	—	—	—	—	0.68
国外	6.89	2.18	14.92	18.67	15.03
流向地区	**2005年**	**2006年**	**2007年**	**2008年**	**2009上半年**
上海本地	62.68	54.53	56.19	54.16	46.6
东部地区	11.57	14.28	10.53	13.50	—
中部地区	1.77	0.91	2.15	1.79	—
西部地区	1.44	2.56	1.16	1.95	—
港、澳、台	0.67	1.88	2.44	3.47	3.1
国外	21.87	25.82	27.53	25.13	30.0

资料来源：① 2000～2003年数据来自：丰志勇：《基于科技中介服务机构的产业密集区技术扩散研究》，华东师范大学博士论文，2006；② 2004～2008年数据来自：《上海科技统计年鉴》；③ 2009上半年来自上海科技统计网 http://www.shsts.org.cn。

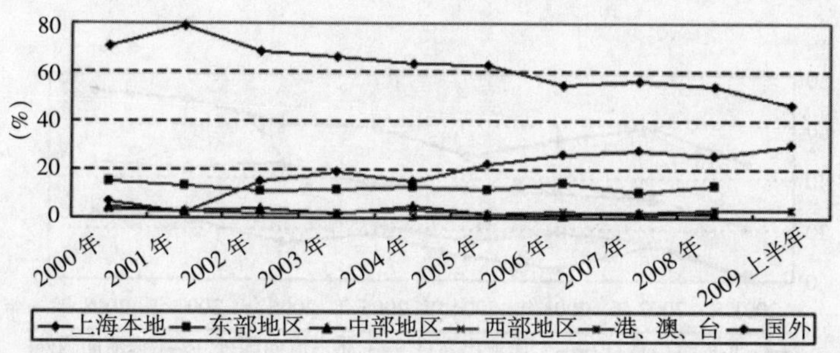

图 10-2　2000 ~ 2009 年上半年上海技术交易流向比较（合同金额比重）

注：东部地区包括北京、天津、河北、辽宁、福建、江苏、浙江、海南、山东、广东，中部地区包括吉林、黑龙江、安徽、山西、江西、河南、湖北、湖南，西部地区包括内蒙古、广西、重庆、四川、贵州、云南、西藏、陕西、甘肃、青海、宁夏、新疆。

另从表 10-12 可以看出，2001 ~ 2008 年 1 ~ 9 月份北京技术市场中输出外省和国外的技术合同成交金额占北京市的一半以上，并且该比重基本上是逐年增加的，从 2001 年的 45.73% 增长到 2008 年 1 ~ 9 月份的 73.43%。虽然上海的技术流出比例也在逐年提高，对外影响日益增强，但上海 2008 年的技术市场中输出外省和国外的技术成交金额只占上海全市的 45.84%，与北京 2001 年的水平相当（图 10-3）。

2001～2008年1～9月份北京地区技术输出状况　　表10-12

项目	2001 年	2002 年	2003 年	2004 年	2005 年	2006 年	2007 年	2008 年 1 ~ 9 月份
成交总额（亿元）	191.01	221.17	265.36	425.00	489.60	697.33	882.56	780.91
流向本地（亿元）	103.67	90.13	120.00	220.19	197.99	271.37	264.21	207.52
比重（%）	54.27	40.77	45.22	51.81	40.44	38.92	29.94	26.57
流向外省（亿元）	85.33	100.43	132.40	165.75	204.90	325.30	407.43	366.75
比重（%）	44.67	45.43	49.89	39.00	41.85	46.65	46.16	46.96
技术出口（亿元）	2.01	30.51	12.96	39.06	86.70	100.66	210.92	206.65
比重（%）	1.06	13.80	4.89	9.19	17.71	14.43	23.90	26.47

资料来源：林耕、丛巍、毕娟：《北京技术市场发展现状、面临形势及展望》，载于张耘主编，《北京公共服务发展报告（2008-2009）》北京，社会科学文献出版社，2009。

从图 10-3 还可以看出，对于流向国外的比重，上海一直领先于北京，故在技术出口及对外影响方面，上海略胜于北京。

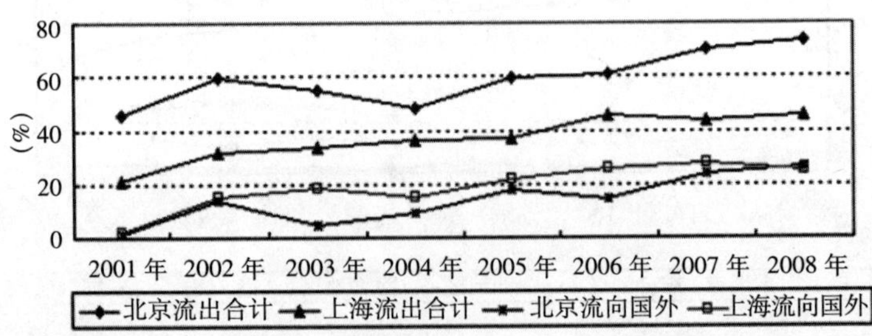

图 10-3　2001 ~ 2008 年北京和上海技术流出合计及流向国外比重比较

注：北京 2008 年数据为 2008 年 1 ~ 9 月份数据。

10.2.5　科技服务业集中分布于中心城区

由于科技要素和市场需求主要集中于中心城区，因而科技服务业用地也主要分布在中心城区。由于难以获取上海各区县系统的科技服务业用地数据，故暂用科技服务业从业人数和第二、三产业总从业人数计算上海各区县科技服务业区位熵，可以反映上海市各区县科技服务业的空间集中状况（表 10-13）。

2004年上海各区县科技服务业地理集中程度比较　　**表10-13**

区县名称	科技服务业区位熵	区县名称	科技服务业区位熵
浦东新区	0.95	宝山区	0.62
黄浦区	1.60	闵行区	0.41
卢湾区	1.53	嘉定区	0.69
徐汇区	2.61	金山区	0.63
长宁区	1.18	松江区	0.56
静安区	1.60	南汇区	0.50
普陀区	1.33	青浦区	0.46
闸北区	1.06	奉贤区	0.34
虹口区	0.97	崇明县	0.27
杨浦区	1.94		

资料来源：根据《2004 年上海市经济普查年鉴》计算得出。

分析结果表明：上海市科技服务业主要集中在中心城区，尤以徐汇、杨浦两区比较优势突出，这两个区也是上海大学城的集中分布区域；其次为黄浦、静安、卢湾、普陀、长宁和闸北 6 区。中心城区中只有虹口区的区位熵小于1。近郊区和远郊区的区位熵均小于1，其中崇明县最低。由此可见，上海科技服务业发展不平衡，中心城区发展较快，郊区（县）发展缓慢。当然，上海科技服务业的这一区域分布特点还与中心城区与郊区的功能定位有较大的关系。

10.3　上海市部分科技服务业用地绩效分析

下面分析上海市部分科技服务业用地的绩效情况，并与北京等城市作比较分析。

1）科技孵化企业单位面积孵化效益总体趋升

由表10-14可见，1998 ~ 2008年间，上海市科技孵化企业单位面积孵化效益（单位孵化面积技工贸总收入）呈现总体趋升态势，1998年单位孵化面积技工贸总收入只有0.59万元/m^2，2000年上升至0.71万元/m^2，2005年上升至1.14万元/m^2，2008年达到1.63万元/m^2。

上海市科技孵化器孵化绩效变化情况　　表10-14

年份	1998年	2000年	2005年	2006年	2007年	2008年
单位孵化面积技工贸总收入（万元/m^2）	0.59	0.71	1.14	1.21	1.14	1.63

2）　国家级科技孵化企业孵化器的单位面积服务性收入虽高于全国平均水平，但与先进水平仍有较大差距

2008年上海市16个国家级科技企业孵化器的服务性收入只有4119.9万元，单位用地面积的服务性收入仅为127.65元/m^2，虽然高于全国53.15元/m^2的平均水平，但却低于北京市21个国家级科技企业孵化器的单位用地面积的服务性收入185.55元/m^2的平均水平（表10-15）。

2008年上海与北京科技企业孵化器单位用地面积服务性收入水平比较　　表10-15

项目	上海		北京	
	国家级	非国家级	国家级	非国家级
孵化器数量（个）	16	19	21	32
服务性收入（万元）	4119.90	6246.70	9546.9	7514.30
场地面积（m^2）	322738	278543	514518	415985
单位面积服务性收入（元/m^2）	127.65	224.26	185.55	180.64

资料来源：根据《2009年中国火炬统计年鉴》整理计算得到。

单个孵化器的比较也显示出类似的结果。如上海微电子设计有限公司和上海张江高新技术创业服务中心，这两个科技企业孵化器单位用地面积的服务性收入相对较高，分别为486.91元/m^2和400元/m^2，但与北京高技术创业服务中心554.98元/m^2的水平仍有较大的落差。

3）非国家级科技孵化企业孵化器的单位面积服务性收入既高于全国平均水平，也高于北京市的平均水平

由表10-15可见，2008年上海市19个非国家级科技企业孵化器的服务性收入为6246.7万元，单位用地面积的服务性收入达到224.26元/m^2，既高于全国185.87元/m^2的平均水平，也超出了北京市32个非国家级科技企业孵化器180.64元/m^2的平均水平。

4）上海国家级生产力促进中心单位办公面积的服务绩效远逊于北京

据分析，2008年上海市唯一的国家级示范生产力促进中心——上海浦东生产力促进中心的办公面积为8385m^2，年总服务收入为1024.4万元，单位办公面积的服务收入约为1222元/m^2。而2008年北京市3个国家级示范生产力促进中心办公面积为3500m^2，年总服务收入为3345.7万元，单位办公面积的服务收入为9559元/m^2，是上海浦东生产力促进中心的7.8倍（表10-16）。其他服务业绩指标，上海也远逊于北京。

2008年上海与北京国家级生产力促进中心单位办公面积服务绩效比较　表10-16

项目	上海	北京
生产力促进中心数量（个）	1	3
办公面积（m^2）	8385	3500
年总服务收入（万元）	1024.4	3345.7
单位办公面积服务收入（元/m^2）	1222	9559
为企业增加销售额（万元）	/	613972.3
单位办公面积销售增加额（元/m^2）	/	175.42
增加利税（万元）	/	39589.5
单位办公面积利税增加额（元/m^2）	/	11.31
为社会增加就业（人）	136	604
单位办公面积就业增加人数（人/m^2）	0.0162	0.1726

资料来源：根据《2009年中国火炬统计年鉴》整理计算得到。

5）国家大学科技园单位用地面积的服务性收入相对较高

据分析，2008年上海市10个国家大学科技园的孵化场地总面积为

863012m²，当年在孵企业 958 个，每万平方米孵化面积在孵企业为 11.1 个；累计毕业企业数 422 个，每万平方米孵化面积累计毕业企业数为 4.89 个；孵化企业总收入为 940166.8 万元，单位面积孵化企业总收入为 10894 元 / m²。

2008 年北京市 12 个国家大学科技园的孵化场地总面积为 1350459 m²，当年在孵企业 756 个，每万平方米孵化面积在孵企业为 5.60 个；累计毕业企业数 704 个，每万平方米孵化面积累计毕业企业数为 5.21 个；孵化企业总收入为 835658.3 万元，单位面积孵化企业总收入为 6187.96 元 / m²。

两相比较，上海市国家大学科技园平均单位面积孵化能力和孵化企业总收入均高于北京市国家大学科技园的平均水平，但单位面积累计毕业企业数这一指标要低于北京市。

6）软件产业基地单位用地面积的服务收入水平偏低

由表 10-17 可见，2008 年上海软件园单位用地面积的服务收入为 2068.70 元 /m²，不仅低于全国 2147.77 元 /m² 的平均水平，也低于国内若干较为先进的软件产业基地，如：广州软件园单位用地面积的服务收入为 3277.57 元 /m²，是上海软件园的 1.58 倍；北京软件产业基地达到 9101.07 元 /m²，约为上海软件园的 4.4 倍；深圳软件园则高达 38452.29 元 /m²，约为上海软件园的 18.59 倍。

2008年国内若干软件园单位用地面积服务收入水平比较　　表10-17

软件产业基地	上海软件园	广州软件园	北京软件产业基地	深圳软件园	全国
软件技术服务收入（万元）	262725	963606.9	4950984	538332	11432594
现有占地面积（万 m²）	127	294	544	14	5323
单位用地面积服务收入（元 / m²）	2068.70	3277.57	9101.07	38452.29	2147.77

资料来源：根据《2009 年中国火炬统计年鉴》整理计算得到。

10.4　上海市科技服务业发展中存在的其他问题

近年来，上海科技服务业尽管增长速度快，服务领域广，服务方式多，服务质量有所提升，但与发达的国际大都市相比，仍然存在经营规模小、产出效率不高、从业人员层次参差不齐、跨国服务能力偏低等诸多问题。

1）科技服务业尚未成长为现代服务业的一个主要产业，发展环境欠佳科技服务业是现代服务业的重要业态，是科技服务于经济社会发展的重要途径。2008 年上海科技服务业产值占 GDP 的比重仅为 2.36%，尚未成长为现代服务业中的一个主要产业。因此，它所面临的发展环境不甚理想，既没有制定一部促进科技服务业发展的系统性法律法规，也未制定形成一套系统的、切实可行的、操作性很强的推进政策措施。与国内其他大中城市或地区相比，存在着较为明显的差距。如在北京，科技服务业已经成为首都经济的支柱产业之一，2008 年科技服务业实现产值 662 亿元，占 GDP 的比重达到 6.31%。为了进一步扶持科技服务业的发展，北京市已经发布了《北京市促进科技中介机构发展的意见》，并制定了《关于促进北京科技服务业发展的意见》。天津、江苏、山西等其他省市也都先后制定了本地科技服务业“十一五”发展专项规划或实施意见。

2）科技服务业的劳动生产率有待提高

由表 10-18 可知，上海全市劳动生产率和服务业劳动生产率均逐年增加。2001 ~ 2008 年，全市劳动生产率由 6.29 万元 / 人增加到 13.96 万元 / 人，服务业劳动生产率也由 7.22 万元 / 人增长到 13.46 万元 / 人。科技服务业劳动生产率虽然在 2001 ~ 2003 年低于全市劳动生产率和服务业劳动生产率，但从 2004 年起，科技服务业劳动生产率均高于全市劳动生产率和服务业劳动生产率，显示出近年来科技服务业的效率得到了较大的提高。

2001～2008年上海市劳动生产率变化情况比较　　　　表10-18

年份	2001	2002	2003	2004	2005	2006	2007	2008
科技服务业劳动生产率（万元 / 人）	6.39	6.16	6.00	12.87	13.98	14.50	15.37	15.74
服务业劳动生产率（万元 / 人）	7.22	7.79	8.25	9.03	9.67	10.43	12.50	13.46
全市劳动生产率（万元 / 人）	6.29	6.79	7.57	8.89	9.88	10.86	12.58	13.96

资料来源：根据历年上海统计年鉴中的数据计算得出。

根据上海市第一次经济普查年鉴计算，2004 年扣除地质勘查业后的上海科技服务业劳动生产率为 18.74 万元 / 人。而 2001 年纽约市专业科学与技术服务业的人均收入为 7.4 万美元，以当年兑换利率 8.27 折算，折合人民币 61.2 万元 / 人，远高于 2004 年上海科技服务业劳动生产率。因此，上海市科技服务业的劳动生产率与国际大都市相比仍有很大差距。

3）科技服务业的运行机制不健全，运作方式比较单一

一方面，科技服务业的运行机制不够灵活，难以满足市场和创新主体的需求，主要表现在：内部激励机制不健全，信息反馈机制不灵活，与创新主体的互动机制匮乏，服务创新与功能创新机制缺失，利益分配机制欠合理。

另一方面，科技服务业的投资主体、所有制结构不合理，运作方式比

较单一。科技服务组织政府投资比重较大，实行事业单位运作的比重过大，实行公司化和企业化运作的组织还较少，“官助民办”特征明显。

4）科技服务业的准入条件和退出机制需要细化

在《关于上海加速发展现代服务业的若干政策意见》中，对降低准入门槛作了如下规定：各类服务业企业登记注册时，除依据法律、行政法规和国务院有关规定外，各部门一律不得设置前置性审批事项。尤其对浦东新区有更优惠的政策。创业投资公司的注册资本最低额由3000万元降至1000万元人民币，其中投给高技术成果转化项目的资金达到一定的比例，上海市将给予财政专项资金的扶持。然而，对现代服务业中以小企业居多的科技服务业，却没有明确规定详细的准入条件和退出机制。

5）特色科技服务业基地偏少，高端服务人才匮乏

（1）区域结构及内部结构有待进一步优化。不同区县科技服务机构在数量、功能、管理体制、运作机制等方面发展不平衡，导致不同区县技术创新能力的差距不断扩大；不同类型科技服务组织发展也不平衡，部分科技服务种类相对薄弱。如各类科技交流和推广服务机构相对较多，而研发服务及一些专业服务发展较慢。

（2）服务不规范。科技服务机构自身尚未形成统一、规范的服务流程；行业自律能力还比较差；服务质量还难以得到社会的普遍认同，品牌形象亟待提升。

（3）服务面窄。由于科技服务组织大多数没有真正面向中小科技型企业，使之不能迅速地成长壮大，服务通常局限于某个地区，不能在更大空间范围内优化配置创新资源，国际化水平也很低。

（4）特色科技服务业基地偏少，与上海国际大都市的地位不相称。到2008年，上海只有奉贤输配电、安亭汽车零部件、南汇医疗器械、张堰新材料深加工、青浦新材料、环同济研发设计服务6个国家火炬计划特色产业基地，而真正以科技服务业为主的还只有环同济研发设计服务特色产业基地，2008年该基地内有企业1360家，企业从业人员23210人，总收入102.8亿元，上交税额10.05亿元，净利润约3.33亿元，人均收入约44.09万元。

（5）高端服务人才缺乏。科技服务机构最缺乏的是高素质科技服务人才，有效的人才培养机制与激励机制也尚未建立。

10.5 促进上海市科技服务业及其用地发展的对策建议

针对上海科技服务业发展的现状与问题，我们提出进一步促进其发展的总体思路是：以科学发展观为指导，以有效服务于科技创新创业为目标，以体制、机制创新为动力，以科技服务基础设施建设和服务能力建设为重

点，坚持政府引导、社会参与、分工协作、多元发展的方针，促进各类服务资源融合，创造良好的发展环境，引进与培育各类创新服务机构，打造上海科技服务特色和品牌，形成符合市场经济运作要求和城市创新体系建设要求、与国际通行规则衔接和专业化服务优势明显的科技服务体系，进一步提升上海城市综合服务功能和自主创新能力。

为了进一步促进上海科技服务业发展，我们建议的主要对策如下：

1）将科技服务业列入上海现代服务业的主要产业来培育

随着上海经济社会发展与产业结构的进一步调整和优化，“经济的服务化”和“服务的知识化”将成为上海未来经济发展的主要特征。而科技服务业正是体现这两个特征相互结合的重要产业之一，其发展潜力巨大，在上海国际大都市的成长进程中将发挥愈来愈大的作用。因此，上海应在“十二五”规划中明确提出“把科技服务业作为上海现代服务业发展的一个主要产业来培育”的战略构想，以便更好地顺应服务业上升和知识经济兴起的时代潮流，使上海科技服务业的发展在国内保持领先地位，进一步增强上海服务长三角及全国的能力。

2）加大政府对科技服务业的政策扶持力度

对促进高新技术成果转化或发展高新技术产业有重大贡献的科技服务机构，可申请认定为高新技术企业，享受相关优惠政策；对符合条件的科技企业孵化器、国家大学科技园自认定之日起，一定期限内免征营业税、所得税、房产税和城镇土地使用税。

要加大对骨干型、紧缺型科技服务企业的扶持力度，通过财政补贴、贷款担保、长期贷款、风险投资、设立专项扶持资金等方式，在投入政策、信贷政策等方面给予倾斜。

要采取多种方式促进科技服务业发展，对在科技服务过程中作出突出贡献的单位和个人给予奖励。

3）进一步优化科技服务业的发展环境

(1) 政府要建立和健全科技服务机构的基础数据库和信息网，强化科技服务企业的信息化管理。

(2) 要强化政府对科技服务机构的监管。杜绝坑蒙诈骗以及光收费不服务等不良现象发生。

(3) 要继续推进“组织网络化”进程。坚持“小企业，大网络”的发展理念，把各类科技服务企业纳入到统一的网络化管理系统中来，实现服务、信息、知识、资金、空间等资源的共享。

(4) 要逐步完善科技服务业的社会法律环境。政府要整合和完善与科技服务相关的法律和实施细则，保证科技服务能够按照市场经济规律规范化、科学高效地运作。

4）逐步培育科技服务业的多元化投资运作模式

上海目前的科技服务机构还是以政府出资为主设立的，民间资本的参与度较低，而在发达国家，民营科技服务机构已成为科技服务业的主体。如：美国80%以上的科技服务机构是民营机构；在日本，为社会提供各种全面、高素质的科技服务的主要是具有独立法人资格的非政府服务组织。

（1）要积极鼓励民间资本进入科技服务业，允许个人技术入股，逐步形成政府、高科技企业、科研院所、金融保险机构、民间资金和外资共同参与的多元化投资运作模式，完善民营资本的进入和退出机制。

（2）要引导专业技术力量开展科技服务。鼓励有条件的科研院所、高等学校兴办各类科技服务机构；政府部门所属事业单位要面向社会开展科技服务业务；引导企业与科研院所、高等学校联合兴办科技企业孵化器和技术转移中心。

5）规范和完善科技服务业的准入条件与退出机制

（1）要明确科技服务业从业人员的执业资格。对科技服务业从业资格的具体要求应包括研发、设计、创意等科技服务企业，技术咨询、技术培训企业，科研单位和大专院校等进行自然科学、社会科学、科学实验等岗位的研发人员。建立健全注册执业人员的责任追究制度，逐步实行由注册执业人员对服务成果、设计文件负法律责任和负有经济赔偿责任的制度。通过定期审查，对有不良中介行为者终身取消其从事科技中介服务的资格。

（2）要明确科技服务产品的市场准入条件。如进行技术转让或提供服务的技术必须具备以下条件：①必须是能够授权的专有技术；②技术商品必须是一种无形资产，或有形资产与无形资产的结合；③技术商品必须能促进技术进步和经济、社会发展。国家明令禁止使用，违反国家产业政策和技术政策的或者落后、淘汰的技术，对社会构成危害的技术，国家保密技术等不能进行交易。

（3）要建立市场退出机制。坚持依法立业、依法治业、依法兴业的行业管理理念，认真实施各项规范制度。经年检合格核准取得科技咨询资质；对执业形象不好、群众反映大的单位和个人勒令其停业整顿或取消执业资格；对守信用、业绩突出的进行表彰。通过强化资质管理，严格市场准入和退出机制。认真履行管理职能，保障科技服务业的质量。要建立系统完整的市场主体和执业人员的信用档案，认真开展信用等级评价。通过资质管理、市场准入、市场退出、表彰评优等工作环节和渠道，充分发挥信用体系建设对科技服务业的促进作用。

6）加快引进和培养科技服务业的高端专业人才

一方面，要加大对从业人员的岗位培训力度，提高科技服务业从业人员的专业素质和服务水平。鼓励优秀的专业人才进入各类科技服务机构；支持优秀科技人员领办创办科技服务机构；允许科技人员兼职从事科技服务。

另一方面，要大力引进科技服务业发展急需的科技评估师、创作设计师、金融家、投资家、律师、经纪人等高端专业人才，推动高层次科技服务业崛起。

7）协同优化科技服务业的行业结构与用地结构

一方面，上海目前以技术交易服务、科技培训与推广服务、科技咨询服务和科技信息查询服务等为主的低层次科技服务业相对发达，而以提供科技资产评估、科技项目审计、科技项目技术监理、人力资源管理、风险投资服务、融资担保服务等为主的高层次科技服务机构相对不足。因此，加快发展高层次科技服务企业，逐步优化科技服务业内部结构，成为上海今后发展的重要实践任务之一。

另一方面，可通过实施“科技服务小巨人工程”，重点培育若干家科技服务龙头企业，充分发挥其对中小型科技服务企业的示范带动效应。

与此同时，进一步优化科技服务业的用地结构。合理安排生产用地、研发用地、服务用地、绿化用地等各类用地比例，一些科技服务企业要适当增加研发用地和服务用地比例，形成研发、生产、服务和生态等用地协调配置格局。

8）加快建设科技服务业集群，提升用地产出效益

鼓励科技服务组织在各专业领域联合社会上的专业技术服务机构，形成专业技术领域的科技服务网络。充分依托全市大学科技园、各专业孵化器组织，在某一行业的企业相对集中、科技服务机构自然聚集、专业服务特色明显、有较强服务需求的地区，聚拢一批科技服务机构，通过政策调控和规划布点，在一定区域范围内逐步形成专业服务特色鲜明的科技服务企业集群。如在中心城区，要以发展楼宇经济为载体，以现代服务业集聚区建设为核心，配套建设科技服务一条街、科技咨询大厦、专业服务大楼（如律师楼、会计楼、广告楼、设计楼）等科技服务业集群。如位于黄浦区的上海科技京城就是一个融高科技创业基地和科技服务业于一体的建筑楼群。在郊区，围绕先进特色制造业基地及现代农业园区建设，配套发展与其紧密相关的专业技术服务业，形成各具特色的区县专业技术服务业集群，促进先进制造业、现代农业与专业技术服务业的互动融合发展。

前述分析表明，上海需要进一步提升国家级科技企业孵化器、生产力促进中心、软件产业基地等服务用地的产出效益，推动全市科技服务业跃上新台阶。同时要注意拓展和壮大特色服务业基地建设，凸显上海知识密集型服务优势。要加快实施科技服务业品牌建设战略。通过加强与国内外著名高校、

研究机构、科技服务机构的联动合作，引进和发展工程咨询、高新科技、认证评估、创业投资服务、技术检测、会展策划等知识密集型中介机构，打造上海科技服务品牌，着力增强上海科技服务业的国际竞争能力。

9）组建科技服务业行业协会联盟

（1）建议对上海市现有的城市规划行业协会、建设工程检测行业协会、建设工程咨询行业协会、勘察设计行业协会、工程设备监理行业协会、创业投资行业协会、人才中介行业协会、律师协会、注册会计师协会、注册税务师协会、广告行业协会、专利代理行业协会、资产评估协会等进行重组，建立新的科技服务业行业协会联盟。进一步加大政府对科技服务业行业协会联盟的支持力度，充分发挥行业协会联盟在促进科技服务业发展中的桥梁和纽带作用。此举有助于打破原有单个行业协会之间的分割与隔离倾向，形成振兴上海科技服务业的合力。

（2）积极支持科技服务业行业协会加强自身能力建设。协会应为行业发展提供及时、准确的政策咨询和指导，组织会员开展同业交流、跨行业分工协作、市场开拓以及人员培训等，建立行之有效的自我管理、共同发展的高效运行机制。

（3）推动科技服务业行业协会建立行业自律制度。支持行业协会建立行业行为规范、服务标准、职业操守，提倡科技服务机构和从业人员自觉遵守、共同维护，形成重合同、守信用、诚信经营的行业风尚。

（4）依托科技服务业行业协会，建立科技服务机构信誉评价体系。建立信誉评价信息发布和查询制度，使信誉监督管理社会化。科技服务业行业协会每年对科技服务机构的规模、服务质量、社会知名度和用户满意度等进行客观、公正的评价，评价结果向社会公布。

10.6 案例分析

为了更加深入地了解和认识上海科技服务业发展的具体实践，总结和归纳成功的做法与经验，廓清存在的障碍因素或不足之处，提炼进一步发展的思路与对策，为推动上海科技服务业的持续健康发展提供分类指导建议，兹选取上海市国家大学科技园进行分析。

大学科技园是国家创新体系的重要组成部分，是区域经济发展和行业技术进步以及高新区二次创业的主要创新源泉之一，是高等学校产学研结合、为社会服务、培养创新创业人才的重要平台。经过十多年建设与发展，上海地区大学科技园的发展已经初具规模，成为了高校研究成果转化链的重要一环，在经济发展中起到了不可或缺的重要作用，为高校的科技成果转化提供了重要的平台和技术转移的渠道。

10.6.1 上海市大学科技园的发展现状

1999 年，上海第一家大学科技园——上海交通大学科技园的创建，标志着上海市产学研相结合的步伐更进一步。经过 10 年发展，截至 2008 年年底，上海共有 10 家国家级大学科技园，孵化面积达 86.3 万 m^2，当年在孵企业 958 家，在孵企业人数达 15784 人，实现总收入 24.5 亿元，累计毕业企业 422 家（表 10-19）。

2008年上海市国家大学科技园发展状况 **表10-19**

园区名称	场地面积（m^2）	孵化基金总额（千元）	在孵企业（家）	在孵企业人员（人）	在孵企业总收入（千元）	累计毕业企业（家）
复旦大学科技园	69200	/	110	2352	104488	99
上海交通大学科技园	89500	5933	103	2408	612530	57
同济大学科技园	178769	/	84	685	73403	36
东华大学科技园	83000	2000	62	670	122657	50
上海大学科技园	96003	5000	51	1632	18264	7
华东理工大学科技园	250000	5000	183	4350	985000	154
华东师范大学科技园	15900	8000	55	482	106854	4
上海理工大学科技园	38869	1110	81	607	238062	/
上海财经大学科技园	20500	/	162	2086	149645	12
上海电力学院科技园	21271	1000	67	512	41450	3

资料来源：科技部火炬高技术产业开发中心编：《2009 年中国火炬统计年鉴》，北京，中国统计出版社，2009。

大学科技园依靠母校的知识、技术、人才等资源优势，塑造了良好的创新创业环境，从而吸引优秀人才进驻大学科技园进行创新创业活动。这些创新创业活动常与大学自身的学科优势相结合，聚焦于特定产业领域，形成小的企业簇群，推动了区域内相关产业聚集及创新集群的出现。产业聚集会促进企业与大学科研院所之间以及企业间的合作与联动创新，产生一批拥有自主知识产权的技术成果和产品，从而进一步促进园区创新创业环境的优化，增强大学科技园的“凝聚力”。如上海交通大学科技园依托其强势学科，组建非营利性服务机构——慧谷创业中心，建立风险投资基金和担保基金，发挥大学教育资源优势，为园区企业培养紧缺人才，实现多元化投资，企业化运作，逐渐形成了“交大慧谷”的品牌优势，实现了连锁经营。

10.6.2 上海市大学科技园绩效分析

1）绩效评价

数据包络分析（DEA）方法在研究投入产出相对效率方面有其独特优势，已成为综合评价的一种非常重要的分析工具。因此，选取DEA方法来评价上海市国家大学科技园的孵化绩效。DEA方法用于大学科技园的绩效评价步骤如下：确定评价目的，选择决策单元，建立输入输出指标体系，选择DEA模型，进行DEA评价分析，给出综合评价结论（图10-4）。

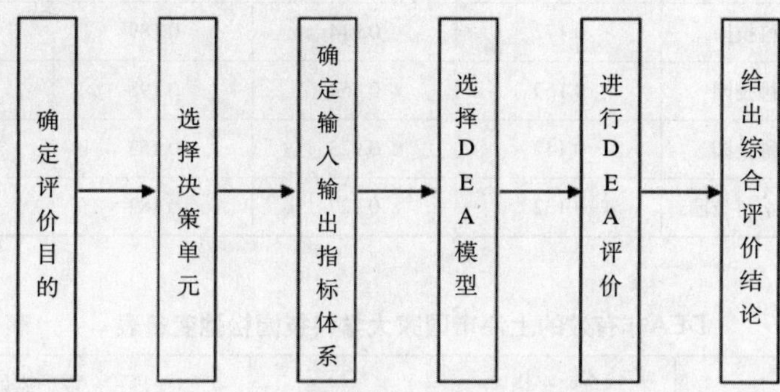

图10-4 DEA方法的应用步骤

由于大学科技园的主要功能是孵化功能，故结合2007年国家科技部颁布的《科技企业孵化器评价指标体系（试行）》与上海市国家大学科技园的自身情况，选取在孵企业平均孵化面积、在孵企业平均固定资产两个指标作为投入指标，其中在孵企业平均孵化面积反映科技园所能提供给每家在孵企业的物理空间能力，在孵企业平均固定资产反映该科技园对在孵企业的固定资产投入情况；选取在孵企业数量、在孵企业单位孵化面积人均收入两个指标作为产出指标，其中在孵企业单位孵化面积人均收入反映了大学科技园对区域经济发展的贡献率。通过2009年中国火炬统计年鉴获取上海市国家级大学科技园区的相关数据，利用DEAP软件进行DEA分析，所得结果见表10-20和表10-21所列。

2）评价结果分析与讨论

由表10-20可见，2008年上海市10个国家大学科技园中孵化相对效率DEA有效的为华东师范大学科技园、上海财经大学科技园和上海电力学院科技园三家大学科技园，占总数的30%；以上海交通大学科技园和上海大学科技园为代表的几家建园时间较早的科技园DEA相对效率无效，并且相对效率值比较低，由此可知上海市大学科技园仍然存在一定的问题。

从表10-20中看出，华东理工大学科技园的纯技术效率为1，而综合

2008年上海市国家级大学科技园的DEA评价结果　　表10-20

园区名称	综合效率	规模效率	技术效率	规模效益变化
华东师范大学科技园	1.000	1.000	1.000	不变
上海财经大学科技园	1.000	1.000	1.000	不变
上海电力学院科技园	1.000	1.000	1.000	不变
华东理工大学科技园	0.704	0.704	1.000	递减
复旦大学科技园	0.632	0.882	0.717	递减
上海理工大学科技园	0.467	0.979	0.478	递增
同济大学科技园	0.172	0.914	0.189	递减
东华大学科技园	0.169	0.854	0.198	递增
上海大学科技园	0.142	0.923	0.153	递增
上海交通大学科技园	0.132	0.727	0.182	递增

DEA非有效的上海市国家大学科技园松弛变量表　　表10-21

园区名称	在孵企业平均孵化面积 (m^2/家)	在孵企业平均固定资产（千元/家）	在孵企业（家）	在孵企业单位孵化面积人均收入 元/（人·m^2）
华东理工大学科技园	0.000	0.000	0.000	0.000
复旦大学科技园	177.999	26.467	0.000	2.597
上海理工大学科技园	250.714	237.785	13.459	0.000
同济大学科技园	1726.816	108.176	0	2.922
东华大学科技园	1073.858	154.672	8.955	10.173
上海大学科技园	1593.587	9.245	4.175	13.803
上海交通大学科技园	710.938	903.275	38.296	2.680

效率和规模效率均小于 1，表明其规模和投入、产出不相匹配，又因规模效益递减，故应适当缩小规模。其他 DEA 非有效的国家大学科技园的投入和产出均存在一定的冗余和不足，其中同济大学科技园的在孵企业平均孵化面积冗余 1726.816m^2/家，表明孵化面积利用率比较低；上海交通大学科技园的在孵企业平均固定资产投入冗余 903.275 千元/家，在孵企业数量不足 38.296 家；上海大学科技园和东华大学科技园的在孵企业单位孵化面积人均收入的产出指标均有较大的提升空间。

同济大学科技园、复旦大学科技园、上海交通大学科技园和上海大学科技园等一些建园时间早、名气较响而且孵化出一批著名企业的园区，相对效率不仅无效，而且排在新兴大学科技园的后面，它们真的发展滞后吗？答案当然是否定的，其实，导致这样的问题是由于孵化投入产出指标所引起的。按照 DEA 的原理，投入指标越小，产出指标越大，则这个评价单元的相对效率越高。

10.6.3 上海市大学科技园发展面临的问题和挑战

1）外部政策和环境还需要进一步完善和优化

一方面，有关部门对大学科技园发展还存在一些错误的政策导向，例如，教育部把大学科技园建设和 211 工程结合，导致一些大学匆忙上马大学科技园项目，低水平办科技园。这项政策并不切合实际，因为从世界范围来看，即使科技最为发达的美国，也只有极少数大学创办了大学科技园。另外，一些地方政府的过度“引导”，一些大学的相互攀比，也是导致一些地区大学科技园一哄而上的重要原因，这些不合适的政策导向造成了资源浪费。

另一方面，政府对大学科技园的孵化器功能的实际支持力度不够。国内科技企业孵化器最初主要以各级地方政府财政出资创建的孵化器为主，大学科技园的创建和发展大大丰富了原有的创业孵化体系。调研表明，大学科技园（主要指其中的创业园）的管理水平和效率总体上比政府主办的孵化器要高，大学科技园最主要、最重要的功能是孵化器功能，但由于孵化器的公益性较强，在目前以提供场地和一般支持性服务的运营模式下，它们大多不赚钱，甚至赔钱，大学科技园做了很多政府想做但还做得不够或者不够好的事情，尽管科技部和教育部多次颁布了有关大学科技园建设和发展的意见，但政府在这方面的实际支持力度还不够大，许多大学科技园（特别是其创业园）本身还存在生存问题，这也是目前大学科技园发展中面临的最大问题之一，这可能导致一些大学科技园过多从事与孵化器功能定位不相关的业务。

2）大学科技园的定位和实际招商中出现的矛盾

大学科技园，特别是国家级大学科技园，其主要定位应当是孵化器，其主要目标客户应当是知识密集型（特别是科技型）创业企业和研发机构，但在实际招商中，一些大学科技园为了尽快实现入驻率目标，常常在实际操作中忽视了目标客户定位，即一些明显不符合大学科技园定位要求的企业入驻科技园，甚至所占比重较大。另外，一些大学科技园由于开发成本较高，其房租较高，创业企业难以承受，这也在客观上限制了创业企业的入驻。

3）大学科技园发展中自身资源不足问题

目前，各个大学科技园总体上缺乏足够的物理空间和配套资源。教育部提出，我国一流大学的三大主要任务是教学、科研和社会服务，并要争取协调发展。但在实际中，由于近年来大学扩招数量较大，大部分大学处于资源非常紧张的状态，一些大学连最基本的教学科研和生活资源都很紧张；许多大学处于土地资源比较紧张的地段，大学科技园又大多位于大学校内或其周边，因此，大学科技园的发展客观上存在物理空间资源不足的问题，这在许多大学科技园发展中非常突出，一些大学科技园为了有效利用有限的土地资源，建设楼盘标准偏高且布局比较拥挤，房租较高，致使创业企业的负担较重。

资金不足也是一个很重要的问题。目前，大学科技园的资金来源主要依赖于高校，政府投入较少。实际上，大学科技园不仅自身基础建设需要资金，创业企业或项目孵化也需要资金，但是高校作为教学、科研基地，对科技园难有更大投入，大学科技园的现有财力通常不能满足园区发展对资金的需求。因此，缺乏足够财力支持也是阻碍大学科技园向高水平孵化器发展的重要制约因素。

4）大学科技园急需提高各种“软”服务能力

相当部分的大学科技园（孵化器）仍然以提供场地和一般支持性服务为主要运营模式，大学科技园的管理机构总体上还难以吸引高水平的专业管理人才，缺乏吸引和整合相关资源的能力，这些不足在很大程度上限制了大学科技园为创业企业提供各种“软”服务的能力。其中，大学科技园中的创业企业在发展中面临融资渠道不畅、市场开拓较难等主要瓶颈。这除了与创业者自身的经验和能力以及外部的政策环境有关外，还与园区提供的增值服务能力较弱有密切关系。例如，一些大学科技园缺乏有效的融资途径和投融资信息沟通渠道，难以为入驻创业企业提供融资服务。

10.6.4 深入推进上海市大学科技园发展的若干建议

任何大学科技园要实现可持续发展，必须发挥所依托大学的学科优势，努力实现某些特定产业的集聚，培育出一批具有良好成长性的知识和创意密集型（包括科技型）创业企业，这是大学科技园成功的最重要标志。

1）优化大学科技园发展的外部政策和环境

相关政府部门要积极支持和协同推进大学科技园的建设，使其成为新的经济发展和技术创新的“增长极”；要切实提高创办大学科技园的质量和效率，使之真正成为创新创业的栖息地。特别值得强调的是，各级政府在积极支持大学科技园发展的同时，必须避免大学科技园建设一哄而上，应当以高水平研究型大学办大学科技园为主（且还需要结合其实际能力和资源）；要控制大学科技园的数量，并使之规模适度；应重点支持国家级大学科技园，并且要扶强扶优；对大学科技园中的孵化器给予更有效的支持，建议对符合一定要求的大学科技园实体给予高新技术企业的资格。

要促进大学科技园与周边机构的合作，通过市场机制，在更大范围内实现资源的更优化配置。加强各大学科技园之间以及大学科技园与政府直接开办的孵化器等机构的发展协调和信息沟通。大学科技园在建设和发展过程中必须处理好大学科技园与所依托大学的关系，要创造互惠互利的良好机制，使得大学科技园（包括入驻的企业）与大学之间能够更有效地共享资源。

2) 处理好大学科技园的定位和实际招商中出现的矛盾

要在紧密结合国家和所在省市重点发展产业、所依托大学的学科优势与市场需求的基础上，进一步明确大学科技园目标产业发展的优先顺序，建设专业特色的精品科技园，努力促进大学科技园园区内微型企业簇群的形成和壮大，在大学科技园产业定位和发展过程中，大学科技园一方面要主动规划，同时要尊重和结合入驻的核心企业和新兴企业的产业选择，把握好重要新兴产业的发展机遇。

3) 解决好大学科技园的资源不足问题

资源是创业过程中的核心要素之一，大学科技园只有进一步吸引和有效整合创业资源，才可能为创业企业成长提供更多“增值”服务。当前特别要注意加强以下几个方面工作：

(1) 在人才资源方面，大学科技园要更加积极主动地吸引有较为丰富产业和管理经验的优秀海外留学人员回国创业，促进新兴产业和新的核心企业在大学科技园中诞生和健康发展。

(2) 在信息资源方面，要加强大学科技园和大学内部各院系之间的交流，建立良好的信息和人员沟通渠道，使得大学科技园成为广大师生和产业界交流合作的平台，成为广大师生重要的实习实践基地。通过合理的机制，使得大学科技园里的创业企业能够使用大学的图书馆、实验室等基础设施。

(3) 在场地资源方面，要积极探索，并通过市场选择，进行区域的资源整合。一些大学科技园已经进行了一些有益的尝试，如接受周边商业房地委托管理，包括闲置或者低效率使用的楼盘或者低水平开发的土地，这可以同时解决大学科技园自身物理空间不足的问题和大学周边其他社会资源效率低下问题，实现多赢结果。但由于涉及不同部门和不同的理念、机制，实际操作中会遇到很多具体问题。因此，具体操作上还需要有关政府部门的沟通协调，以便在更大范围内实现资源的优化配置。

(4) 在资金资源方面，要努力完善大学科技园区内创业投融资环境，积极发挥投资信用中介作用，促进园区创业企业和创业投资商之间的信息桥梁建设，并努力吸引创业投融资及中介服务机构入园；大学科技园还应从改善投资信用环境、控制投资信用风险、完善信息沟通和投资平台渠道等方面着手，改善制约创业投资和创业企业对接的瓶颈。

（5）在文化和品牌资源方面，大学科技园要积极倡导创新和创业文化，并形成大学科技园在某些专业领域的品牌影响力，如同济大学科技园依托其建筑和城市规划专业的优势创建其设计产业品牌等。

4）提升大学科技园的各种“软”服务能力

大学科技园还需要进一步完善其机制，更好地进行企业化运作。要努力吸引优秀的管理和专业人才，尽快提高自身管理水平和培育创业企业的能力（尤其是创业园）。可以借鉴“科技创新孵化器”模式，并对“孵化器＋创业投资”的发展模式进行更为深入的探索，使得大学科技园能够更好地为高新技术创业企业的孵化和成长服务。

10.6.5 同济大学科技园案例分析

10.6.5.1 同济大学科技园发展现状

1）特色产业链及空间发展载体得到拓展

同济大学国家大学科技园自2003年11月正式挂牌以来，依托同济大学土木工程学科群、海洋地质学科群、环境科学与工程学科群、城市建设与建筑及材料学科群、机电与汽车学科群、道路交通学科群优势，根据一校多校区的具体情况，制定了同济科技园一园多基地的发展规划，按照科技成果转换和产业化进程的特点和需求，经过几年的发展，目前已成功建设了国康路创业基地、赤峰路孵化基地，成为该区域内较为成熟和具有鲜明特色的科技园区。

同济科技园区目前总建筑面积近40万m^2，主要聚集了现代设计、建筑、电子信息、节能环保等企业类型，园内共有注册企业381家，在孵企业84家，毕业企业36家，大学生创业企业36家，创造就业岗位数7000个。初步形成以中小企业培育、科技企业孵化、科技园区建设为主体的三大板块有机互动的发展格局，并在此基础上衍生出企业管理咨询服务、投融资服务、大学生创业等一系列与科技园区企业发展有关的服务平台。经过多年的加速建设，尤其是学校周边地区“环同济知识经济圈”的兴起，一个具有鲜明产业特色的科技园区已初具规模。事实证明，依托同济大学的强势学科，建设科技园区，是一条具有广泛发展前景的途径，能够达到促进区域经济发展的良好效果。

随着同济科技园国康创业基地入园企业的不断增加，园区功能建设定位进一步明确，现代设计企业不断向基地集聚，以上海市政设计院、同济大学建筑设计研究院、上海邮电设计院为龙头的设计企业带动了规划、设计、制图、模型制作等产业链的发展。为了进一步推动现代设计产业的发展，加快此产业链的集聚规模，早日实现“环同济知识经济圈”年产值300亿元的目标，同济科技园又投资建设了国康路基地二期——“上海国际设计中心”和邯郸路工程咨询基地。

上海国际设计中心位于同济大学国家大学科技园区国康路基地，紧邻同济大学校区，项目总建筑面积近4.6万m^2，是国内规模最大的设计中心，也是目前区域内功能最全、档次最好的5A甲级写字楼。中心将为入驻的企业从提供专业的设计软件、效果图输出打印、喷绘制作到多媒体动画、建筑咨询、材料供应等全方位配套服务。凭借卓越的品质和全方位的服务，上海国际设计中心已吸引了大量设计类精英企业竞购，入驻企业涵盖规划设计、建筑设计、景观设计、室内设计、舞美设计、工程咨询等类型公司，初步形成泛设计行业完整产业链的集聚效应。

同济逸仙大厦（邯郸路基地）位于中国电子科技集团公司第23研究所地块，作为环同济知识经济圈规划扩展区项目，是同济科技园的另一个重要基地。该基地临近同济校园，将为同济大学知识外溢、发展科技产业提供良好的创业环境，基地定位为现代工程咨询业。项目总建筑面积约9万m^2，建成后将成为一个适合知识创业者发展的区域，发挥科技园区“科技创新、产业引入、人才培养”的辅助功能，为“三区融合、联动发展”开辟新的空间。

2）科技服务平台初步建成，服务方式不断创新

随着园区的快速发展，园内企业对人力资源、投融资及各项中介服务的需求成倍增长，逐渐成为制约园区新一轮发展的瓶颈。2009年初，同济科技园对园内企业的需求作了一次深入的调研，结合园内高新技术企业比例高，中小企业居多的特点，决定在园内逐步建立和完善六大服务平台，力求为入驻园区的企业提供全方位、多领域的服务，真正意义上体现同济科技园在企业扬帆起航的路上，与其风雨同舟携手共济的园区精神。这六大服务平台分别为：为企业提供中小企业政策贷款、创业投资、风险投资的投融资平台；为大学生提供创业基金，并对其进行管理和服务的大学生创业平台；协助企业申报创新基金等政府扶持和认定项目的项目申报平台；为企业提供各类政策宣讲、管理讲座、职业培训的创业培训平台；为企业提供低成本招聘代理、人力资源咨询的人力资源平台及为企业提供知识产权、法律、财务代理等专业服务的中介服务平台。服务平台的建立和日趋完善，有效地促进了科技园各项功能的充分发挥，也极大地提高了园区科技成果转化的能力。

2009年下半年，园区开始尝试新的企业服务，提出为企业量身定制“柔性设计馆”。目前，很多企业都有临时的办公需求，诸如初创企业、高速发展中的企业以及在本地无办事处的国际招标企业，他们在接到项目后，都需要配套和服务较齐全的临时办公场所，但现在大部分办公楼无法提供相应的配套和服务。针对这种需求，同济科技园提出弹性办公空间的概念，

强调除为固定企业提供服务外，还将划出专用空间提供专业的办公设备和办公服务，将部分配置齐全的办公室、会议室、多功能厅等实行分时出租。

10.6.5.2 同济大学科技园发展中存在的主要问题

通过调查发现，同济大学科技园存在以下几个方面的问题：

1）融合发展程度有待提高

目前大学科技园中主要缺少大学的资源，致使其等同于普通企业。如同济大学并没有给大学科技园分配具体任务和资源，也没有为其制定具体政策及设立考核指标，使得大学科技园的特色不足，两者的融合发展程度不高。

加之学校的行政管理体制分割现象较突出，科技处主要抓项目，产业办主要负责校办企业的增值和保值工作，资产处负责管理学校的房产，而学校对大学科技园实行企业化运作，漠视了其与大学的关系，整合发展不够，致使大学科技园在房地产市场兴旺时期转而投资房地产项目开发。

2）政府的政策扶持不到位

大学的孵化器不宜主要定位于科技成果转化，而应以大学生创业及大学教师自带成果新创企业为主。在国外，由于孵化器建设大多是亏本的，故主要由政府来扶持建设，且由政府来购买其服务。而在国内，政府主要采取返税的方式来扶持大学孵化器建设。但由于小企业头几年大多没有税收收入，从而使得政府的扶持政策大打折扣。

3）孵化效率不高

从对上海市国家大学科技园的绩效评价结果来看，同济大学科技园的综合效率仅为0.172，在上海市10个国家级大学科技园中排名第7位。通过对同济大学科技园投入产出分析可知，在孵企业平均孵化面积冗余达1726.8m^2/家，在孵企业平均固定资产冗余10.8万元/家，在孵企业单位孵化面积人均收入不足2.9元/（人·m^2），与DEA相对效率有效值仍有较大差距。由此可见，同济大学科技园的投入与产出失调，孵化效率较低。

10.6.5.3 同济大学科技园进一步发展的对策建议

1）经营知识产权，完善考核体系

大学科技园应依托大学的专利和科技成果，以经营大学的知识产权为其主要职能。学校要授权并委托其经营，并定期考核其知识产权的经营状况。政府应当购买其服务。

2）依托优势学科，引导企业集聚

同济大学科技园的发展实践表明：一是依托学校优势学科发展起来的咨询工程式的企业（如土木工程设计、建筑设计、规划设计、环保工程设计等）较为成功，而产品型的公司则相对较少；二是与现代设计产业具有紧密联系的上下游企业的集聚效应较好。因此，大学科技园应与一般的产业园在功能定位上有所差异，着力彰显其大学特色，充分挖掘大学各类创新资源的潜力。

3）整合创新资源，提升孵化效率

同济大学科技园应利用好同济大学自身的学科优势，构建一个集政府、学校、产业、科研成果、创业服务、人才等资源为一体的整合创新增值服务平台，促进各类资源的充分利用，进一步提高孵化效率。

本章参考文献

[1] 吴艳．上海知识服务业发展研究 [D]. 复旦大学，2007.

[2] 朱桂龙，彭有福．发达国家构建科技中介服务体系的经验及启示 [J]. 科学学与科学技术管理，2003（2）：94-98.

[3] 娄成武等．国内外科技中介服务机构的比较与启示 [J]. 中国软科学，2003（5）：105-109.

[4] 张国安，吴开松，刘国旗．西方发达国家科技中介服务模式对我国的启示 [J]. 科技进步与对策，2006（12）：24-26.

[5] 李欣．上海市科技中介服务体系的系统分析 [D]. 上海交通大学，2007.

[6] M.Fritsch.Interregional differences in R&D activities：A empirical investigation [J]. European Planning Studies，2000，8（4）：409-427.

[7] E.Muller，A. Zenker.Business services as actors of knowledge transformation：The role of KIBS in regional and national innovation system [J]. Research Policy，2001，30（9）：1501-1516.

[8]B.S.Tether，C. Hipp.Knowledge intensive，technical and other services：Patterns of competitiveness and innovation compared[J]. Technology Analysis and Strategic Management，2002，14（2）：163-182.

[9] M. Freal. Patterns of technological innovation in knowledge-intensive business services [J]. Industry and Innovation，2006，13（3）：335-358.

[10] H. W. Aslesen，A. Isaksen. Knowledge intensive business services and urban industrial development [J]. Service Industries Journal，2007，27（3）：321-328.

[11] D.Doloreux，N.Amanra，R.Landry. Mapping regional and sectoral characteristics of knowledge-intensive business services：evidence from the province of Quebec [J]. Growth and Change，2008，39（3）：464-496.

[12] P. Bishop. Spatial spillovers and the growth of knowledge intensive services [J]. Yijdschrift voor Economische en Sociale Geografie，2008，99（3）：281-292.

[13] R. Barras. Interactive innovation in financial and business services：the vanguard of the service revolution[J].Research Policy，1990（15）：161-173.

[14] J. Bessant，H. Rush. Buliding bridge for innovation：the role of consultants in technology transfer[J].Research Policy，1995（24）：97-114.

[15] C. Gallouj. Beyond technological innovation：trajectories and variables of services

innovation[M]// Mark Boden and lan Miles.Services and Knowledge-based Economy London：Routledge，2000.

[16] L.Nachum，D.Keeble.Neo-Marshallian nodes，global networks and firm competitiveness[R].the media cluster of central London，ESRC Centre for Business Research，University of Cambridge，1999，Working Paper 154.

[17] D. Keeble，L. Nachum. Why do business service firms cluster? Small consultancies，clustering and decentralization in London and Southern England[R]. ESRC Centre for Business Research，University of Cambridge，2001，Working Paper 194.

[18] A. J. Scott. From Silicon Valley to Hollywood：growth and development of the multimedia industrial in California in Braczyk，H.J. ，et al. eds Regional innovation systems[C]London：UCL Press.1998.

[19] A. J. Scott. French cinema：economy，policy and place in the making of a cultural-products industry [J]. Theory，Culture and Society，2000（17）：1-38.

[20] 陈晖 . 美国城市服务业发展近况：波士顿 [EB/OL]. 上海情报服务平台，2010-01-26. Http：//www.istis.sh.cn/list/list.aspx?id=6452.

[21] 陈晖 . 美国城市服务业发展近况：旧金山 [EB/OL]. 上海情报服务平台，2010-01-26. Http：//www.istis.sh.cn/list/list.aspx?id=6453.

[22] 张道宏，史丽华 . 西安科技服务业发展的战略思路与对策 [J]. 西安理工大学学报，1996，12（2）：149-153.

[23] 郭伏，赵希男，卢纪华等 . 我国科技中介服务业发展面临的问题及对策 [J]. 东北大学学报（社会科学版），2002，4（2）：112-115.

[24] 程梅青等 . 天津市科技服务业的现状及发展对策 [J]. 中国科技论坛，2003（3）：70-75.

[25] 王晶等 . 科技服务业系统功能分析 [J]. 科学学与科学技术管理，2006（6）：37-40.

[26] 张晓芬，韩宇新 . 辽宁科技中介服务机构建设水平综合评价 [J]. 沈阳师范大学学报（自然科学版），2006，24（2）：241-244.

[27] 王立英 . 山东省科技中介服务能力研究 [D]. 山东大学，2008.

[28] 陈丽佳 . 国内外科技中介服务机构政策环境建设探析 [J]. 广东科技，2004（6）：31-33.

[29] 马勇，杜德斌，周天瑜等 . 地方创新环境对外资研发活动的影响分析——深厦甬青连五市的比较 [J]. 科学学与科学技术管理，2009（5）：61-67.

第 11 章
长沙市服务业用地扩展与休闲服务业发展研究

在当今世界，休闲已成为衡量一个国家生产力发展水平的标志和社会文明程度的标志，也是衡量人们生活质量、生活水平高低的标志，是人类物质文明和精神文明的集中体现 [1]。随着人们生活方式从追求物质的享受逐渐转向追求时间和精神的享受，人们将把更多时间和金钱用于休闲。

休闲服务业是指为休闲消费者的休闲需要而提供所需各种商品和多样化服务的行业，它是以旅游观光服务、度假休闲服务、娱乐休憩服务、文化体育服务为核心的综合性服务行业，它通过为社会提供休闲产品和服务活动，保证人们在休闲过程中获得各种享受和满足。国际经验显示，当人均收入超过 1000 美元，以观光性为主的旅游需求将急剧膨胀；当人均收入超过 2000 美元，将形成对休闲的多样性需求和多样化选择；当人均收入超过 3000 美元，普遍会产生休闲度假的愿望。随着“休闲时代”的莅临，以会展、旅游度假、体育健身、文化娱乐、艺术欣赏、社区服务等为主的“休闲经济”正在逐渐形成新的经济大潮，休闲服务业也相应成为一些发达国家的支柱产业。如在美国，休闲服务业年产值达 1 万亿美元，创造工作岗位达 250 万个，约占全美就业的 1/4，美国人有 1/3 的时间用于休闲，有 1/3 的收入用于休闲，有 1/3 的土地面积用于休闲 [2]。在西班牙，休闲服务业成为该国经济的第四大产业，休闲服务企业达 9 万多家，创造就业岗位 76 万个，其收入占国内生产总值的 4.5%。1994 年日本人的休闲消费达 7800 亿美元 [3]。

近年来，国内大城市的休闲服务业也得到了较快的发展。尤其是杭州、成都、长沙、桂林等城市的休闲产业较为发达，被评为国内最具幸福感的城市。如长沙市文化产业发展强劲，以电视、出版、动漫为代表的现代传媒产业声誉鹊起，在全国市场形成了品牌效应；以一批歌厅、酒吧、休闲保健场所为代表的文化休闲产业充满活力；旅游总收入在中部省会城市中位居第二位。本章在简要概述长沙市服务业用地扩展的主要特点的基础上，选取具有长沙城市特色的休闲服务业进行具体分析和研究。

11.1 长沙市服务业用地扩展的主要特点

长沙市地处湘江下游，位于东经 110°53′ ~ 114°15′、北纬 27°51′~28°41′之间，属亚热带季风性湿润气候，年平均气温 17.2℃，年平均降水量 1360mm。长沙作为湖南省的省会，是全省政治、经济、文化、科教、商贸、交通、金融、信息中心。全市辖芙蓉、天心、岳麓、开福、雨花 5 个区和长沙、望城、宁乡 3 个县及浏阳市，总面积 11819km^2，2010 年全市有常住人口 7044118 人，占全省的 10.72%，人口密度为 596 人 /km^2。

2010 年长沙市地区生产总值达 4547.06 亿元，经济总量占全省的 28.6%，在全国 26 个省会城市（拉萨市除外，下同）中排第 7 位；按常住人口计算，人均地区生产总值达 64551 元。2010 年全市规模以上工业完成增加值 1530.35 亿元，占全省的 26.0%，在 26 个省会城市中排第 8 位；实现社会消费品零售总额 1812.12 亿元，占全省的 31.4%，在 26 个省会城市中排第 7 位；完成全社会固定资产投资 3192.57 亿元，占全省的 32.5%，在全国 26 个省会城市中排第 6 位；完成财政一般预算收入 314.28 亿元，占全省的 29.5%，在全国 26 个省会城市中排第 8 位；城市居民人均可支配收入为 22814 元，高于全省平均水平 5715 元，城市居民人均消费性支出为 16096 元，在全国 26 个省会城市中均居第 6 位，在中部 6 省会城市中均居首位；农民人均纯收入为 11206 元，高于全省平均水平 5584 元，在全国 26 个省会城市中排第 3 位 [4]。作为一座消费型特征明显和文化底蕴深厚的城市，近年来长沙市生活性服务业快速发展，逐步形成了商贸餐饮、文化产业两大在国内同类城市中具有比较优势和鲜明特色的服务产业。城市化发展过程是产业结构与用地结构互动调整和优化的过程，服务业的发展必将对其用地规模与结构变化产生明显的影响。

1）城市用地扩展具有明显的阶段性

结合周国华 [5]、黄军林 [6]、林目轩 [7] 等人的研究成果，可将长沙城市建设用地的扩张过程划分为如下 6 个演进阶段：

（1）沿江扩散阶段（新中国成立前）：在以单一的水运交通为主的时期，长沙中心城区主要围绕湘江码头发展，靠近水运码头的德润门、驿步门、永丰街、万寿街、万福街、西长街、太平街、三泰街、坡子街一带成为长沙市的老商业中心区，呈现沿江紧凑拓展态势。

（2）沿路延伸的多向扩张和内部填充阶段（1949 ~ 1965 年间）：20 世纪 50 年代汉蓉铁路修复，城市开始沿铁路线南北向扩张。同时，解放路、中山路等东西向主要道路建成，推动城市向东扩展。湘江轮渡的出现又使湘江西岸有了一定的发展。因此，长沙城市空间步入沿路延伸的多向扩张和内部填充阶段。1965 年长沙城市建成区面积达到 20.93km^2。

（3）西延南扩的轴带状扩张阶段（1965 ~ 1978 年间）：湘江大桥通车（1972 年），直接带动了河西地区的发展，湘江西岸开始沿枫林路、银盆南路、麓山路等主要道路发展。107 国道的建成推动城市向南扩张，土地沿路开发现象较为普遍。

（4）沿道路交通网的外延扩张阶段（1978 ~ 1989 年间）：20 世纪 80 年代汉蓉铁路外绕线建成，长沙新火车站及其配套交通干道的建设，进一步推动长沙向东拓展，城市沿铁路、107 国道两侧开发加快。319 国道带动城市东西向扩张，道路两侧用地开发开始加快。但由于受河流、丘陵山地等自然屏障的制约，长沙城市的主要扩展方向为东南方向。据统计，长沙市湘江东岸约占整个城市用地面积的 70%；以湘江为南北轴、319 国道为东西轴而划分的东南象限，占全市城市用地面积的 50%。

（5）跳跃式（斑块状、组团状）扩张阶段（1989 ~ 2004 年间）：京珠高速公路通车后，长沙出现跳跃式发展。“退二进三”的产业结构调整促使城市工业用地比例下降，集中成片的新开发区用地在城市郊区出现。全市 2 个国家级开发区和 7 个省级开发区（清理整顿后）的设立使城市用地向郊区扩展，9 个开发区总面积达 4067.63hm^2，占同期城市用地增加量的 75%。河西新城以大学城、麓谷高新技术开发区、望城坡高科技产业基地为依托进行扩城。星马新城以星沙国家级经济开发区、马坡岭农业高科技园、广电中心、世界之窗为依托进行扩张。南侧的暮云组团在长株潭一体化的引导下逐渐向南扩张，与株洲、湘潭融合为一体。捞霞组团通过建设水运、公路、铁路的中转联运中心，带动北侧的城市扩张。西北角的高星组团将建设成为综合性产业区、市区新产业开发及置换外迁企业基地。西南侧的含浦组团则为大学城未来发展提供预留用地。

1996 年的行政区划调整，将长沙县及望城县的部分乡镇划入市区，长沙市区面积由原来的 352km^2 扩大到 556km^2。2001 年长沙市人民政府驻地西迁、2004 年湖南省人民政府驻地南迁，使得河西、城南成为市民入驻、企业入驻、房地产开发的热点区域 [5]。城市建成区面积由 1990 年的 101km^2 扩大到 2004 年的 142km^2。

（6）多中心网络状扩张阶段：2004 年至今，伴随着新型的高速环线路网的完善，长沙市形成了“六桥三环”、“八纵八横”、“一空两港”的水、陆、空立体交通网络。加之武广高铁、沪昆高铁、长渝高铁、“3+5”城际铁路等的开通和建设，长沙构建国家级交通枢纽的目标指日可待。由河东 CBD、河西 CBD、星沙副中心、雷锋湖—梅溪湖副中心，以及多个组团级中心共同构成的多中心网络状城市体系正在逐步成型；黄榔高铁组团、黄花空港组团也将迅速崛起。由"一轴两带"（湘江发展轴、北部发展带、南部发展带）串起的城市网络状结构已现雏形。

2）居住用地所占比重上升，并呈现向城区边缘转移的趋势

改革开放以来，随着城市规模的扩张，长沙市居住用地规模也不断扩大，全市主城区范围内的居住空间呈"十字形"沿湘江向南北、沿岳麓大道、三一大道向东西方向发展。居住用地占城市建设用地的比重也不断上升，由1979年的21.28%增加至1989年的22.82%、2004年的25.56%，2010年达到31%（表11-1）。

长沙市城市建设用地内部结构变化情况 表11-1

年份	工业用地（%）	公共设施用地（%）	仓储用地（%）	对外交通用地（%）	绿地（%）	道路广场用地（%）	居住用地（%）	其他（%）
1979	27.76	28.74	4.85	4.27	3.18	2.05	21.28	7.88
1989	26.17	27.58	4.62	4.26	4.50	5.77	22.82	4.29
2004	16.63	26.55	2.72	2.79	8.77	10.34	25.56	6.64
2010	10.37	17.13	2.86	7.00	12.00	16.72	31.00	2.92

注：公共设施用地包括市政公用设施用地在内。

资料来源：1979年、1989年、2004年数据来自周国华等：《长沙城市土地扩张特征及影响因素》，载《地理学报》，2006，61（11）：1173。

随着人们经济条件的改善及其对居住环境的重视，新建住宅用地呈现出向城区边缘转移的趋势，长沙郊区形成了五大居住板块：河西板块、城南板块、城北板块、城东板块和星沙板块[8]。北部捞霞组团内，浏阳河以北、三环线以南的用地性质已由原来的工业用地转化为居住用地；南部暮云组团及其周边地区，随着长株潭区域经济一体化发展的加速，芙蓉南路、新韶山路的南延带动了房地产市场的繁荣。政府保障性住房社区也主要分布在城市外围近郊，主要集中在岳麓区、雨花区两个区[6]。

3）商服用地主要集中于中心城区和新城

新中国成立后，伴随铁路、公路等陆运交通系统的发展，水运的地位逐步衰落，长沙城市商业中心也由码头沿岸转到以五一广场为核心的区域，五一路和黄兴路区域成为市级商业中心。至20世纪80年代，全市形成了五一广场、袁家岭、东塘三大商业中心，与中山路、黄兴路、五一路、韶山路等商业街一道形成了良好的商业规模集聚效应[9]。到了20世纪90年代中后期，长沙城市进入快速发展期，自1998年以来，平和堂、麦德龙、家乐福、沃尔玛、百盛、好又多、易初莲花等国际商业零售业巨头和国美、

苏宁、新一佳、兴万家、步步高、王府井等国内知名零售企业相继进入长沙，进一步加速了长沙商贸流通业的发展和升级，全市已基本形成了火车站、五一广场、袁家岭、东塘、伍家岭、荣湾镇等6大商业中心[6]。

进入21世纪以来，全市主要商业中心虽然仍集中在中心城区，但已扩展至“四线七圈”，即芙蓉路、五一路、黄兴路、东环线四条长轴，五一广场、火车站、望城坡、侯家塘—东塘、伍家岭、汽车南站、火车南站方圆7km^{2}的七大商圈[6]。另外，除了上述市级商业中心外，河西、星马两个次级商业中心和若干个居住区级商业中心，以及暮云、捞霞、星马、望城坡等4个大型物流配送中心也在规划、建设或成长之中，全市零售商业中心体系正在发育成长。

目前长沙市的高级商务设施呈现出“一区六圈四轴”的空间布局结构：①“一区”即中心商务区，由营盘路、黄兴路、车站路和人民路围合而成的区域，为全市高级商务用地集中分布区；②“六圈”分别为侯家塘商务圈、黄土岭商务圈、东塘商务圈、长岭商务圈、荷花园商务圈以及伍家岭商务圈；③“四轴”分别为芙蓉路商务轴、五一路商务轴、韶山路商务轴和劳动路商务轴。六大商务区商务办公用地占全市商务用地比例达到47.9%[6]。

未来10年内，全市将形成以芙蓉广场为核心，东至韶山路，西到蔡锷路，北至湘雅路、展览馆路，南到人民路，总面积约4km^2，集金融、商务、办公于一体的商务中心区，其服务功能也将由以往服务于城市为主转向服务于区域为主，着力于提升整个区域的服务质量和竞争能力。

4）文化娱乐用地扩张较快，进一步彰显城市特色

近年来，随着长沙打造“文化支柱产业”和“中国休闲之都”目标的确立，全市加强了对文化、休闲娱乐产业的扶持。长沙的电广传媒业走在全国的前列，金鹰节落户长沙更为其娱乐业发展提供了契机。为此，长沙在城市北部兴建了“金鹰影视城”，并围绕其加强城市建设，带动了城市北部地区的扩展[10]。

此外，一批重点项目加快建设，重点区域加紧开发，全市文化、休闲、娱乐用地出现了较快增长。

（1）综合性文化艺术中心建设。在芙蓉北路，利用原火车北站用地建设综合性文化艺术中心，设置音乐厅、艺术展览中心、影视文化不夜城、文化宫等设施。

（2）专门性图书设施建设。在定王台图书批发市场、长沙图书城、省图书馆、市图书馆等基础上，设置音像图书馆、微缩图书馆、计算机联机检索中心、科技情报中心等专门性图书设施。

（3）市、区级文化活动中心建设。结合现省博物馆、省妇儿活动中心、烈士公园、省展览馆，建设市级文化活动中心；在河西、星马、暮云、捞霞、

高星、含浦设置区级文化活动中心。

(4) 打造影视博览区。在新世纪文化城，结合广电中心、世界之窗、会议展览中心，设置集影视、传媒、会展博览、旅游休闲于一体的新世纪影视博览区。

(5) 打造体育文化产业区。在圭塘，结合体育新城，建设集体育、娱乐、休闲于一体的体育文化产业区。

(6) 打造知识产业园区。在河西新城，打造集文物展示、新闻出版、文化娱乐于一体的岳麓山知识产业园区。加快建设井湾子知识产业园区。

5) 绿地和道路广场用地比重趋升

逐步提高道路广场用地和绿地比重，着力改善城市环境，是城市用地结构优化的基本取向之一。由表 11-1 可见，全市绿地面积占城市建设用地的比重由 1979 年的 3.18% 增加至 1989 年的 4.50%，2004 年的 8.77%，2010 年城市绿地达到 3720hm^2，占城市建设用地的比重上升至 12%，人均绿地 12m^2，人均公共绿地 10m^2。

全市道路广场面积占城市建设用地的比重由 1979 年的 2.05% 增加至 1989 年的 5.77%，2004 年的 10.34%，2010 年全市道路广场用地达到 5183hm^2，占城市建设用地 16.72%。

11.2 长沙市休闲服务业发展的环境与条件分析

1) 丰富的自然旅游资源和独特的人文休闲旅游资源成为休闲服务业发展的重要基石

长沙是一座具有高文化品位、个性、气质与风格独特的城市，是一座在国内外享有盛誉,文化历史与自然风光水乳交融的“(青)山(秀)水(绿)洲(名)城”。其历史悠久，人文荟萃，素有“屈贾之乡”、“湖湘首邑”、“山水名郡”、“鱼米之乡”、“花炮之乡”、“湘绣之乡”等诸多美誉，是湖湘文化的策源地和全国首批历史文化名城。据统计，全市共有人文景观、生物景观、古迹与建筑、购物等休闲旅游资源 6 大类 39 种 544 处，城内共有 47 处名人墓冢，33 处文化遗址，30 处古墓葬，25 处名人故居，13 处近现代纪念地，6 处古城遗址，1 个国家级风景名胜区和 2 个国家森林公园，1 个省级风景名胜区和 2 个省级森林公园，有国家级文物保护单位 7 处，省级文物保护单位 56 处，市级文物保护单位 63 处 [11]。悠久的历史、秀美的山川、璀璨的人文景观和厚重的湖湘文化底蕴，赋予了长沙独特的魅力。

2) 日臻完善的文化基础设施成为休闲服务业振兴的沃土

近年来，长沙市文化基础设施建设步伐加快，以金鹰影视文化城、长沙电影城、毛泽东文学院、田汉大剧院、长沙报业中心、新世界体育文化中心、长沙出版交易中心等为龙头的一大批重要的现代文化设施相继崛起，与长沙简牍博物馆等历史文化设施交相辉映，相得益彰。湘江文化带、清水塘文化步行街、黄兴路商业步行街、坡子街民风民俗街经过规划和建设，成为大众文化休闲消费的主要场所[11]。点、线、网有机结合、相互补充的文化基础设施体系日臻完善，为休闲服务业的成长壮大提供了有利条件。

3）旺盛的大众休闲意识和消费能力为休闲服务业的发展创造了前提条件

随着社会经济发展水平日益提高，新科技革命和持续的技术创新缩短了人们的劳动时间，使得闲暇时间不断增多。目前工薪阶层每年约有1/3的时间处于闲暇时段，为人们出游、娱乐和享受休闲创造了条件。加之现代生活节奏不断加快，人们在体能和心理方面的压力不断加大，对日常休闲的需求也明显增强，大众休闲意识日渐深入人心。另外，随着物质生活的日益丰富和收入水平的增长，人们对精神和文化享受的追求亦日益迫切，获取休闲产品的能力也逐步提高。据美国学者预测，随着知识经济时代的来临，人们生命中50%的时间将用于休闲，大众休闲时代即将来临[1]。

长沙市休闲消费的主体有三部分：一是本市的工薪阶层，二是本市的食利阶层，三是大量流动人口中具备休闲支付能力的阶层。他们已成三分天下之势：本市占1/3，市外占1/3，外省占1/3。据抽样调查，长沙居民人均休闲消费占总收入的比例为22.6%；居民外出就餐时个人的平均花费近60元；购物场所（包括商店、超市、夜市、特色街、专业市场、农贸市场等）和饮食场所（包括饭店、茶楼、咖啡馆等）是最受长沙居民喜爱的休闲消费场所，其次是观光游乐场所、娱乐休闲场所（包括演艺吧、KTV、酒吧、剧院、公园、广场等）、学习提高场所（包括博物馆、书店、图书馆等）、康体健身场所（洗浴中心、健身房、美容院等）[12]。

2005年，长沙市旅游业接待国内外游客2514.85万人次，2010年增加到4854.61万人次，5年间就增长了93.04%。全市农家乐的年接待量也从2004年的273.18万人次增加到2005年的600多万人次，近年来一直保持在500万人次以上。这些均显示出长沙市休闲产业的广阔发展前景。

4）明显的交通区位优势促进了区域性消费中心的快速崛起

长沙地处我国中部地区的腹地，既是内陆通向两广和东部沿海及西南边陲的枢纽地带，又是长江经济带和华南经济圈的结合部，具有承东启西、连南接北的枢纽作用。长沙拥有旅客吞吐量居全国第11位，出入境人数居中南6省第1位的航空港（黄花国际机场），可直航国内35个主要城市及曼谷、汉城、釜山等境外城市；武广高铁、京广铁路、洛湛铁路纵贯南北，浙赣、湘黔、石长铁路横连东西；京珠、长常、长永高速公路与106、107、319国道在长沙交会，14条省道和106条县道密布成网，水上和公路运输网络四通八达。目前已基本形成了长株潭“半小时交通圈和消费圈”，“3+5”城市群“1小时交通圈和消费圈”，省外周边城市“两小时交通圈和消费圈”。市场调查结果表明，游客进行休闲旅游可接受的距离为2小时车程。随着交通条件的改善，株洲、湘潭、娄底、益阳、衡阳、常德等城市都处于长沙休闲旅游客源市场的辐射范围内，它们作为周边市场对长沙休闲旅游发展起到了良好的补充作用。2011年5月修改的《长沙市城市总体规划》，提出了由黄花国际机场、长沙高铁南站、长沙火车站、金桥城际铁路站、霞凝货运枢纽组成的五大综合交通枢纽，优化和升级了铁路、公路、水运、轨道、城市道路等城市综合交通网络体系[13]。正在建设中的沪昆高铁，以及规划预留的长渝和海峡西岸的铁路大通道，为长沙构建国家级交通枢纽勾画了蓝图。规划到2020年，长沙将建设地铁线路6条，总长约230km。

发达的区域性交通枢纽地位，已使长沙逐渐成为中部地区重要的贸易中心和商品集散地，以及东部和东南沿海地区拓展的后方基地，中部崛起和西部大开发的先导城市。市区基本形成了以黄兴路、五一大道、芙蓉路、东二环线为轴线延伸，以五一广场、火车站广场、新世纪体育文化中心.伍家岭广场为中心辐射的遍布整个市区的四条主线、八大商圈的零售商业网点格局。拥有近20座功能齐全、购物环境良好的现代商贸大厦，有10多个大型批发交易市场。全市形成了综合市场与专业市场相结合，大小网点相结合的门类齐全的多层次、多功能、多元化的市场网络体系[14]。

据统计分析，2010年长沙市地区生产总值达到4547.06亿元，居全国26个省会城市（拉萨市除外）第7位，地区生产总值增速达到15.5%，远高于全国10.3%的平均增速。全市城镇人均消费支出15416元，同比增长10.6%，其中商品性消费支出10991元，同比增长11.0%。2010年，长沙市实现社会消费品零售总额1812.1亿元，同比增长20%，增幅高于全国平均水平1.6个百分点，在全国26个省会城市（拉萨市除外）中，长沙市社会消费品零售总额排名第7位，增速排名第5位[15]。

在中部6省省会城市中，长沙市社会消费品零售总额排在第2位，增速排在第1位；城市居民人均可支配收入、城市居民人均消费性支出、农民人均纯收入均排在第1位（表11-2，图11-1～图11-4）。长沙市已初步显现了区域性消费中心城市的雏形。统计数据显示：在长沙市民的消费支出偏好中，娱乐和文化消费支出所占的比例仅次于食品消费，位居第二，这种消费偏好是促进长沙文化产业和文化消费发展的催化剂。

2004年、2010年中部地区6个省会城市相关指标比较 表11-2

项目	长沙		武汉		郑州		合肥		南昌		太原	
	2004	2010	2004	2010	2004	2010	2004	2010	2004	2010	2004	2010
社会消费品零售总额(亿元)	525.1	1812.1	960.6	2523.2	558.7	1678.0	239.8	839.0	234.9	764.94	226.3	825.85
城市居民人均可支配收入(元)	11021	22814	9564	20806.3	9667	18879	8610	19051	8744	18276	9353	17258
城市居民人均消费性支出(元)	9032	16096	7793	14490.1	6619	12790	6998	14012	5864	13899	7110	12106
农民人均纯收入(元)	4315	11206	3955	8294.8	4183	9225	2889	7118	3414	7193	3873	7611

资料来源：① 2004 年数据来源于：唐湘辉：《休闲产业特色与优势的实证研究——以长沙休闲产业的发展为例》，载《企业家天地（理论版）》，2006（12）：31。② 2010 年数据来源于各城市统计公报。

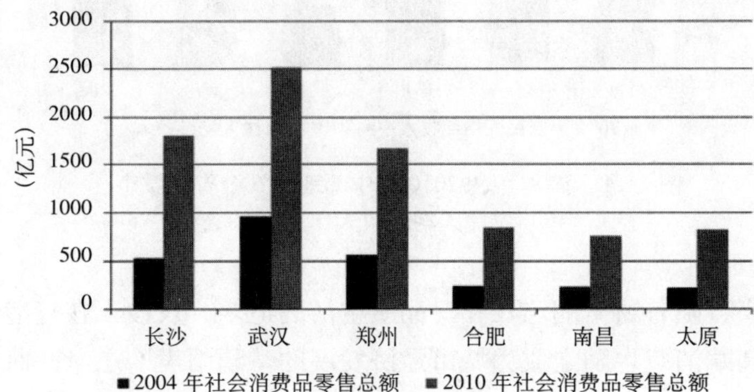

图 11-1 2004 年和 2010 年中部地区 6 个省会城市社会消费品零售总额比较

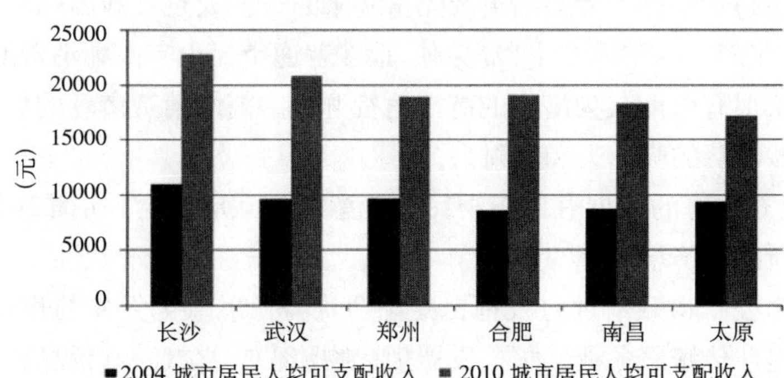

图 11-2 2004 年和 2010 年中部地区 6 个省会城市市民人均可支配收入比较

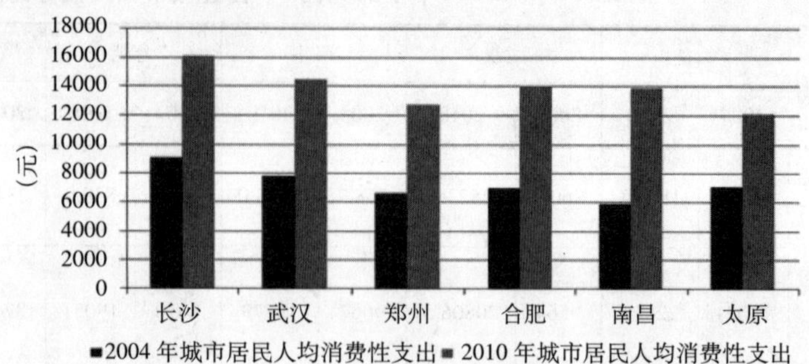

图 11-3　2004 年和 2010 年中部地区 6 个省会城市市民人均消费性支出比较

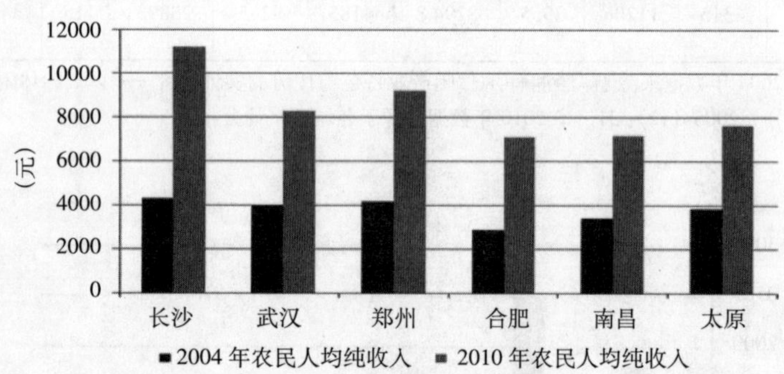

图 11-4　2004 年和 2010 年中部地区 6 个省会城市农民人均纯收入比较

近年来，随着财富的增长和对品质生活的追求，长沙正在打造中部购物天堂，高端消费也随之成为城市经济发展的“晴雨表”之一，而城市发展又为高端消费带来新的契机。高端需求催生高端卖场，消费升级带动高端市场。富裕阶层的消费形式已经从新富阶段的炫耀型消费，开始转向品质型的日常消费。据分析，长沙高端消费市场正以每年至少 30% 的速度增长。高知高管阶层、社会精英及先富起来的一批人是长沙高端消费的主力，年龄层在 35 ~ 45 岁之间 [16]。另外，很多普通市民也有高端消费的愿望，他们在未来很有可能成为潜在的高端消费群体。高端消费市场的成熟，必将提高长沙消费的吸引力和辐射力。

5）地方政府的发展意愿与居民消费意愿的互动契合，培植了休闲服务业这一新的经济增长点

长沙市委、市政府通过发挥自身综合优势，以敢为人先的长沙精神，大力改造提升传统服务业，积极发展现代物流、文化旅游、信息咨询、金融服务等现代服务业，形成了以文化创意、休闲娱乐、商贸服务为特色品牌，消费性服务业和生产性服务业共同发展的现代服务业发展格局。尤其

是高度重视文化产业的发展，把文化产业作为建设“创业之都、宜居城市、幸福家园”的重要举措来谋划。

2001年长沙召开了全市第一次文化产业发展会议，市委、市政府出台《关于加快发展文化产业的意见》、《关于加快文化事业和文化产业发展的决定》，提出主动放开文化市场，引导社会力量兴办文化产业；斥资百万元制定《长沙文化产业发展纲要》，科学规划了文化产业布局，提出了“一带、七片、多点”的发展思路，成为长沙文化产业发展的蓝图。2006年出台《长沙市文化体制改革的意见及实施方案》，从深化事业单位改革、强化服务，推进经营性文化单位改革、培育市场主体，深化管理体制改革、加强监管，培育现代市场体系、搭建平台，加快结构调整、提高质量和效益五个方面提出具体实施意见，进一步推动文化产业化进程[17]。重新修订印发《长沙市两型社会建设文化产业发展专项方案及五年行动计划》，重点发展媒体传播、出版发行、卡通动漫、文化旅游、文博会展、休闲娱乐、民间工艺等七大主导产业，并通过设立引导和扶持资金，促进文化企业规模化、特色化发展[18]。在长沙市“十一五”规划中，又正式提出打造“休闲娱乐文化之都”的战略构想与规划。

“休闲改变人类生活”的消费理念在长沙深入人心，普通市民参与休闲旅游等消费已成为一种社会时尚，如今的长沙人不仅休闲意识十分强烈，而且休闲消费水平比较高，各休闲场所人气旺盛，生意红火。据调查，2004年长沙市民的边际消费系数达到0.552，即居民新增收入的55.2%用于消费[19]。从茶楼酒肆文化到酒吧文化、歌厅文化，长沙形成了一种文化休闲消费，展现出大众文化的普及性，既凸显出长沙人热爱生活、追求个性张扬的火辣性格，又洋溢着浓郁的现代生活气息。同时，以“农家乐”为代表的市民休闲文化和以群众自娱自乐、自发形成的广场文化、社区文化有着庞大和稳定的参与群体，也体现出长沙大众文化的独特风采[20]。因此，尽管长沙居民的平均收入水平与沿海发达城市相比并不算高，但居民用于休闲娱乐方面的年消费支出却很高，同时伴随居民消费结构升级，消费方式也逐渐由生存型向发展型和享受型转变，食品、衣着等传统消费比重逐年下降，而住房、汽车消费、休闲娱乐、医疗及教育文化等消费大幅增加，并逐渐成为消费的主体。2004～2008年间，全市城镇居民人均文化娱乐用品和文化服务性的支出由598元上升到791元，农民人均文化娱乐用品和文化服务性的支出从87元上升到192元。

这种政府发展意愿与市民消费意愿的互动契合，为长沙休闲娱乐产业和旅游产业提供了广阔的成长空间。据统计，2008年长沙市以旅游服务业、娱乐服务业、广告服务业、会展服务业为主体的新兴文化服务业的单位达26947个，从业人员达12.7万人，占文化产业全部从业人员的30.1%；实现增加值109.7亿元，占全市文化产业增加值的37.4%，新兴文化服务业已成长为全市服务业中发展快、规模大、活力强的优势行业和重要增长点之一[18]。

11.3 长沙市休闲服务业发展现状分析

11.3.1 休闲服务业门类较齐全，多样化发展态势明显

发展休闲产业具有充分利用闲暇时间、增加就业机会、扩大消费驱动、提升生活品质、优化产业结构、促进文化交流等多方面的作用。进入21世纪以来，长沙市休闲产业在中国内陆地区异军突起，并初步形成了涵盖领域广泛、门类比较齐全、产品和服务多样化等产业特征，成为中国内陆地区名副其实的休闲中心。

根据有关专家学者的研究成果，休闲产业可细分为娱乐休闲、体育休闲、保健休闲、旅游休闲、乡村休闲、教育休闲、饮食休闲、购物休闲、怡情休闲、社会休闲、休闲物品制造等11个大类。长沙市的休闲服务业虽然涉及11个大类和108个亚类，但主要还是歌厅休闲、酒吧休闲、洗浴休闲、电视娱乐休闲、农家乐休闲、广场和公园休闲、体育健康休闲等[20]。长沙已形成了以休闲旅游、文化娱乐、休闲购物和文博会展为主体的休闲服务业产业结构，旅游和会展对于长沙的住宿业、休闲餐饮、娱乐、购物起到了明显的带动作用。据由长沙市人民政府和湖南省旅游学会统一组织的对长沙市休闲产业的系统调研成果，2005年长沙市经工商部门注册的与休闲产业相关的各类企业共16037家，产值达598.9亿元（表11-3），约占当年全市GDP1517亿元的39.48%，其产业地位日显突出。

2005年长沙市休闲产业各类企业基本情况　　表11-3

行业	旅游	农业休闲	社会餐饮	洗浴	文化	体育	娱乐休闲	美容美发	购物休闲	其他	合计
企业（家）	299	1289	4922	4760	510	26	104	1000	3000	127	16037
产值（亿元）	191.0	4.745	77.57	23.80	287.5	0.150	2.802	0.696	7.434	3.023	598.9

资料来源：郑宪春、郑晴云、肖自裕：《长沙市休闲产业发展研究》，载《科技创新导报》，2008（1）：138。

11.3.2 休闲产业集群初步成型

长沙的休闲活动拉动休闲消费，休闲消费推动休闲产品和服务，休闲产品和服务催生休闲产业。休闲产业在数量和规模扩张的同时，有的还

在一定地域空间内逐渐形成以若干龙头企业为骨干的企业集群。2005年，长沙市休闲产业的产出已达260亿元，其中仅芙蓉区休闲产业形成的税收就超过6000万元，占其预算收入的12%。

1）洗浴业（保健按摩业）企业集群独具特色

洗浴休闲服务业属于生活消费型服务业，对于提高居民的生活质量和提升民众的主观幸福感很有意义，因而备受人们喜爱，成为时尚的消费方式。长沙市有大小洗浴网点约1万家(半数未注册),约占全国的1/15左右，从业人员约20万人；按营业面积算，4000m^{2}以上的有15家，1000m^{2}以上的上千家；全行业年营业额在30亿元以上，约占全市GDP的2%，每年上缴税收超过2亿元[21]。其中：投资1000万元以上的规模企业约有20家左右，颐和园、碧水蓝天、湘水、富侨、巴蜀鑫园等规模企业还通过连锁经营实现企业扩张。由于洗浴休闲业特别是足浴业的迅猛发展，长沙又被外界戏称为“脚都”。调节身心、逃离现实、健康追求、社会交往、从众心理、自我发展是长沙市居民洗浴休闲的主要动机[22]。伴随城市工作节奏加快和竞争压力过大，人们的心理压力也随之增加，“亚健康”成为大量城市居民的通病，对深陷“亚健康”纠缠而带来巨大烦恼的广大市民而言，到休闲场所已成为人们追崇的消遣选择。

2）餐饮业企业集聚雏形初现

长沙市拥有酒店、饭庄、酒楼、酒吧、咖啡店、茶室、快餐店等各类餐饮企业约1万家（半数未注册），从业人员约30万人，星级酒店88家，其中，五星级酒店8家，四星级14家，三星级48家，其数量在中国内陆省会城市也是首屈一指。长沙拥有火宫殿、新华楼、玉楼东、西湖楼、秦皇食府、一路吉祥等著名酒楼。全市酒吧共462家，年产值达3.1亿元，初步形成了解放西路酒吧一条街（图11-5）、贺龙体育馆周边酒吧群、火

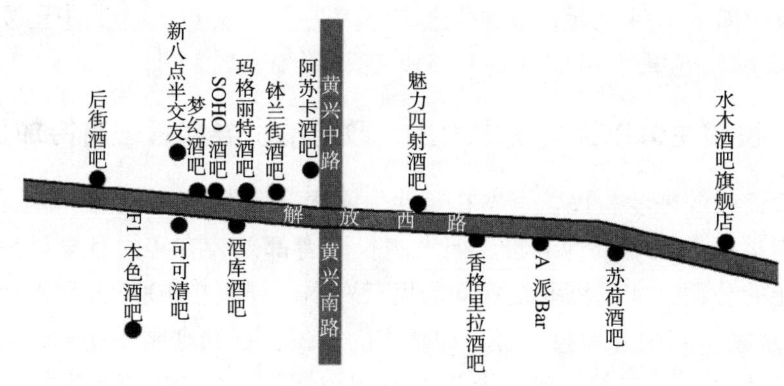

图11-5　长沙市解放西路主要酒吧分布示意图

资料来源：谢建和：《长沙解放西路“酒吧一条街”发展研究》，载《中外建筑》，2009（5）：114。

车站周围饭店圈等酒吧、餐饮业集聚发展格局[20]。其中天心区每年仅酒吧企业上缴的税收就超过2000万元。与北京三里屯酒吧的多样性和个性，上海衡山路酒吧的情调和品位不同，“动感、时尚、火爆、娱乐”是长沙酒吧的主要特色，它将长沙歌厅、演艺场的形式和特点大胆而创造性地融入酒吧，使酒吧成为歌厅和演艺场的派生场所，最大限度地体现了娱乐互动的魅力[23]。

3）大众文化龙头企业显山露水

长沙市休闲娱乐产品的开发一直超前于其他省市，尤以歌厅休闲文化产品久负盛名。全市歌厅总数约为100家，现已形成了以田汉大剧院、琴岛、港岛、金色年华等为代表的龙头企业，太平街酒吧一条街渐成规模。据调查，田汉大剧院等休闲场所的顾客，约有1/3来自北京、湖北、广东、江西以及香港、澳门等外省（市）、特区。歌厅文化和演艺文化已成为全国的知名品牌。以湖南出版集团、湖南广播影视集团、湖南日报报业集团、长沙晚报报业集团、潇湘电影集团、长沙广播电视集团和三辰卡通集团等为龙头的一批大型文化企业驱动作用明显。长沙已成为全国动漫产业示范基地、中国电视娱乐节目的重要生产基地。

4）农业休闲旅游产业群初具规模

随着“农家乐”在长沙的兴起和快速发展，观光农业、观光林业、休闲农庄、现代农业科技园、度假村等多种形式的休闲旅游产品随之出现，其中长沙县、开福区、望城县、浏阳市等已初步形成了点片相连的休闲旅游产业群[24]。2003年，长沙市有“农家乐”床位数3935个，接待人数110.83万人次，营业收入约为9842万元；2004年，长沙市共有“农家乐”877家，床位数增至5459个，接待人数增至273.18万人次，营业收入增至约2.12亿元。到2005年，全市拥有农业休闲（农家乐、休闲度假山庄等）企业增加至1289家，床位数增加至7987个，接待人数增加至625.76万人次，营业收入增加至4.74亿元，上缴税金1099.9万元（表11-4）。其中星级农家乐共32家，五星级16家（表11-5），四星级16家[24、25]。

11.3.3 投资主体以民营资本为主，政府的引导和管理有待加强

从投资来源来看，民营资本在长沙休闲服务业发展中占据主导地位。既有本地老板，又有外地老板，但大多投资者都是较有实力且早已涉足休闲产业的公司。如洗浴业投资均为民营资本，规模在1000万元以上者就有20余家。其中外地投资者，如重庆的富侨、巴蜀鑫园，辽宁的大浪淘沙、碧涛阁，广东的益健，浙江的海阔浴都等；本省投资则有株洲的阳光；本市有颐而康、碧水蓝天、碧海云天、恒远、汉子、湘水、在水一方等[20]。

长沙市 各区（县、市）“农家乐”经营情况　　表11-4

区、县（市）	农家乐数量（家）		从业人员（人）		接待人数（万人次）		营业收入（万元）	
	2003 年	2005 年	2003 年	2005 年	2003 年	2005 年	2003 年	2005 年
长沙县	130	536	420	4000	31	200	3500	12000
望城县	112	252	520	2456	14.03	216	554	3458
浏阳市	136	108	500	819	25	56	2500	2346
宁乡县	16	37	80	135	14.15	12.75	1100	245.6
芙蓉区	/	5	/	N	/	3.8	/	500
天心区	92	30	800	210	/	5.21	/	480
岳麓区	22	24	800	320	1.45	7	178	650
开福区	200	220	5000	1013	25.2	61	2010	1150
雨花区	71	77	3000	362	/	64	/	320
总计	779	1289	11120	9315	110.83	625.76	9842	21149.6

注：N 表示未获得该数据。

资料来源：①杨鹏：《长株潭的休闲旅游研究》，27 页，中南林业科技大学学位论文，2005。②长沙市旅游局课题组 . 长沙市休闲旅游市场的总体特征和战略思考。2009-12-10，266。

长沙市首批五星级“农家乐”基本情况　　表11-5

“农家乐”名称	星级	占地面积（hm^2）	床位数（个）	地址
葆春山庄	五星级	5.5	54	长沙县干杉乡建新村
樱花温泉	五星级	12.0	100	长沙县黄花镇木马村
开源农庄	五星级	36.0	54	长沙县黄兴镇
古村农业休闲园	五星级	33.3	70	望城县白箬铺镇古村
百果园	五星级	66.7	100	望城县黄金乡雷锋大道
浩博农庄	五星级	0.7	30	浏阳市生物医药园西区
地海山庄	五星级	0.7	10	宁乡县朱良桥乡
海天山庄	五星级	66.7	100	开福区捞刀河镇海索村
剑龙度假村	五星级	40.0	120	开福区捞刀河镇汉回村
大明生态休闲山庄	五星级	33.3	120	开福区捞刀河镇大水村
九龙“农家乐”	五星级	10.0	120	开福区廖家渡
西汉水寨	五星级	8.0	100	开福区捞刀河畔风羽村
山鹰潭度假村	五星级	38.7	100	开福区洪山旅游区
明园垂钓山庄	五星级	20.0	80	开福区新港镇安东村
兴隆生态休闲园	五星级	12.4	16	天心区大托镇兴隆村
锦绣江南园林山庄	五星级	6.9	40	雨花区花卉大世界

资料来源：吴章文、刁东良、凌访：《湖南长沙休闲产业现状分析》，载《旅游学刊》，2007，22（7）：84。

全市千余家农家乐100%为民营资本，近万家酒楼饭店、歌厅、茶楼、酒吧、咖啡店、啤酒屋、网吧、美容美发店等，除极少数如田汉大剧院等外，其余多为民营资本投入。民营资本的最大优势在于自主经营、自负盈亏。多年以来，由于休闲服务业在国内尚未受到足够的重视，其发展趋势和前景没有得到应用的认知，以致在发展的初期不仅缺乏政府的政策支持和引导，发展环境欠佳，普遍存在立项难和融资难的窘境，而且管理缺位，乱收费、乱查封、乱检查现象较为突出；从业人员素质较差，服务无规范、质量无保证、管理无章法成为普遍现象；政府各部门之间的协调配合不够，难以形成行政合力，难以对自发崛起的休闲产业给予明确的政策支持和引导，难以对投资环境进行有效的改善和优化，难以对项目选址进行科学的指导和规划布局。

11.3.4　服务功能雷同，产品周期缩短

在民营资本主导的投资模式下，绝大多数新兴休闲项目与企业的投资行为，基本上是自发行为多于规划行为，易于出现一哄而上、盲目效仿倾向，进而导致项目雷同和产品雷同现象。如在项目上，局部地区的美容美发、按摩、洗浴、酒吧等已呈饱和状态，过度竞争难免带来两败俱伤。如农家乐所提供的主打服务项目多是垂钓、棋牌、农家饭菜等，茶楼多是清茶一杯，酒吧多是“洋酒”一瓶，歌厅KTV则是小曲三五支[20]。

总体来看，全市休闲项目与服务大多科技含量低、服务质量参差不齐，产品生命周期越来越短，规划设计滞后，因而在激烈的市场竞争中，淘差汰劣频繁发生。但民营资本在休闲产业发展中，因盲目投资和经营环境不善而造成的资源和资本浪费现象，需要引起社会的关注和政府的重视。

11.4　长沙市休闲服务业发展的对策建议

11.4.1　建议成立休闲服务业综合管理委员会

由于休闲项目的开发与管理涉及国土、工商、税务、治安、消防、卫生、农林、旅游、商务、宣传、教育、财政、电子、水利等诸多部门，而目前长沙市的歌厅、酒吧、KTV、网吧等文化娱乐产业属于文化部门管辖，电视娱乐产业属于广播电视局管辖，洗浴按摩属于商业部门管辖，“农家乐”属于农业部门管辖，游憩景点属于旅游部门管辖，公园属于园林部门管辖，广场属于市政部门管辖。这种部门分割的管理体制，不利于休闲服务业的整体协调发展。为此，建议市政府从各部门抽调专人共同组建休闲服务业综合管理委员会，统一负责与制定休闲服务业的产业发展政策及其管理条

例，以便形成行政合力，促进各产业、各部门的紧密合作，支持与引导全市休闲服务业的持续健康发展，尽快将长沙市打造成为“中国中部休闲娱乐文化之都”。

11.4.2　积极推进投资主体多元化

土地和资金是产业发展的重要基础和保障。除了在用地政策上应给予休闲服务业适度支持外，在资金政策上也要给予扶持。

（1）要积极推进投资主体多元化，改变目前民营资本一统天下的局面。

（2）借鉴国外发达国家的经验，可通过直接投资、减税、设立专项资金、放宽贷款限制等多种形式支持休闲服务业发展。建议市政府在第三产业发展资金中，设立休闲服务业发展专项基金，重点扶持规模型、特色化及科技含量较高的休闲服务企业的发展；建议放宽贷款限制，改善民营企业融资难问题。

（3）鼓励外资进入休闲服务领域。

（4）对形成良好经济效益和社会效益的投资者，可考虑建立资金奖励制度。

11.4.3　加强政府对休闲服务业的规划和引导

长沙市服务业发展的总体目标是：把长沙建设成为服务全省、辐射中西部、影响全国的现代服务业中心，着力构建区域性物流枢纽、商务金融中心和服务业外包基地城市，打造独具优势和特色的现代商贸强市、文化名城和休闲娱乐之都。为了实现这一总体发展目标，政府的高度重视与积极扶持是必不可少的。要围绕这一总体目标，详细制定《长沙市休闲服务业发展战略规划》。针对近期、中期和长期发展方向与目标，统筹确定休闲服务业中各行业的发展规模和速度、结构优化和空间布局方案及产品和项目更新换代的时序安排。与此同时，要注意加强休闲服务业发展规划与城市规划、新农村与社区建设规划或城乡一体化规划的衔接，提高规划的实施效果。

要针对休闲活动场所中存在的停车困难、环境差、道路拥挤等问题进行完善配套，通过形态创新、产品创新和功能升级，进一步打造全新的、大型的、综合的休闲综合体，全力塑造长沙的休闲品牌形象[26]。要注意突出休闲消费场所环境的生态化和自然性，更好地适应市民对自然景观观赏的休闲方式的需求与偏爱。

11.4.4　加快推进休闲服务业集群化和连锁化发展

（1）在长沙市现有休闲服务业发展的基础上，因势利导推进芙蓉区酒店服务业集群、天心区酒吧服务业集群、长沙县农家乐休闲度假服务业集群等产业集群化发展，加强休闲服务品牌建设，进一步提高产业集中度和集约经营效益。

（2）注意分类引导休闲服务企业走集团化、连锁化和品牌化之路。如洗浴业、歌厅业、餐饮业等应重点扶持现有龙头企业走连锁化、集团化、品牌化的道路，着力打造湖湘“足文化”品牌、长沙大众娱乐文化品牌、湘菜品牌，彰显长沙城市特色[27]。

（3）体验经济是现代都市休闲模式的主要发展趋势。要针对目前长沙休闲服务以享受型和消费型为主而体验型休闲不足的特点，顺应“平静自然，健康运动、刺激冒险、娱乐体验”的国际潮流，加快建设以金鹰影视城为主的创意文化休闲体验区、望城休闲农业和农家乐旅游等休闲农业体验区[28]，扩大开发休闲体验功能，注重休闲项目的个性与特色设计，让消费者体验与感知鲜明的休闲项目“符号”与特色，进一步推动休闲服务业向高层次、新领域方向衍生与拓展。

（4）重点抓好“东西南北四线”休闲走廊开发建设。①东线生态休闲度假型农家乐：包括长沙县、浏阳市，以百里花卉苗木走廊为依托，重点开发生态休闲度假型农家乐；②西线旅游休闲体验型农家乐：包括开福区、望城县、宁乡县，以百里优质水产走廊为依托，重点开发旅游休闲体验型农家乐[24]；③南线休闲旅游观光型农家乐：以黄兴镇省级农业旅游示范区为核心，主要分布在长沙县；④北线休闲旅游观光型农家乐：主要分布于沿北三环和捞刀河一带[25]。

本章参考文献

[1] 杰弗瑞·戈比著．21世纪休闲与休闲服务 [M]. 张春波等译．昆明：云南人民出版社，2006：16.

[2] 任海等编著．国外大众体育 [M]. 北京：北京体育大学出版社，2003：93.

[3] 王斌．步入小康社会的日本休闲文化 [M]. 北京：中国社会科学出版社，2010：23.

[4] 刘亦彪．长沙 GDP 总量突破 4000 亿元，居省会城市第七 [EB/OL]. 湖南统计信息网，2011-02-28.http：//www.clcty.gov.cn/sxfx/esfx/201102/t.20110228_82987.htm.

[5] 周国华，贺艳华．长沙城市土地扩张特征及影响因素 [J]. 地理学报，2006，61（11）：1171-1180.

[6] 黄军林，付烈山，陈健．“轨道机遇”下的城市商业中心扩张机制及其特征研究——以长沙城市为例 [J]. 中外建筑，2010（10）：121-123.

[7] 林目轩，师迎春，陈秧分等．长沙市区建设用地扩张的时空特征 [J]. 地理研究，2007，26（2）：265-275.

[8] 陈群元，喻定权．我国城市空间扩展的动力机制研究——以长沙市为例 [J]. 规划师，2007（7）：72-75.

[9] 叶强，鲍家声．论城市空间结构及形态的发展模式优化——长沙城市空间演变剖析[J]. 经济地理，2004，24（4）：480-484.

[10] 邓凌云，喻定权．长沙市城市扩张的影响因素分析 [J]. 现代城市研究，2006（10）：22-28.

[11] 刘扬林．长沙打造“中国休闲之都”的构想 [J]. 企业技术开发，2008，27（12）：88-90，99.

[12] 徐清．长沙市休闲产业发展特征研究 [J]. 江苏商论，2009（12）：100-102.

[13] 邓文辉．长沙修改城市总体规划，将建成千万级人口大都市 [EB/OL]. 中国广播网，2011-05-05.http：//www.chinanews.com/gn/2011/05-05/3019990.shtml.

[14] 唐湘辉．休闲产业特色与优势的实证研究——以长沙休闲产业的发展为例．企业家天地（理论版），2006（12）：30-31.

[15] 曹旨 .2010 年长沙区域性消费中心城市雏形初现 [EB/OL]. 湖南统计信息网，http：//dctj.gov.cn/sxfx/csfx/201103/t20110310_83263.htm.

[16] 刘捷萍．长沙高端消费年增长超 30%，火爆背后心态浮躁 [N]. 长沙晚报，2011-05-04.

[17] 长沙市发改委课题组．湖南休闲产业政策研究 [EB/OL].2006-12.http：//fgw.changsha.gov.cn/dscy/200711/t20071103_95897.htm.

[18] 刘亦彪．长沙市文化产业现状与发展研究 [EB/OL]. 湖南统计信息网，2009-07-07. http：//www.hntj.gov.cn/sxfx/csfx/200907/t20090706_66944.htm.

[19] 谭仲池主编．现代服务业研究 [M]. 北京：中国经济出版社，2007：45-46.

[20] 郑宪春，郑晴云，肖自裕．长沙市休闲产业发展研究 [J]. 科技创新导报，2008（1）：138-141，143.

[21] 刘茜．我市洗浴休闲业每年缴税超过 2 亿元 [EB/OL].2007-10-24. http：//www.cstax.gov.cn.

[22] 郑焱，谭红娟．长沙市居民洗浴休闲动机研究 [J]. 湖南财经高等专科学校学报，2009，25（8）：46-49.

[23] 谢建和．长沙解放西路“酒吧一条街”发展研究 [J]. 中外建筑，2009（5）：113-115.

[24] 杨鹏．长株潭的休闲旅游研究 [D]. 长沙：中南林业科技大学，2005：27.

[25] 长沙市旅游局课题组．长沙市休闲旅游市场的总体特征和战略思考 [R]// 湖南省旅游学会．朝阳的呼唤——构建旅游休闲产业的理论思考 .2009：264-279.

[26] 扶梅娟，钟永德．长沙市康体休闲服务产品外地市场研究 [J]. 中南林业科技大学学报（社会科学版），2011，5（1）：89-92.

[27] 安永刚，张合平．长株潭核心区休闲产业布局研究 [J]. 经济地理，2009，29（11）：1876-1879.

[28] 唐湘辉．长沙休闲产业研究 [D]. 长沙：湖南师范大学，2006：49.

第 12 章
广州市服务业用地变化分析

12.1 广州市简介

广州市是广东省省会，全省政治、经济、科技、教育和文化的中心。广州市地处中国大陆南方，广东省的中南部，珠江三角洲的北缘，接近珠江流域下游入海口。其地理位置为东经 112°57′～114°3′，北纬 22°26′～23°56′。东连惠州市、东莞市，西邻佛山市、中山市，北通清远市、韶关市，南濒南海。

由于珠江口岛屿众多，水道密布，有虎门、蕉门和洪奇门等水道出海，使广州成为中国远洋航运的优良海港和珠江流域的进出口岸。广州又是京广、广深、广茂和广梅汕铁路的交会点和华南民用航空交通中心，与全国各地的联系极为密切，因此，广州有中国“南大门”之称。

广州属亚热带季风气候，夏无酷暑，冬无严寒。年平均气温为 21.7℃，年降雨量为 1982.7mm，平均相对湿度为 77%。日照时间长，雨量充沛，四季常青，繁花似锦，素有“花城”之美誉。

广州市总面积 7434.4km^2，辖越秀区、海珠区、荔湾区、天河区、白云区、黄埔区、花都区、番禺区、南沙区和萝岗区 10 个区和从化市、增城市 2 个县级市，市区面积 3843.43km^2，2 个县级市面积为 3590.97km^2（图 12-1）。2009 年末，广州市有常住人口 1033.45 万人，户籍总人口为 794.62 万人。其中市区常住人口 899.49 万人，户籍人口 654.68 万人；县级市常住人口 133.96 万人，户籍人口 139.94 万人 [1]。按常住人口计算，全市人口密度 1390 人 /km^2，其中市区人口密度 2340 人 /km^2，县级市人口密度 373 人 /km^2。

改革开放以来，广州经济建设取得了显著成绩。工农业生产持续稳定增长，对外经济贸易蓬勃发展。广州已成为制造业基础雄厚、第三产业发达、国民经济综合协调发展的中心城市。2010 年，广州市实现地区生产总值 10604.48 亿元，按可比价格计算，比上年增长 13.0%。其中，第一产业增加值 189.05 亿元，增长 3.2%；第二产业增加值 3950.64 亿元，增长 13.0%；第三产业增加值 6464.79 亿元，增长 13.2%。第一、二、三次产业

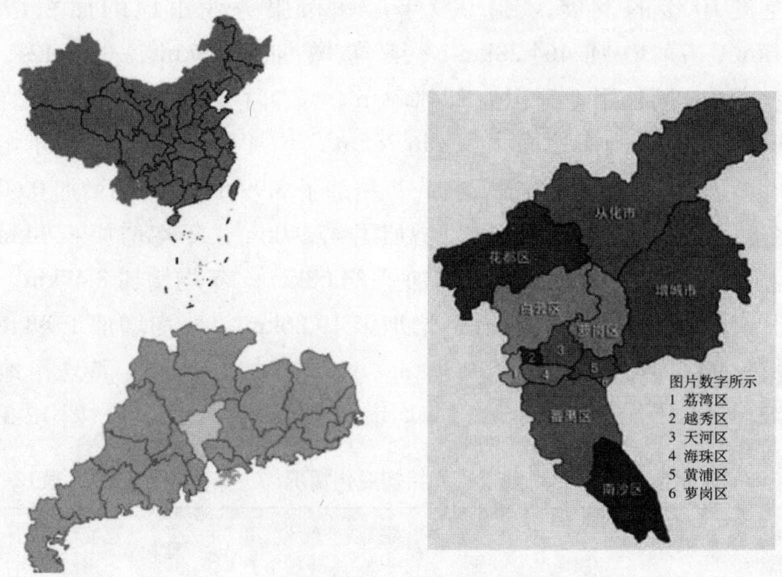

图 12-1　广州市地理位置及行政区划示意图

增加值的比例为 1.8：37.2：61.0，三次产业对经济增长的贡献率分别为 0.4%、38.4% 和 61.2%，服务业已成为全市经济发展的主导力量 [2]。

全市全年地区财政一般预算收入为 3348 亿元，增长 26.1%，地方一般预算财政收入 872.65 亿元，增长 24.2%。地方一般预算财政支出 978.22 亿元，增长 23.8%。全年城市居民家庭人均可支配收入 30658 元，增长 11.0%，扣除价格因素，实际增长 7.6%。农村居民家庭收入大幅增长，连续五年保持两位数增长，全年农村居民家庭人均纯收入 12676 元，增长 14.5%，扣除价格因素，实际增长 11%[2]。

12.2　广州市服务业用地规模变化分析

12.2.1　广州全市服务业用地规模变化分析

1999 ～ 2009 年，广州市服务业用地的总面积逐年增长，其中居住用地的面积一直居于首位，特殊用地的面积则最少，公共设施用地面积的年均增长量最大。

1999 年，广州全市服务业用地的面积为 266.13km^2，其中：居住用地面积为 115.62km^2，公共设施用地面积为 25.36km^2，仓储用地面积为 24.25km^2，对外交通用地面积为 24.42km^2，道路广场用地面积为 24.13 km^2，市政公用设施用地面积为 11.55km^2，绿地面积为 35.31km^2，特殊用地面积为 5.49km^2[3]。

经过10年的发展，到2009年广州市服务业用地的面积增加到730.41km^2，净增加464.28km^2，年均增加46.43km^2[4]（表12-1、图12-2）。其中：居住用地面积为224.27km^2，增加了108.65km^2[4]，年均增加10.87km^2；公共设施用地面积为146.76km^2，增加了121.40km^2，年均增加12.14km^2；仓储用地面积为30.24km^2，增加了5.99km^2，年均增加0.60km^2；对外交通用地面积为72.36km^2，增加了47.94km^2，年均增加4.79km^2；道路广场用地面积为108.81km^2，增加了84.68km^2，年均增加8.47km^2；市政公用设施用地面积为31.41km^2，增加了19.86km^2，年均增加1.99km^2；绿地面积为94.67km^2，增加了59.36km^2，年均增加5.94km^2；特殊用地面积为21.89km^2，增加了16.40km^2，年均增加1.64km^2（表12-1、图12-3）。

广州市年服务业用地规模和结构变化情况 **表12-1**

年份	统计项	居住用地	公共设施用地	仓储用地	对外交通用地	道路广场用地	市政公用设施用地	绿地	特殊用地	合计
1999年	面积（km^2）	115.62	25.36	24.25	24.42	24.13	11.55	35.31	5.49	266.13
	比重A（%）	43.44	9.53	9.11	9.18	9.07	4.34	13.27	2.06	100.00
	比重B（%）	1.56	0.34	0.33	0.33	0.32	0.16	0.47	0.07	3.58
2001年	面积（km^2）	114.18	26.76	23.25	26.76	25.82	11.16	46.15	5.35	279.43
	比重A（%）	40.86	9.58	8.32	9.58	9.24	3.99	16.52	1.91	100.00
	比重B（%）	1.54	0.36	0.31	0.36	0.35	0.15	0.62	0.07	3.76
2003年	面积（km^2）	217.91	53.09	29.59	39.32	52.29	35.96	71.52	13.61	513.29
	比重A（%）	42.45	10.34	5.76	7.66	10.19	7.01	13.93	2.65	100.00
	比重B（%）	2.93	0.71	0.40	0.53	0.70	0.48	0.96	0.18	6.90
2005年	面积（km^2）	259.81	59.97	24.17	46.95	66.10	50.14	82.59	17.02	606.75
	比重A（%）	42.82	9.88	3.98	7.74	10.89	8.26	13.61	2.81	100.00
	比重B（%）	3.49	0.81	0.33	0.63	0.89	0.67	1.11	0.23	8.16
2007年	面积（km^2）	205.03	140.46	27.23	71.64	105.22	30.86	88.60	21.64	690.68
	比重A（%）	29.69	20.34	3.94	10.37	15.23	4.47	12.83	3.13	100.00
	比重B（%）	2.76	1.89	0.37	0.96	1.42	0.42	1.19	0.29	9.29
2009年	面积（km^2）	224.27	146.76	30.24	72.36	108.81	31.41	94.67	21.89	730.41
	比重A（%）	30.70	20.09	4.14	9.91	14.90	4.30	12.96	3.00	100.00
	比重B（%）	3.02	1.97	0.41	0.97	1.46	0.42	1.27	0.29	9.82

注：比重A为第一行各单项占服务业用地面积比重，比重B为第一行各单项占全市面积比重。

资料来源：《中国城市建设统计年鉴》2005～2009年，《中国城市建设统计年报》1999～2004年。

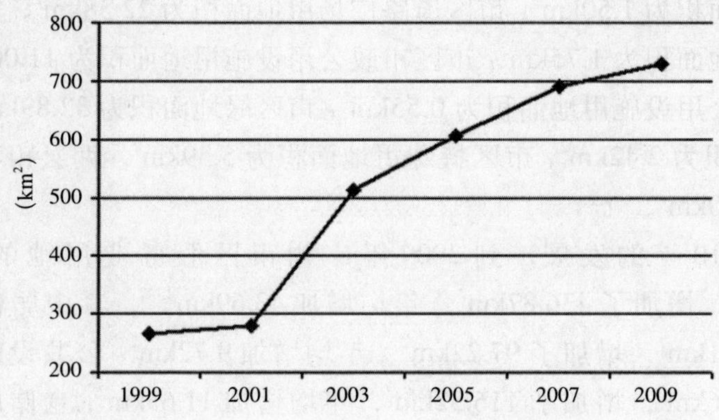

图 12-2　1999 ~ 2009 年广州全市服务业用地规模变化图

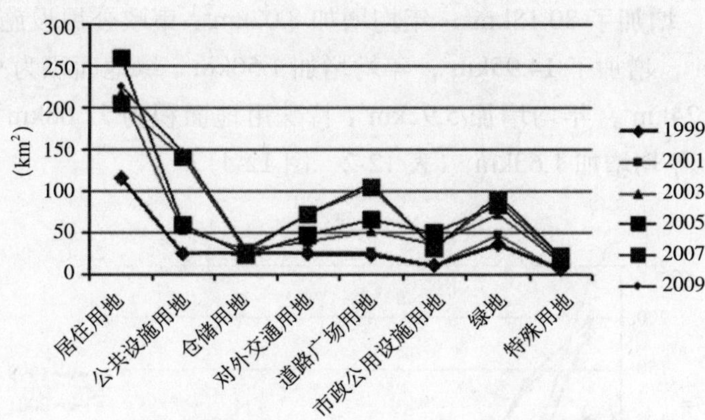

图 12-3　1999 ~ 2009 年广州全市各类服务业用地规模变化图

12.2.2　广州市区和两县市服务业用地规模变化分析

1999 ~ 2009 年，广州市区和两县市服务业用地的面积逐年增长，其中各类服务业用地面积也基本上是逐年递增，市区的居住用地、公共设施用地、对外交通用地、道路广场用地、市政公用设施用地、绿地的增幅比较大，两县市居住用地、道路广场用地、市政公用设施用地的增幅也比较大，两区域仓储用地和特色用地的变化均较小。从本区域用地规模看，两区域的居住用地面积一直居首位，特殊用地的面积为最少，广州市区公共设施用地的面积年均增长量最大，两县市居住用地的面积年均增长量最大。

1999 年，广州市区服务业用地的面积为 242.05km^2，两县市服务业用地的面积为 24.08km^2 [3]。其中市区居住用地面积为 100.99km^2，两县市居住用地面积为 14.63km^2；市区公共设施用地面积为 22.84km^2，两县市公共设施用地面积为 2.52km^2；市区仓储用地面积为 23.64km^2，两县市仓储用地面积为 0.61km^2；市区对外交通用地面积为 22.92km^2，两县市对外交通用地面积为 1.50km^2；市区道路广场用地面积为 22.38km^2，两县市道路广场用地面积为 1.75km^2；市区市政公用设施用地面积为 11.00km^2，两县市市政公用设施用地面积为 0.55km^2；市区绿地面积为 32.89km^2，两县市绿地面积为 2.42km^2；市区特殊用地面积为 5.39km^2，两县市特殊用地面积为 0.10km^2。

经过 10 年的发展，到 2009 年广州市区服务业用地的面积为 678.92km^2，增加了 436.87km^2，年均增加 43.69km^2 [4]。其中居住用地面积为 198.21km^2，增加了 97.22km^2，年均增加 9.72km^2；公共设施用地面积为 139.16km^2，增加了 116.32km^2，年均增加 11.63km^2；仓储用地面积为 29.67km^2，增加了 6.03km^2，年均增加 0.60km^2；对外交通用地面积为 69.56km^2，增加了 46.64km^2，年均增加 4.66km^2；道路广场用地面积为 102.56km^2，增加了 80.18km^2，年均增加 8.02km^2；市政公用设施用地面积为 25.95km^2，增加了 14.95km^2，年均增加 1.50km^2；绿地面积为 92.13km^2，增加了 59.24km^2，年均增加 5.92km^2；特殊用地面积为 21.68km^2，增加了 16.29km^2，年均增加 1.63km^2（表 12-2、图 12-4）。

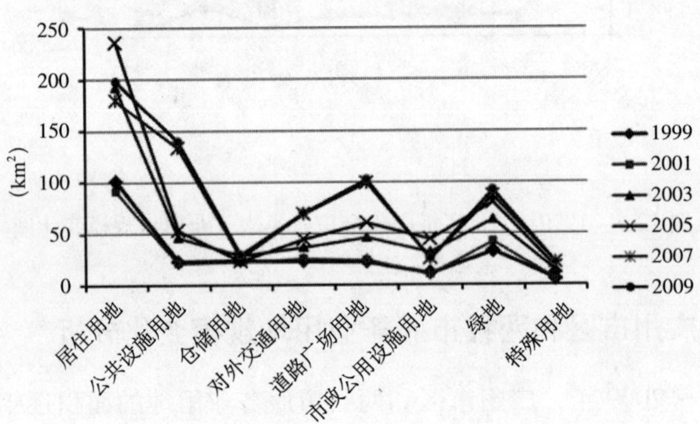

图 12-4 1999 ~ 2009 年广州市区各类服务业用地规模变化图

两县市到 2009 年服务业用地的面积为 51.49km^2，增加了 27.41km^2，年均增加 2.74km^2。其中居住用地面积为 26.06km^2，增加了 11.43km^2，年均增加 1.14km^2；公共设施用地面积为 7.60km^2，增加了 5.08km^2，年均增加 0.51km^2；仓储用地面积为 0.57km^2，减少了 0.04km^2；对外交通用地面积为 2.80km^2，增加了 1.30km^2，年均增加 0.13km^2；道路广场用地面积为 6.25km^2，增加了 4.50km^2，年均增加 0.45km^2；市政公用设施用地面积为 5.46km^2，增加了 4.91km^2，年均增加 0.49km^2；绿地面积为 2.54km^2，增加了 0.12km^2，年均增加 0.01km^2；特殊用地面积为 0.21km^2，增加了 0.11 km^2，年均增加 0.01km^2（表 12-2、图 12-5）。

广州市区和两县市服务业用地规模和结构变化情况　　表12-2

年份		1999年		2001年		2003年		2005年		2007年		2009年	
		市区	两县市	市区	两县市	市区	两县市	市区	两县市	市区	两县市	市区	两县市
居住用地	面积(km^2)	100.99	14.63	91.48	22.70	192.00	25.91	235.62	24.19	179.79	25.24	198.21	26.06
	比重C(%)	41.72	60.76	37.81	60.53	41.86	47.40	42.17	50.39	28.09	49.92	29.19	50.61
	比重D(%)	87.35	12.65	80.12	19.88	88.11	11.89	90.69	9.31	87.69	12.31	88.38	11.62
公共设施用地	面积(km^2)	22.84	2.52	20.96	5.80	45.86	7.23	53.03	6.94	132.97	7.49	139.16	7.60
	比重C(%)	9.44	10.47	8.66	15.47	10.00	13.23	9.49	14.46	20.77	14.81	20.50	14.76
	比重D(%)	90.06	9.94	78.33	21.67	86.38	13.62	88.43	11.57	94.67	5.33	94.82	5.18
仓储用地	面积(km^2)	23.64	0.61	22.70	0.55	28.94	0.65	23.63	0.54	26.66	0.57	29.67	0.57
	比重C(%)	9.77	2.53	9.38	1.47	6.31	1.19	4.23	1.12	4.16	1.13	4.37	1.11
	比重D(%)	97.48	2.52	97.63	2.37	97.80	2.20	97.77	2.23	97.91	2.09	98.12	1.88
对外交通用地	面积(km^2)	22.92	1.50	25.34	1.42	37.01	2.31	44.21	2.74	68.84	2.80	69.56	2.80
	比重C(%)	9.47	6.23	10.47	3.79	8.07	4.23	7.91	5.71	10.75	5.54	10.25	5.44
	比重D(%)	93.86	6.14	94.69	5.31	94.13	5.87	94.16	5.84	96.09	3.91	96.13	3.87
道路广场用地	面积(km^2)	22.38	1.75	24.14	1.68	46.34	5.95	60.32	5.78	98.97	6.25	102.56	6.25
	比重C(%)	9.25	7.27	9.98	4.48	10.10	10.89	10.80	12.04	15.46	12.36	15.11	12.14
	比重D(%)	92.75	7.25	93.49	6.51	88.62	11.38	91.26	8.74	94.06	5.94	94.26	5.74
市政公用设施用地	面积(km^2)	11.00	0.55	10.11	1.05	31.57	4.39	44.78	5.36	25.40	5.46	25.95	5.46
	比重C(%)	4.54	2.28	4.18	2.80	6.88	8.03	8.01	11.16	3.97	10.80	3.82	10.60
	比重D(%)	95.24	4.76	90.59	9.41	87.79	12.21	89.31	10.69	82.31	17.69	82.62	17.38
绿地	面积(km^2)	32.89	2.42	42.05	4.10	63.52	8.00	80.34	2.25	86.06	2.54	92.13	2.54
	比重C(%)	13.59	10.05	17.38	10.93	13.85	14.64	14.38	4.69	13.44	5.02	13.57	4.93
	比重D(%)	93.15	6.85	91.12	8.88	88.81	11.19	97.28	2.72	97.13	2.87	97.32	2.68
特殊用地	面积(km^2)	5.39	0.10	5.15	0.20	13.39	0.22	16.81	0.21	21.43	0.21	21.68	0.21
	比重C(%)	2.23	0.42	2.13	0.53	2.92	0.40	3.01	0.44	3.35	0.42	3.19	0.41
	比重D(%)	98.18	1.82	96.26	3.74	98.38	1.62	98.77	1.23	99.03	0.97	99.04	0.96
合计	面积(km^2)	242.05	24.08	241.93	37.50	458.63	54.66	558.74	48.01	640.12	50.56	678.92	51.49
	比重D(%)	90.95	9.05	86.58	13.42	89.35	10.65	92.09	7.91	92.68	7.32	92.95	7.05
	比重E(%)	6.30	0.67	6.29	1.04	11.93	1.52	14.54	1.34	16.65	1.41	17.66	1.43

注：比重C为第一列各服务业用地子类占市区（县市）服务业用地的比重，比重D为第一列各服务业用地子类占全市该类用地比重，比重E为各区域服务业用地面积与该区域的面积的比值。

资料来源：《中国城市建设统计年鉴》2005～2009年、《中国城市建设统计年报》1999～2004年。

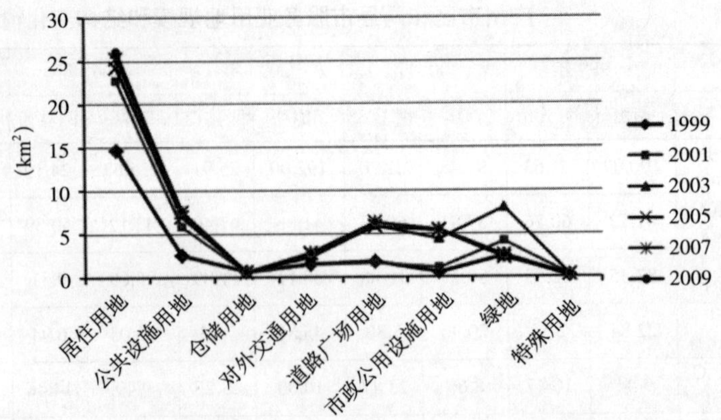

图 12-5　1999 ~ 2009 年广州两县市各类服务业用地规模变化图

12.3　广州市服务业用地结构变化分析

12.3.1　广州全市服务业用地结构变化分析

如表 12-1、图 12-6 所示，1999 ~ 2009 年，广州全市的服务业用地面积占全市面积的比重逐年上升，而各类服务业用地占总服务业用地面积比重则变化不一：居住用地、仓储用地的比重显著下降，公共设施用地、道路广场用地的比重不断升高，市政公用设施用地先升后降保持原有水平，对外交通用地、绿地和特殊用地的比重变化较小。

1999 年广州全市的服务业用地的面积占全市面积的比重为 3.58%，此后逐年增加，到 2009 年比重上升为 9.82%，10 年间增加了近 2 倍。各类服务业用地占总服务业用地面积比重的变化情况如下：居住用地从 1999 年的 43.44% 下降到 2009 年的 30.70%，下降了 12.74 个百分点；公共设施用地从 9.53% 上升到 20.09%，上升了 10.56 个百分点；仓储用地的比重从

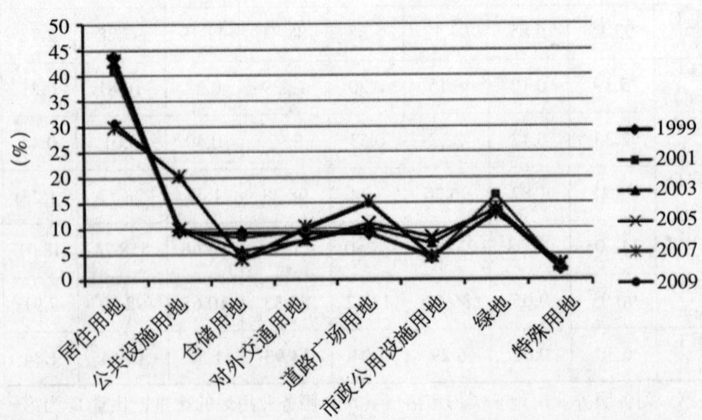

图 12-6　1999 ~ 2009 年广州全市各类服务业用地结构变化图

9.11% 下降为 4.14%，降幅较大；对外交通用地的比重从 9.18% 略微上升至 9.91%；道路广场用地的比重从 9.07% 上升为 14.90%；市政公用设施用地从 1999 年的 4.34% 上升到 2005 年的 8.26%，然后又降至 2009 年的 4.30%；绿地的比重各年变化比较小，1999 年为 13.27%，2009 年为 12.96%；特殊用地从 2.06% 上升为 3.00%。

12.3.2 广州市区和两县市服务业用地结构变化分析

如表 12-2、图 12-7 所示，1999 年广州市区的服务业用地的面积占市区面积的比重为 6.30%，此后逐年增加，到 2009 年比重上升为 17.66%，是 1999 年的 2.8 倍。各类服务业用地占市区服务业用地总面积比重的变化情况如下：居住用地 1999 年的 41.72% 下降到 2009 年的 29.19%，下降了 12.53 个百分点；公共设施用地从 9.44% 上升到 20.50%，上升了 11.06 个百分点；仓储用地的比重从 9.77% 下降为 4.37%；对外交通用地的比重从 9.47% 略微上升到 10.25%；道路广场用地的比重从 9.25% 上升为 15.11%；市政公用设施用地从 1999 年的 4.54% 上升到 2005 年的 8.01%，然后又降至 2009 年的 3.82%；绿地的比重各年变化比较小，1999 年为 13.59%，2009 年为 13.57%；特殊用地从 2.23% 上升为 3.19%。

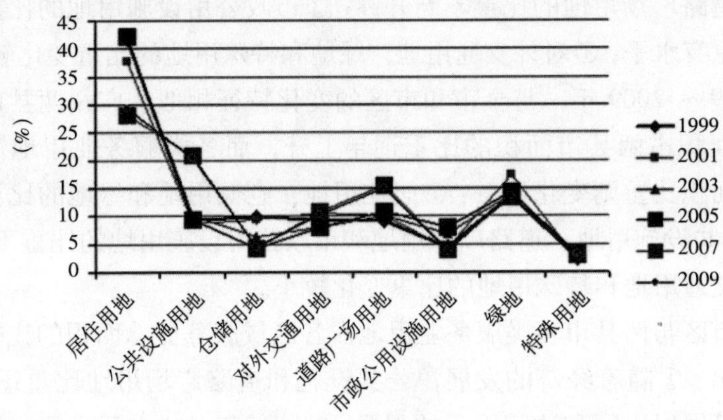

图 12-7 1999 ~ 2009 年广州市区各类服务业用地结构变化图

如表 12-2、图 12-8 所示，1999 年广州两县市的服务业用地面积占两县市面积的比重为 0.67%，此后逐年增加，2003 年后基本稳定在 1.40% ~ 1.50% 左右。各类服务业用地占两县市服务业用地总面积比重的变化情况如下：居住用地由 1999 年的 60.67% 下降到 2009 年的 50.61%，下降了 10.06 个百分点；公共设施用地从 10.47% 上升到 14.76%，上升了 4.29 个百分点；仓储用地的比重从 2.53% 下降为 1.11%；对外交通用地的比重从 6.23% 略微下降到 5.44%；道路广场用地的比重从 7.27% 上升为 12.14 %；

市政公用设施用地从 1999 年的 2.28% 上升至 2009 年的 10.60%；绿地从 1999 年的 10.05% 上升到 2003 年的 14.64%，然后又降至 2009 年的 4.93%；特殊用地的比重基本无变化，1999 年为 0.42%，2009 年为 0.41%。

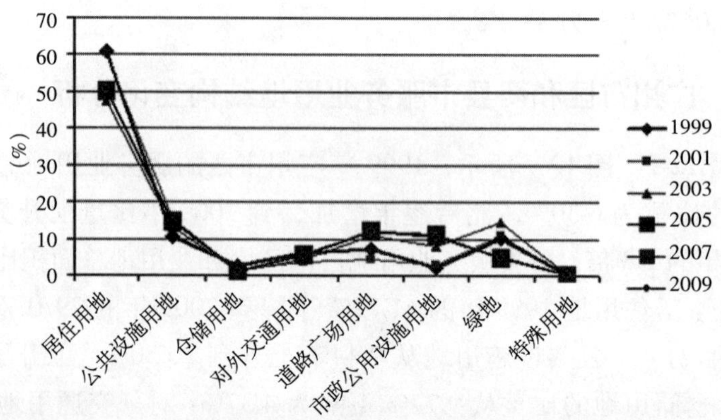

图 12-8 1999 ~ 2009 年广州两县市各类服务业用地结构变化图

1999 ~ 2009 年，与全市的变化特征一致，广州市区的服务业用地面积占市区面积的比重逐年上升，而各类服务业用地占市区服务业用地总面积比重则变化不一：①居住用地、仓储用地的比重显著下降；②公共设施用地、道路广场用地的比重不断升高；③市政公用设施用地的比重先升后降保持原有水平；④对外交通用地、绿地和特殊用地的比重变化较小。

1999 ~ 2009 年，与全市和市区的变化特征相似，广州两县市的服务业用地面积占两县市面积的比重逐年上升，而各类服务业用地占总服务业用地面积比重则变化不一：①居住用地、仓储用地和绿地的比重显著下降；②公共设施用地、道路广场用地和市政公用设施用地的比重不断升高；③对外交通用地和特殊用地的比重变化较小。

从市区与两县市各类服务业用地占各区域服务业总面积的比重可以进一步看出：①随着经济的发展，公共设施和道路广场用地比重逐年增长，不断满足居民出行和休闲娱乐的需要；②第三产业的多元发展，改变了居住用地比重独大的趋势，使其不断下降，但两个区域的经济发展程度和产业结构不同，所以到 2009 年广州市区居住用地比重已下降至 30%，而两县市仍然占 50%；③同样，由于经济和社会发展的差距，市区绿地的比重是两县市的 3 倍。

12.4 广州市服务业用地绩效分析

从表 12-3 可以看出，广州市服务业用地的产出是逐年上升的，1999

年为3.85亿元/km^2，2009年达到了7.61亿元/km^2，10年间增加了3.76亿元/km^2，年均增加0.38亿元/km^2。从对服务业用地的固定资产投入看，1999年为2.69亿元/km^2,2009年为2.89亿元/km^2,虽2003年开始有下降，但总体上增幅较小。

广州市服务业用地的绩效变化 **表12-3**

年份	1999年	2001年	2003年	2005年	2007年	2009年
第三产业增加值（亿元）	1024.56	1463.42	1883.13	2978.79	4152.54	5560.77
固定资产投资额（亿元）	716.94	834.51	947.16	1080.24	1460.61	2110.90
产出（亿元/km^2）	3.85	5.24	3.67	4.91	6.01	7.61
投入（亿元/km^2）	2.69	2.99	1.85	1.78	2.11	2.89

注：产出=第三产业增加值/服务业用地面积，投入=固定资产投资额/服务业用地面积。
资料来源：《广州统计年鉴》1999～2010年。

12.5 广州市服务业用地变化的驱动机制分析

12.5.1 产业政策和规划的引导

广州市出台了《广州市委市政府关于加快发展现代服务业的决定》、《关于加快建设广州区域金融中心的实施意见》、《关于加快现代商贸流通业发展推进国际商贸中心城市建设的意见》、《关于加快培育具有国际竞争力的企业的决定》、《关于加快培育战略性新兴产业的决定》、《广州市信息化促进条例》等政策，编制实施了《广州市国民经济和社会发展第十一个五年规划纲要》[5]、《广州市国民经济和社会发展第十二个五年规划纲要》[6]、《广州市现代服务业发展“十一五”规划》、《广州市建设现代产业体系规划纲要（2009～2015年)》、《广东省第三产业“十五”计划》、《珠江三角洲地区改革发展规划纲要（2008～2020年)》、《广州空港经济发展规划纲要》、《广州市金融业发展“十一五”规划》、《广州国际商贸中心建设规划(2010～2020年)》、《广州市会展业发展规划》、《广州市战略性新兴产业发展规划》、《广州建设文化强市和世界文化名城规划纲要》等规划。

上述政策和规划提出以主体功能区规划和城市总体规划为引导，结合城市空间发展战略，依托重大枢纽型设施，充分利用“三旧”改造政策，高效配置资源，有序整合空间，强化核心功能，形成分工合理、功能优化、发展协调的现代产业新格局。根据新、老城区不同资源优势和发展定位，进一步明确发展思路和政策措施，促进产业转型升级。越秀、海珠、荔湾、天河、白云、黄埔等老城区重点抓好产业结构调整，加快"退二进三"、"腾笼换鸟"和产业转移步伐，依托珠江新城——员村地区、琶洲地区、白云新城、白鹅潭地区、城市新中轴线南段地区、临港商务区等现代服务业功能区，大力发展现代服务业；花都、番禺、南沙、萝岗、从化、增城等区（县级市）加快发展先进制造业和战略性新兴产业等现代产业，促进产业结构优化升级，着力打造广州经济新的增长极[6]。产业政策和规划引导广州市的经济发展，同时也使得适应于经济发展的服务业用地规模和结构发生变化。

12.5.2 产业结构优化升级

广州市对产业结构的调整力度较大，1990年广州市第三产业增加值占全市GDP的比重超过第二产业比重[7]，1998年广州市的第三产业增加值占全市GDP的比重已经超过50%，服务业成为广州市经济发展的重要支撑，与此同时服务业内部的结构也随着产业的变化而变化（表12-4）。2004年，广州市服务业产值排前五位的产业分别是：交通运输、仓储和邮政业、批发和零售业、租赁和商务服务业、房地产业和信息传输、计算机服务和软件业；到2010年，排前五位的产业变化为：批发和零售业、租赁和商务服务业、房地产业、交通运输、仓储和邮政业和金融业（表12-5）。随着社会分工的细化，广州市服务业发展领域不断拓宽，物流、商务会展、信息服务、科技服务、创意设计等新兴服务业迅速发展起来。同时，服务业不断涌现新的发展业态，如连锁经营、物流配送、服务外包、动漫产业等，深化了产业分工协作，提高了经济发展的质量和效益。

广州市三次产业比重变化（1980～2010年） **表12-4**

年份	第一产业比重（%）	第二产业比重（%）	第三产业比重（%）
1980	10.8	54.5	34.7
1985	9.7	52.9	37.4
1990	8.1	42.6	49.3
1995	5.8	45.9	48.3
1998	4.7	43.3	52.0
2002	3.2	37.8	59.0
2006	2.1	40.1	57.8
2010	1.8	37.2	61.0

资料来源：《广州统计年鉴》2009年，《2010年广州市国民经济和社会发展统计公报》。

广州市第三产业内部结构变化 表12-5

年份	2004 年		2006 年		2008 年		2010 年	
	总值（亿元）	比重（%）	总值（亿元）	比重（%）	总值（亿元）	比重（%）	总值（亿元）	比重（%）
交通运输、仓储和邮政业	479.5	18.8	663.7	19.0	632.4	12.9	746.3	11.5
批发和零售业	463.7	18.2	590.7	16.9	932.9	19.1	1433.9	22.2
住宿和餐饮业	117.2	4.6	153.7	4.4	249.9	5.1	321.2	5.0
金融业	175.0	6.9	235.1	6.7	446.3	9.1	615.5	9.5
房地产业	268.1	10.5	412.4	11.8	601.6	12.3	761.7	11.8
信息传输、计算机服务和软件业	198.3	7.8	264.0	7.6	339.1	6.9		
租赁和商务服务业	267.1	10.5	372.9	10.7	649.3	13.3		
科学研究、技术服务和地质勘查业	68.2	2.7	95.3	2.7	151.6	3.1		
水利、环境和公共设施管理业	26.1	1.0	32.8	0.9	47.4	1.0		
居民服务和其他服务业	81.8	3.2	105.5	3.0	110.8	2.3	2586.1	40.0
教育	134.9	5.3	181.1	5.2	233.2	4.8		
卫生、社会保障和社会福利业	79.9	3.1	100.2	2.9	168.1	3.4		
文化、体育和娱乐业	55.7	2.2	80.8	2.3	88.5	1.8		
公共管理和社会组织	129.9	5.1	210.4	6.0	239.3	4.9		
第三产业合计	2545.3	100.0	3498.7	100.0	4890.3	100.0	6464.8	100.0

资料来源：《广州统计年鉴》2005 ～ 2010 年，《2010 年广州市国民经济和社会发展统计公报》。

今后广州还将大力发展现代服务业。以聚焦高端、优化结构、增强功能为导向，以功能区建设和项目带动为抓手，积极推进服务业综合改革试点，加快发展高端化、战略性的现代服务业，全面增强国际商贸中心功能。

（1）优化提升都市商圈，精心打造一批高端商贸集聚区，着力培育大型商贸市场和一批大型流通企业集团。

（2）继续发挥广交会、中博会、广博会等大型展会品牌效应，大力发展现代会展业。

（3）以重大交通枢纽为依托，以信息化为手段，重点建设国际物流园区和一批区域性、专业化物流园区（基地），完善国际物流服务体系，大力发展现代物流业，全力打造亚洲物流中心[8]。

（4）提升港口功能，大力发展航运服务业，加快建设国际航运中心。

（5）大力发展金融业，加快建设区域金融中心。

（6）依托国家级网游动漫、数字家庭、工业设计产业化示范基地和重点园区建设，推动创意产业集聚融合发展，提升文化产业的规模和层次。

（7）进一步完善城市旅游功能，建设国际旅游城市。

（8）大力发展总部经济，建成亚太地区重要的总部经济基地。

广州市发展现代服务业分“三步走”：

（1）到 2010 年，服务业增加值占地区生产总值的比重达到 60%，其中现代服务业占服务业的比重为 75%，服务业增加值增长速度超过地区生产总值和第二产业增加值增长速度，形成以服务经济为主体的产业结构。

（2）到 2015 年，服务业增加值占全市生产总值比重达到 65%，其中现代服务业占服务业的比重为 80%，广州市经济发展方式转变和产业结构调整取得重大进展，高端要素集聚、科技创新、文化引领和综合服务功能显著增强，综合性门户城市地位明显提升，国际商贸中心和世界文化名城建设成效显著，国家中心城市建设迈上新台阶。经济发展质量和效益显著提升。经济结构战略性调整取得重大成效，以服务经济为主体的现代产业体系基本建立，产业高端化发展态势基本确立。

（3）到 2020 年，服务业增加值占地区生产总值的比重达到 70%，总体达到中等发达国家先进城市服务业发展水平 [6]。

广州市产业结构的优化升级使得服务业用地的规模不断增大，结构日趋合理，更加适应广州市的经济和社会发展。

12.5.3 人口的增加和居民生活水平的提高

1980 年广州市户籍人口为 501.9 万人，2009 年为 794.6 万人，30 年间广州市的户籍人口增加了 292.7 万人，年均增长近 10 万人（表 12-6）。据 2010 年第六次人口普查统计，广州市的常住人口为 1270 万人。人口的快速增长，使得与居民日常生活息息相关的衣、食、住、行等服务行业也大量增加。1980 年广州市城市居民恩格尔系数为 70.4%，2010 年为 33.3%，30 年间下降了一半多（表 12-7），说明居民的生活水平日益提高，“食”在居民的日常生活中的重要性只占到 1/3，居民对其他的需要不断增长。

人口的增加和居民生活水平的提高都增加了服务业用地的规模，改变了服务业用地的结构，特别是居住用地规模增长明显。

广州市人口增长变化（户籍统计） **表12-6**

年份	1980 年	1985 年	1990 年	1995 年	2000 年	2005 年	2009 年
人数（万人）	501.9	545.0	594.3	646.7	700.7	750.5	794.6

资料来源：《广州市统计年鉴》2010 年。

广州市城市居民恩格尔系数变化　　表12-7

年份	1980年	1985年	1990年	1995年	2000年	2005年	2010年
恩格尔系数	70.4	62.5	60.6	50.2	42.6	37.3	33.3

资料来源：《广州市统计年鉴》2010年，《2010年广州市国民经济和社会发展统计公报》。

12.5.4　服务业用地规模变化影响因素的定量分析

在上述定性分析的基础上，再通过与服务业用地规模的相关性进行定量研究，以揭示各种因素对广州市服务业用地规模的影响程度。将每年服务业用地的规模分别与第三产业增加值、户籍人口总数和恩格尔系数计算Pearson相关系数，得到服务业用地规模与第三产业增加值的相关系数为0.917，与户籍人口总数的相关系数为0.95，与恩格尔系数的相关系数为－0.926，表明服务业用地规模与这些因素之间具有显著相关性，说明第三产业的快速发展、人口的持续增长和居民生活水平的不断提高均会导致服务业用地规模的增大（表12-8）。

服务业用地规模与部分影响因素的相关性分析　　表12-8

	第三产业增加值	户籍人口总数	恩格尔系数
相关系数（R）	0.917	0.950	－0.926
显著性概率（P）	0.01	0.004	0.008

12.6　广州市的特色服务业

12.6.1　会展服务业

广州的会展服务业因举办中国进出口商品交易会（俗称广交会）而蓬勃兴起，2008年全市拥有会展场馆934个，比上年增加130个；场馆面积达77.83万m^2，增加16.35万m^2。广州市拥有六大会展场馆：中国对外贸易中心流花展馆、琶洲展馆、锦汉展览馆、中洲国际展览中心、花城国际会展中心、白云国际会议中心，共拥有场馆面积54.83万m^2，占会展业单位场馆面积的70.45%，全市名展和大展大部分在六大场馆举办。

从会展活动单位经营收入看：2008年广州市会展业经营收入实现大幅增长，全市会展活动单位经营收入50.96亿元，比上年增长44.5%。会展经营收入按经营内容分，场馆租金收入24.97亿元，配套服务收入15.23

亿元，展台设计装搭收入3.00亿元，与会展业直接相关的非会展业服务收入7.76亿元。按行业分，会展业单位经营收入43.18亿元，非会展业单位会展活动收入7.78亿元，分别占84.73%和15.27%。全市会展业企业（不含非会展业企业单位）上缴各种税金6.54亿元，利润总额13.84亿元，劳动报酬3.75亿元，分别比上年增长16.6%、37.0%和16.2%（表12-9）。

2008年广州市会展单位收入情况（按经营内容分）　　表12-9

	场馆租金	配套服务	展台设计装搭	非会展业服务	合计
收入（亿元）	24.97	15.23	3.00	7.76	50.96
比重（%）	49.00	29.89	5.89	15.22	100.00

资料来源：广州经贸网 http://www.gzii.gov.cn。

从会展单位类别看：2008年，全市从事会展活动的单位为305家，其中会展业单位184家，发生会展活动的主要宾馆酒店109家，附营会展业相关业务的其他非会展业单位12家。在184家会展业单位中，以承办会展业务为主的101家，以提供展台装搭服务为主的70家，以经营场馆为主的13家。184家会展业单位期末资产总计130.93亿元，比上年增长8.7%；从业人员5380人，增长9.7%（表12-10）。

2008年广州市会展单位统计　　表12-10

会展业单位（家）				宾馆酒店（家）	附营会展业单位（家）	合计(家)
小计	承办会展业务为主	提供展台装搭服务为主	经营场馆为主			
184	101	70	13	109	12	305

资料来源：广州经贸网 http://www.gzii.gov.cn。

从会展单位接待会议情况看：2008年全市会展活动单位接待会议3.20万场次，比上年增长2.6%。其中，国际会议163场次。接待参会人数331.33万人次，比上年增长19.5%，其中市外（国内）参会人数达80.97万人次；境外参会人数8.18万人次。宾馆酒店是会议接待服务的主要机构，全年合计共109家宾馆酒店参与会展业活动，接待会议的场次和人次分别占全市接待会议场次和人次的97.51%和87.36%。

从会展项目类别看：展览项目类别齐全，2008年242项展览涉及29个类别。以外地采购商及参观者接待量排列，居前十位的类别依次为综合类、机电产品及设备类、化妆品类、汽车类、日用品类、家具类、食品饮料烟酒类、建筑及装潢材料类、服装鞋帽针纺织品类、艺术类。

从会展拉动消费情况看：2008年广州市会展拉动消费达123.36亿元，

2008年广州大型会展情况 **表12-11**

展览会名称	展览面积（万 m^2）	参展商（家）	参展参观者（万人次）
第 103 届中国进出口商品交易会	38.4	18721	45.2
第 21 届中国广州国际家具博览会	45	2760	15.4
第 104 届中国进出口商品交易会	50.1	22341	53
第 10 届中国（广州）国际建筑装饰博览会	18	2267	10.8
第 22 届中国国际塑料橡胶工业展览会	13.5	1767	8.6
第 22 届中国广州国际家具博览会	13	677	15.3
第 6 届中国（广州）国际汽车展览会	12.5	454	47.1
2008 广州酒店用品展览会	9.8	1400	5.6
第 28 届广州国际美容美发化妆用品进出口博览会	8	2000	27
2008 第十八届广州锦汉家居用品及礼品展览会	6.8	450	4
2008 年广州博览会	6	2000	29.2
2008 中国国际标签印刷技术展览会	5.5	680	4.6
2008 广州国际照明展览会暨广州国际建筑电气技术展览会	5.4	1628	7.5
第 29 届广州国际美容美发化妆用品进出口博览会	5.1	1973	21.8
第 17 届中国锦汉礼品、家用品及装饰展览会	4.5	365	5.8
2008 广东国际广告展暨第 4 届广州国际 LED、第 5 届广州霓虹灯国际展览会	4.5	557	3.5
第 22 届中国国际陶瓷工业展	4.2	308	4.3
2008(秋季)广州美博城美容美发化妆品订货展销会	4	480	1.3
2008 中国广州国际茶业博览会	4	405	10.5
2008 第 7 届（广州）厨卫设备建材及家用五金展览会	4	419	1.8
2008 第 25 届（广州）编织品展览会，第 7 届（广州）礼品、装饰品展览会	4	397	2.3
2008 第 8 届（广州）厨卫设备建材及家用五金展览会	4	351	1.1
2008 第 26 届（广州）编织品展览会，第 8 届（广州）礼品、装饰品展览会	4	355	2.3
第 18 届广州国际鞋类、皮革及工业设备展览会	3.5	737	2.4
2008(秋季)广州国际采购中心博览会	3.3	1000	0.3
2008 年中国留学人员科技交流会	3	429	6
2008 广州锦汉服装、家纺及面料展览会	2.83	441	1.9
2008 秋季广州琶洲国际采购中心家居用品设计交流展销会	2.7	1963	1.5
第六届广州国际酒店设备及用品展览会	2.2	580	3.4
第九届广州国际金属工业展	2.2	532	5.5
第 12 届锦汉纺织服装面料展览会	2.2	528	3
第 12 届中国广州国际工业控制自动化及仪器仪表展览会	2.2	509	2.4
第 5 届中国广州国际机械设备制造业博览会	2.2	367	2
第 22 届广州（国际）美食节	2.2	64	99.4

注：①参展参观者包括参展商、采购商及其他参观者人数。②以上为广州市统计局统计口径的数据。

资料来源：广州经贸网 http://www.gzii.gov.cn。

比上年增长 11.7%。其中，由展览拉动 115.74 亿元，由会议拉动 7.62 亿元，分别占 93.82% 和 6.18%。拉动外汇收入达 7.89 亿美元，比上年增长 30.9%。

从会展级别看：全市举办国际性展览 57 场次，国际性会议 163 场次，外地机构在广州办展 35 场次，广州市机构赴市外办展 32 场次，赴境外办展 4 场次，有效发挥了会展业的集聚与辐射功能。在广州市举办的大型会展情况见表 12-11 所列。

12.6.2 物流业

《广州市国民经济和社会发展第十二个五年规划纲要》、《广州市现代服务业发展"十一五"规划》、《广州市建设现代产业体系规划纲要（2009 ~ 2015 年）》、《广东省第三产业"十五"计划》中均提出将物流业作为大力发展的产业：以重大交通枢纽为依托，以信息化为手段，充分发挥南沙保税港区、白云机场综合保税区功能，重点建设空港、南沙、黄埔、广州保税区等国际物流园区和一批区域性、专业化物流园区（基地），完善国际物流服务体系，大力发展现代物流业，全力打造亚洲物流中心[8]。

2008 年广州市交通运输、仓储和邮政业企业法人单位资产总计 3432.81 亿元；所有者权益合计 1460.68 亿元，分别比 2004 年增长 38.1% 和 28.8%。全市交通运输、仓储和邮政业企业法人单位营业收入 1540.98 亿元，营业利润 132.68 亿元[9]（表 12-12）。

2008年广州市交通运输、仓储和邮政业主要经济指标　　表12-12

	资产总计（亿元）	所有者权益合计（亿元）	营业收入（亿元）	营业利润（亿元）
合　计	3432.81	1460.68	1540.98	132.68
铁路运输业	200.65	94.37	47.99	1.73
道路运输业	901.80	331.03	289.70	60.47
城市公共交通业	468.10	280.77	130.24	5.06
水上运输业	663.18	475.89	330.88	94.15
航空运输业	896.91	111.50	474.88	–52.06
装卸搬运和其他运输服务业	177.01	77.22	191.66	21.46
仓储业	104.82	51.69	43.51	6.95
邮政业	20.34	38.21	32.10	–5.07

资料来源：《广州市第二次全国经济普查公报》。

2008年，广州市共有交通运输、仓储和邮政业企业法人单位4457个，占全市企业法人单位3.2%，比2004年增长82.6%。交通运输、仓储和邮政业企业法人单位年末从业人员36.11万人，占全市企业法人单位7.6%，比2004年增长66.9%。全市共有交通运输、仓储和邮政业事业法人单位1个，年末从业人员16人[9]（表12-13）。

2008年广州市交通运输、仓储和邮政业企业法人单位和年末从业人员　表12-13

	单位数（个）	比2004年增长	年末从业人员（万人）	比2004年增长
合　计	4457	82.6%	36.11	66.9%
铁路运输业	2	−75.0%	1.19	−73.2%
道路运输业	1328	49.6%	8.57	1.6倍
城市公共交通业	103	3.0%	8.16	76.6%
水上运输业	218	54.6%	6.08	58.0%
航空运输业	9	12.5%	4.08	1.5倍
装卸搬运和其他运输服务业	2301	1.3倍	4.26	1.3倍
仓储业	439	80.7%	1.13	68.2%
邮政业	57	62.9%	2.64	1.1倍

资料来源：《广州市第二次全国经济普查公报》。

广州市有物流企业5566家，其中注册资本500万～1000万元的371家，注册资本超过1000万元的187家。通过培育、引进和合资等形式，一批现代物流企业迅速发展，全市上规模的物流企业近200家，进驻广州的大型跨国物流公司达15家；宝供、南方、华新等大型民营物流企业通过引入国际先进技术和管理经验，积极拓展物流基地；一批大型国有商业、交通、邮政企业通过主辅业分离，加快向现代物流业转型发展。全市共有7家企业进入了中国物流企业50强，分别是：广州远洋运输公司、中国外运广东有限公司、广东南粤物流股份有限公司、广东省航运集团有限公司、南方企业集团物流有限公司、宝供物流企业集团有限公司、广东鱼珠物流基地有限公司。截至2007年4月中旬，广州市共有20家物流企业获评国家A级企业认证，其中包括5A级物流企业4家，4A级物流企业5家，3A级物流企业8家，2A级物流企业3家。

12.7 对上海的启示与建议

1995 ~ 2004 年，广州市的居住用地面积占服务业用地面积的比重维持在 43%，而上海同一时期的居住用地比重一直高于 50%。另外，绿地的面积占服务业用地面积的比重广州高于 12%，而上海则低于 3%[10]（表 12-14）。比较广州与上海 1995 ~ 2004 年服务业用地的绩效发现，虽然上海的地均投资额少于广州，但地均产值却只有广州的一半，服务业用地的利用效率低于广州（表 12-15）。

广州与上海服务业用地结构比较　　表12-14

指标 \ 年份 / 城市	1995 年		1999 年		2004 年	
	广州	上海	广州	上海	广州	上海
服务业用地面积（km^2）	199.22	637.99	266.13	861.40	560.85	1354.27
居住用地（%）	42.53	59.05	43.44	59.29	42.31	54.75
公共设施用地（%）	9.72	9.88	9.53	8.52	10.49	8.70
仓储用地（%）	11.18	5.61	9.11	5.58	5.94	4.28
对外交通用地（%）	7.24	13.04	9.18	15.32	7.73	20.38
道路广场用地（%）	12.28	5.60	9.07	5.53	10.11	5.36
市政公用设施用地（%）	2.30	1.34	4.34	1.56	6.95	1.71
绿地（%）	12.26	1.67	13.27	2.12	13.83	2.88
特殊用地（%）	2.48	3.81	2.06	2.08	2.65	1.93

资料来源：《中国城市建设统计年鉴》2005 ~ 2009 年，《中国城市建设统计年报》1995 ~ 2004 年。

广州和上海服务业用地绩效比较　　表12-15

年份	1995 年		1999 年		2004 年	
城市	广州	上海	广州	上海	广州	上海
地均产值（亿元 /km^2）	3.05	1.55	4.19	2.32	4.54	2.63
地均投资额（亿元 /km^2）	2.23	1.68	2.69	1.43	1.89	1.53

注：地均产值 = 第三产业增加值 / 服务业用地面积，地均投资额 = 第三产业固定资产投资额 / 服务业用地面积。

通过上述比较分析，提出如下对策建议：

1）增加生产性和生活性服务业用地规模，促使服务业用地结构合理化

上海应抓住有利机遇，继续调整和优化产业结构和服务业用地结构，保障经济社会持续健康发展。坚持城市功能提升、市场需求引领和新技术应用带动，加快发展生产性服务业和生活性服务业，不断拓展新领域，发展新业态。深化专业化分工，加快服务产品和服务模式创新，促进生产性服务业与先进制造业融合，推动生产性服务业加速发展[11-15]。为保证上海"四个中心"和国际化大都市的建设，应适度增加金融、航运物流、现代商贸、信息服务、文化创意、旅游会展等重点服务业用地的规模。

2）着力提高服务业用地的产出效率

改造城市用地空间，通过调整优化产业结构来实现服务业用地的少投入多产出，提高单位服务业用地的产出效率，推动服务业用地从粗放利用向集约利用转变[16]；通过城市用地整理和土地置换，实现服务业用地由低效利用向高效利用转变；通过提高城市建筑的容积率，充分利用地下与地上空间来拓展服务业。

3）加强城市规划和土地利用规划

加强国有土地使用权出让的规划管理，发挥城市规划和土地利用规划对服务业用地的调控和引导作用；强调城市土地集约利用的规划设计，通过调整城市用地规模和空间布局、优化城市规划设计等途径，确保社会、经济、文化和生态协调发展对服务业用地增长的需求。

本章参考文献

[1] 广州市统计局 . 广州统计年鉴 [M]. 北京：中国统计出版社 , 2005-2010.

[2] 广州市统计局 . 2010 年广州市国民经济和社会发展统计公报 [EB/OL]. http://www.gz.gov.cn/publicfiles/business/htmlfiles/gzgov/gsgg/201104/782038.html, 2011.

[3] 建设部综合财务司 . 中国城市建设统计年报 [M]. 北京：中国建筑工业出版社 , 1999-2004.

[4] 住房和城乡建设部计划财务与外事司 . 中国城市建设统计年鉴 [M]. 北京：中国计划出版社 , 2005-2009.

[5] 广州市人民政府 . 广州市国民经济和社会发展第十一个五年规划纲要 [EB/OL]. http://www.gddpc.gov.cn/csdh/ghc/ztgh/sywghgy/dssyw/200806/t20080610_19916.htm, 2006.

[6] 广州市人民政府 . 广州市国民经济和社会发展第十二个五年规划纲要 [EB/OL]. http://www.gz.gov.cn/publicfiles/business/htmlfiles/gzgov/s2811/201106/828911.html, 2011.

[7] 闫小培，姚一民 . 广州第三产业发展变化及空间分布特征分析 [J] . 经济地理，

1997，(6).
[8] 王先庆 . 广州流通发展报告（2007-2008）[M]. 北京：社会科学文献出版社 , 2008.
[9] 广州市统计局 . 广州市第二次全国经济普查公报 [EB/OL]. http://www.gzstats.gov.cn/tjgb/glpcgb/, 2008.
[10] 上海市统计局 . 上海统计年鉴 [M]. 上海 : 上海人民出版社 , 1996, 2000, 2005.
[11] 林耿，周锐波 . 大城市商业业态空间研究 [M] . 北京：商务印书馆，2008.
[12] 林耿，闫小培 . 广州市商业功能区空间结构研究 [J] . 人文地理，2003（6）.
[13] 林耿，许学强 . 广州市商业业态空间形成机理 [J] . 地理学报，2004，(5).
[14] 林耿 . 广州市商业业态空间形成机理研究（博士论文）[D] . 中山大学，2002.
[15] 方远平 . 大都市服务业区位理论与实证研究（博士论文）[D]. 中山大学，2004.
[16] 张颖，王群等 . 中国产业结构与用地结构相互关系的实证研究 [J]. 中国土地科学，2007,21(2):4-11.

附录　主成分回归分析过程

借助 SPSS 因子分析程序，得到主成分的统计信息，见附表 1。通过观察附表 1 的数据，第一主成分特征值为 9.447，解释了总方差的 94.470%；第二主成分特征值 0.449，解释了总方差的 4.486%，前两个主成分累积贡献率为 98.956%，即前两个主成分包含了所有指标的 98.956% 的信息量。因此，可以选取前两个主成分来代替原来的指标变量进行回归分析。

利用初始主成分载荷矩阵 C 与特征向量矩阵 U 的关系 $C = U/SQRT(T)$，T 代表特征根，求解特征向量见附表 2、附表 3。

主成分统计信息表　　附表1

成分	初始特征值			提取平方和荷载		
	特征值	方差的（%）	累积（%）	特征值	方差的（%）	累积（%）
1	9.447	94.470	94.470	9.447	94.470	94.470
2	0.449	4.486	98.956	0.449	4.486	98.956
3	0.050	0.504	99.460			
4	0.030	0.302	99.762			
5	0.018	0.179	99.941			
6	0.005	0.051	99.992			
7	0.001	0.006	99.999			
8	7.882E-5	0.001	99.999			
9	6.390E-5	0.001	100.000			
10	1.387E-6	1.387E-5	100.000			

主成分载荷矩阵　　附表2

	主成分	
	1	2
常住人口	0.979	−0.132
人均 GDP	0.998	−0.052
服务业从业人员	0.982	−0.141
服务业增加值	0.998	0.015
财政收入	0.988	0.028
社会消费品零售总额	0.996	0.019
城市人均可支配收入	0.999	0.005
城市化率	0.970	−0.191
GDP	0.998	−0.043
服务业比重	0.792	0.607

主成分特征向量　　　　附表3

	主成分	
	1	2
常住人口	0.319	−0.197
人均GDP	0.325	−0.078
服务业从业人员	0.319	−0.210
服务业增加值	0.325	0.022
财政收入	0.321	0.042
社会消费品零售总额	0.324	0.028
城市人均可支配收入	0.325	0.007
城市化率	0.316	−0.285
GDP	0.325	−0.064
服务业比重	0.258	0.906

设 Y_1，Y_2 分别表示第一主成分和第二主成分，A 代表均值，B 代表标准差。利用标准差标准化公式和主成分公式

计算主成分变量，见附表4、附表5所列。

$$Std(X_i) = (X_i - A)/B \quad \text{（公式 1）}$$

$$Y = U \times Std(X_i) \quad \text{（公式 2）}$$

变量描述表　　　　附表4

	均值	标准差	样本数
常住人口（X_1）	1703.10	122.710	11
人均GDP（X_2）	44681.09	17026.943	11
服务业从业人员（X_3）	432.1982	79.33572	11
服务业增加值（X_4）	4064.91	1976.923	11
财政收入（X_5）	3513.27	2242.145	11
社会消费品零售总额（X_6）	2660.36	953.873	11
城市人均可支配收入（X_7）	16247.09	5616.652	11
城市化率（X_8）	83.48	4.563	11
GDP（X_9）	7714.5455	3485.71641	11
服务业比重（X_{10}）	52.0909	1.95318	11

主成分变量表　　　　附表5

年份	Y_1	Y_2
1998	−3.846	−0.626
1999	−3.130	0.206
2000	−2.366	0.611
2001	−2.068	0.750
2002	−1.509	0.813
2003	−0.849	−0.424
2004	0.215	−0.808
2005	1.333	−0.752
2006	2.378	−0.725
2007	4.186	0.292
2008	5.657	0.663

为方便对主成分命名，对初始主成分载荷矩阵进行正交旋转，得到旋转矩阵见附表6。通过附表6可见，第一主成分在城市化率、服务业从业人员和常住人口等指标上的载荷较大，可解释为城市社会因子，第二主成分主要在服务业比重上的载荷较大，可解释为城市经济因子。

主成分旋转矩阵表　　　　附表6

	成分	
	1	2
常住人口	0.914	0.376
人均 GDP	0.890	0.455
服务业从业人员	0.920	0.370
服务业增加值	0.856	0.513
财政收入	0.842	0.519
社会消费品零售总额	0.853	0.515
城市人均可支配收入	0.862	0.505
城市化率	0.936	0.320
GDP	0.886	0.463
服务业比重	0.381	0.922

注：①提取方法：主成分分析法。
②旋转法：具有 Kaiser 标准化的正交旋转法。
③旋转在3次迭代后收敛。

最后，对主成分进行回归分析，分析主成分回归结果。通过 SPSS 运算，由附表 7 和附表 8 可见，主成分回归分析模型拟合较好（判定系数为 0.993，方差分析 $P = 0.000$）。

模型汇总表 **附表7**

模型	R	R^2	调整 R^2	标准估计的误差
1	0.996[a]	0.993	0.991	18.343883

注：①预测变量：（常数项），Y_2，Y_1。
②因变量：服务业用地。

方差分析表 **附表8**

模型		平方和	df	均方	F	$Sig.$
1	回归	364540.406	2	182270.203	541.668	0.000[a]
	残差	2691.984	8	336.498		
	总计	367232.391	10			

注：①预测变量：（常数项），Y_2，Y_1。
②因变量：服务业用地。

主成分回归分析的参数估计与共线性统计量 **附表9**

模型		非标准化系数		标准系数	t	$Sig.$	共线性统计量	
		B	标准误差	试用版			容差	VIF
1	（常数项）	1553.754	5.531		280.923	0.000		
	Y_1	61.544	1.887	0.987	32.608	0.000	1.000	1.000
	Y_2	−38.431	8.667	−0.134	−4.434	0.002	1.000	1.000

注：因变量：服务业用地。

由附表 9 显示，Y_1 和 Y_2 均具有统计学意义，其对应变量都有作用。

线性回归方程为 $Y=1553.754 + 61.544Y_1 - 38.431Y_2$，

把（公式 1）和（公式 2）代入上述回归方程，即可得到因变量 Y 与原自变量 X 的线性回归方程：

$$Y=687.839 + 0.221X_1 + 0.001X_2 + 0.350X_3 + 0.010X_4 + 0.008X_5 + 0.020X_6 + 0.004X_7 + 6.657X_8 + 0.006X_9 - 9.705X_{10},$$

结论：与服务业占 GDP 的关系最大，呈负相关。其次与城市化率的关系较大，呈正相关，依次与服务业从业人员、常住人口、社会消费品零售总额有较大关系。